Karma und Reinkarnation

Sukadev Bretz

Karma und Reinkarnation

Sukadev Bretz

Mangalam Books

CIP-Kurztitelaufnahme der Deutschen Bibliothek

Bretz <Sukadev>:
Karma und Reinkarnation
Text von Sukadev Bretz.
Horn Bad Meinberg:Mangalam Books Huang-Schang, 2010.

ISBN 978 -3 - 922 477 - 91 - 4

Inhalt

Vorwort und Danksagung

Der Verfasser des Buches, Sukadev Bretz, Yoga Meister aus Deutschland und Schüler von Swami Vishnu-devananda, beschäftigt sich seit vielen Jahren mit dem Themenkreis Karma und Reinkarnation. Zahlreiche Vorträge in Yogazentren und Seminaren im Haus Yoga Vidya Westerwald und im Haus Yoga Vidya Horn-Bad Meinberg hat er schon seiner begeisterten Zuhörerschaft gehalten. Fundiertes Wissen angereichert mit persönlichen Beispielen und Erfahrungen sowie wertvolle Beiträge seiner Zuhörer machen seine Vorträge lebendig und interessant.

Immer wieder kam der Wunsch nach einem Buch zu diesem Thema unter seinen Schülern und Zuhörern auf. Und endlich ist dieser Wunsch erfüllt worden. Mit diesem Buch kann dem Rechnung getragen werden.

Dieses Buch ist aus zahlreichen seiner Vorträge, die aufgenommen worden sind, entstanden. So sei hier allen gedankt, die an diesem Buch mitgewirkt haben:

- Den Transkripteur/inn/en, welche die Vorträge niedergeschrieben haben.
- Den Bearbeiter/innen, welche aus Vortragsdeutsch Schriftdeutsch entwickelt haben.
- Rukmini Keilbar, Sekretärin von Sukadev, welche all diese Arbeiten koordiniert hat und Sukadev dazu gebracht hat, das Ganze nochmals zu bearbeiten und weiter auszubauen.
- Den Lektor/innen, welche die Abschlusskorrekturen gemacht haben.
- Chitra und Bharata Kaspar, welche immer wieder auf Fertigstellung dieses Buches gedrängt haben.
- Sumitra Schang von Mangalam Books, der meinte, dass genau dieses Buch im großartigen und sehr anspruchsvollen Verlagsprogramm des Mangalam Verlags noch gefehlt hat.

Sukadev Bretz geht auf Vorstellungen über das Leben nach dem Tod genauso wie auf die Geschichte des Reinkarnationsgedankens ein. Zahlreiche Indizien für Reinkarnation aus der Reinkarnationsforschung werden angeführt.

Es ist ein spannendes Buch, in dem die wichtigsten Fragen des Lebens gestellt werden: Gibt es ein Leben nach dem Tod? Wie sieht das Leben nach dem Tod aus? Was kann ich tun, wenn ich selbst oder jemand anders, der mir nahe steht, stirbt? Und diese Fragen werden nicht nur theoretisch gestellt. Sukadev Bretz gibt auch viele praktische Tipps, was man kurz vor oder nach dem Tod für sich oder andere tun kann. Die Einfachheit dieser Maßnahmen und Tipps machen dieses Buch sehr wertvoll.

Sukadev Bretz gelingt es auf einfühlsame und spannende Art und Weise, den Reinkarnationsgedanken religionsübergreifend darzustellen. Besonderen Wert legt er in seinem Buch auf die yogische Reinkarnationslehre. Er beschreibt sehr anschaulich anhand zahlreicher Beispiele, basierend auf den indischen Schriften, wie der Weg der Seele nach dem Tod ist.

Im 2. Teil des Buches geht es um Karma: Warum geschieht, was geschieht? Warum gibt es Leiden und offensichtliche Ungerechtigkeiten? Auch hier nimmt Sukadev wieder einen praktischen Standpunkt ein: Es geht ihm weniger um eine philosophische/theologische genaue Standortbestimmung. Vielmehr geht es ihm darum: Wie kann ein Aspirant aus den Erfahrungen des Lebens lernen? Wie kann man durch das Annehmen seiner Schicksalslektionen spirituell wachsen? Wie kann man ein ethisches und mitfühlendes Leben führen? Wie kann man inmitten der offensichtlichen Ungerechtigkeiten und dem Undank der Welt die lebendige Gegenwart des Göttlichen spüren? Wie kann man uneigennützige Liebe in den Alltag bringen?

Leben nach dem Tod?

Wichtigkeit des Nachdenkens über den Tod

Gibt es ein Leben nach dem Tod oder ist das Leben mit dem Tod zu Ende? Was passiert mit mir, wenn ich sterbe? Gibt es Himmel und Hölle? Wie könnte ein Leben nach dem Leben aussehen? Diese Fragen stellen sich viele Menschen seit Jahrzehnten immer und immer wieder.

Es ist geradezu für das Mensch sein charakteristisch, sich Gedanken über das Leben nach dem Tod zu machen. Der Mensch hat im Unterschied zum Tier Vernunft und ein entwickeltes Ichbewusstsein. Kraft der Vernunft hat der Mensch die Fähigkeit, über Vergangenheit und Zukunft nachzudenken. Der Mensch weiß: Der Körper ist vergänglich. Der Körper hat einen Anfang und ein Ende. Die Auseinandersetzung mit dieser Vergänglichkeit war sicherlich eine Quelle von Philosophie und Religion. Vernunft verknüpft mit Ichbewusstsein lässt den Menschen fragen: Wer bin ich? Woher komme ich? Wohin gehe ich?

Eine der Haupttriebfedern aller Lebewesen ist der Selbsterhaltungstrieb. Beim Menschen ist dieser Selbsterhaltungstrieb verknüpft mit der bewussten Erkenntnis, dass der Körper vergänglich ist. So ist die Urangst der Vergänglichkeit immer irgendwo im Hintergrund des Bewusstseins bzw. des Unterbewusstseins.

Der Mensch ist ein Lebewesen, welches nach Sinn strebt. Der Psychiater Victor Frankl, Begründer der Logotherapie, meinte, dass das Streben nach Sinn wichtiger für den Menschen sei als alles andere, wichtiger als Glück, wichtiger sogar als das eigene Überleben.

Da kommt die Frage auf: Was macht vor dem Hintergrund der Vergänglichkeit wirklich Sinn?

Ich möchte hier einen kleinen amerikanischen Witz erzählen: Ein Kind von Einwanderern kam mit einer schlechten Note aus der Schule. Da sagte die Mutter vorwurfsvoll: „Wie kannst du das machen? Wir haben alle unser Leben für dich geopfert, wir schuften von morgens bis abends, wir haben unser Land verlassen, alles nur, damit es dir besser geht. Und du wirfst dein Leben so weg." Da antwortete der etwas vorlaute Junge: „Haben sich nicht auch deine Eltern für dich aufgeopfert?" Mutter: „Ja natürlich, ich hatte sehr gute Eltern." Junge: „Und deine Großeltern haben sich für deine Eltern aufgeopfert?" Mutter: „Selbstverständlich." Junge: „Wann wird endlich derjenige geboren werden, der es wert ist, dass so viele Generationen von Menschen sich für ihn aufgeopfert haben?"

Eine weitere Geschichte: Es war einmal ein König eines kleinen Staates in Indien, der sich auf eine Rundreise durch sein Reich kutschieren ließ. Unterwegs traf er auf einen alten Wandermönch. In Indien ist es üblich, dass man einem Weisen, dem man begegnet, eine Frage stellt. Der König war kein sehr spiritueller Mensch. Er war eher neugierig. Er wusste, dass der Wandermönch viel umhergekommen war und viele wundersame Sachen gesehen haben musste. So fragte er ihn: „Oh Swamiji, von allen wundersamen Sachen, die du gesehen hast, welche war die wundersamste?“ Der Swami antwortete: „Oh König: Jeden Tag kommen Menschen auf die eine oder andere Weise in Kontakt mit dem Tod. Sie hören von jemandem, der gestorben ist, sie sehen einen Toten, sie erfahren von lebensgefährlichen Krankheiten und Unfällen. Dennoch leben die Menschen so, als ob sie nicht sterben. Dies, oh König, ist das größte aller Wunder.“

Ein anderer König war sehr auf Ruhm aus, auf seinen Platz in der Weltgeschichte. Er erweiterte sein Reich, baute große Straßen, große Tempel, einen riesigen Palast, förderte die Wissenschaften, sorgte für eine florierende Wirtschaft. Er war also ein recht fähiger Regierender. Er ging regelmäßig auf Pujas (hinduistische Gottesdienste) und nahm anschließend Prasad (geweihtes Obst) zu sich. Eines Tages konnte er wegen dringender Regierungsgeschäfte nicht am Gottesdienst teilnehmen. So sandte er einen Diener zum Gottesdienst und gebot ihm, vom Priester Prasad mitzubringen. Der Priester gab dem Diener ein kleines Päckchen. Als der König das Päckchen aufmachte, war da eine tiefe Vase und eine kleine Notiz: „Das Prasad ist unten in der Vase.“ Als der König seine Hand in die Vase steckte, ertastete er ein paar zerbrochene Nadeln, die ihm in die Finger stachen. Und er fischte einen weiteren Zettel hervor, auf dem stand: „Sogar diese Nadeln werden dir nach dem Tod nicht folgen.“ Es heißt, dass der König nach anfänglichem Ärger über die Zumutung des Priesters seine Eitelkeit erkannte und ein tief spiritueller Mensch wurde.

Dies ist das Paradox des Menschseins: Auf der einen Seite ist es charakteristisch für den Menschen, sich seiner Vergänglichkeit bewusst zu sein. Auf der anderen Seite neigt er dazu, den Tod zu verdrängen.

Dann macht sich der Tod immer wieder bemerkbar. Durch den Tod wird der Mensch immer wieder dazu gezwungen, sich mit tieferen Fragen des Lebens zu beschäftigen. Der Tod ist ein Relativierer der kleinen Probleme des Alltags. Der Tod hilft, sich der wirklich bedeutenden Dinge im Leben bewusst zu werden. Der Yogameister Swami Vishnu-devananda sagte einmal: „Lebe jeden Tag, als ob er der letzte sein kann und als ob du 100 Jahre alt werden wirst.“ Im Mittelalter und auch in der Barockzeit war ein berühmter Ausspruch: „Memento mori“ – erinnere dich an den Tod. Ein anderer Yogameister, Swami Sivananda, sagte: „Erinnere dich an Gott. Wenn du dich nicht an Gott erinnern kannst, erinnere dich an den Tod. So bleibst du stets auf dem spirituellen Weg.“

In vielen mittelalterlichen Kirchen sind Schädel abgebildet und der Tod, der Sensenmann, als Skelett mit einer Sense. Auch in Darstellungen von Shiva und Kali kann man manchmal Schädel und Skelette sehen.

So ist der Tod auf der einen Seite Quelle von Angst und Verzweiflung. Auf der anderen Seite veranlasst er Menschen, sich auf die Suche nach einer tieferen Dimension zu begeben.

So ist es wichtig, sich über den Tod Gedanken zu machen. Die Vorstellung, was nach dem Tod kommt, bestimmt unser Leben.

Vorstellungen über das Leben nach dem Tod

Es gibt so viele Vorstellungen über das Leben nach dem Tod wie es Kulturen, vielleicht sogar wie es Menschen gibt. Ich möchte diese Vorstellungen in 6 Hauptkategorien einteilen:

1. Das Nichts: Nach dem Tod ist alles zu Ende.
2. Das Schattenreich: Nach dem Tod geht es irgendwie weiter, aber weniger intensiv.
3. Himmel und Hölle: Nach dem Tod kommt man, sei es direkt, sei es nach dem Jüngsten Gericht, sofort oder nach einem Fegefeuer in den Himmel oder in die ewige Verdammnis.
4. Allerlösung: Alle Menschen kommen nach dem Tod in eine Art Himmel, zum Heil, zur Erlösung, und zwar unabhängig davon, was sie in diesem Leben getan oder geglaubt haben.
5. Ungewissheit: Man kann nicht wissen, was nach dem Tod kommt.
6. Reinkarnation: Der Mensch inkarniert sich immer wieder, bis er die Vollkommenheit erreicht.

Meine Behauptung ist: Von den verschiedenen Vorstellungen über das Leben nach dem Tod macht die Reinkarnationstheorie vielleicht am meisten Sinn. Um dies zu erläutern, möchte ich zu den oben genannten 6 Kategorien einige Anmerkungen machen:

1. **Das Nichts: Nach dem Tod ist alles zu Ende.** Diese materialistische Vorstellung widerspricht der Intuition des Menschen. Menschen spüren intuitiv: Es muss nach dem Tod weitergehen. Kaum jemand kann sich wirklich vorstellen, nicht mehr zu sein. Das ist zwar kein wissenschaftlicher Beweis, aber doch eine subjektive Tatsache für die meisten Menschen. Man kann die „intuitive“ Überzeugung der meisten Menschen aller Kulturen, dass nach dem Tod „etwas sein muss“, abtun als kulturell anerzogenen Aberglauben, als evolutionär sinnvolle Illusion, die im Hirn begründet ist und den Menschen im Angesicht der Sterblichkeit zum Handeln befähigt, oder eben als intuitives Wissen um eine tiefere Wirklichkeit.

2. **Das Schattenreich:** Die meisten Menschen kennen diese Vorstellung aus der griechischen Mythologie. Da werden die Toten dargestellt als Schatten, die unglücklich sind, dass sie nicht mehr richtig leben können und sich nach dem wahren Leben sehnen. Viele Menschen heutzutage haben eine durchaus ähnliche Vorstellung. Einerseits gehen sie davon aus, dass der Tod nicht das Ende ist, andererseits kann es mit dem Leben nicht richtig weiter gehen. In jedem Fall wird es weniger intensiv sein. Wenn man das zu Ende denkt, ist die Vorstellung eines Schattenreiches etwas ganz Grässliches. Wer will Milliarden von Jahren in einer Art Halbleben verbringen?

3. **Himmel und Hölle:** Nach dem Tod kommt man, sei es direkt, sei es nach dem Jüngsten Gericht, entweder in den Himmel oder in die Hölle, je nachdem ob man tugendhaft genug war oder an das Richtige geglaubt hat. Man kann sagen: Dieser Glaube hat durchaus auch seine Vorzüge: Dadurch wird ethisches Verhalten motiviert. Dem Egoismus wird ein Riegel vorgeschoben. Und derjenige, der tugendhaft war, aber im Leben weniger erfolgreich als ein Betrüger, bekommt als Trost die Aussicht auf Belohnung im Jenseits. Gerade im Christentum war die Angst vor der Hölle oft ein großer Ansporn für Glaube und Nächstenliebe. Natürlich wurde diese Angst dann auch missbraucht: Nicht nur das eigene Handeln bestimmt, ob man in Himmel oder Hölle kommt. Vielmehr muss man auch an das Richtige glauben. Wenn man nämlich an das Falsche glaubt, kommt man auch in die Hölle, selbst wenn man tugendhaft gehandelt hat. Andererseits kommt man in den Himmel, wenn man an das Richtige glaubt, selbst wenn man ein Sünder gewesen ist. Und dann bleibt man dort in alle Ewigkeit. Dieser Glaube ist in Christentum, Islam und Judentum weit verbreitet.

Im Heidelberger Katechismus, einer der wichtigsten Lehrschriften des reformiert-evangelischen Glaubens, wird die protestantische Theologie in etwa wie folgt dargestellt: Gott hat den Menschen gut und nach seinem Ebenbild geschaffen und ihm das Paradies gegeben. Leider waren die Menschen ungehorsam: Adam und Eva haben von der verbotenen Frucht gegessen. Seitdem sind alle Menschen in Sünde geboren und von Geburt an verdorben. Um dennoch zur Erlösung zu kommen, hat Gott dem Menschen die 10 Gebote gegeben sowie das Gebot der Gottes- und Menschenliebe. Leider kann der Mensch diese nicht einhalten. Da Gott aber ein gerechter Gott ist, muss die Sünde des Menschen gebüßt werden, damit er der ewigen Verdammnis entgehe. So hat Gott seinen eigenen Sohn, Jesus Christus, auf die Welt geschickt, damit er für die Sünden aller Menschen sterbe. Wer an Jesus Christus glaubt, der wird durch diesen Glauben vor ewiger Verdammnis gerettet. Es gibt zwar gewisse Unterschiede im lutherischen, im reformierten und im katholischen Christentum. Dennoch laufen die im

Spätmittelalter und bis vor kurzem vorherrschenden Hauptlehrmeinungen der christlichen Kirchen auf das Gleiche hinaus: Nur Christen kommen in den Himmel, alle anderen sind der Ewigen Verdammnis preisgegeben. Vor diesem Hintergrund ist der Fanatismus und die Gewalt von Seiten der Christen in Kreuzzügen, bei Judenverfolgungen, gewaltsamen Bekehrungen der Indios in Mittel- und Südamerika im 16. Jahrhundert zu verstehen: Die Christen meinten, etwas Gutes zu tun. Im Zeitalter der Reformation waren dann die Evangelischen überzeugt, die Katholiken kämen alle in die Hölle (Luther nannte den Papst den „Antichristen") und natürlich waren die Katholiken überzeugt, alle Protestanten kämen in die Hölle. Dies erklärt die Religionskriege im 16. und 17. Jahrhundert: Jede Partei wollte durch gewaltsame Zwangsbekehrung die anderen vor ewiger Verdammnis bewahren. Und es erklärt auch die Vehemenz, mit der Islamisten für ihre Überzeugungen eintreten.

Auch heute noch wird in manchen christlichen Gruppierungen davon ausgegangen, dass praktisch alle, die nicht zur eigenen Gruppierung gehören, in die Hölle kommen. Ich erinnere mich an meine Zeit in Los Angeles. In Amerika gibt es ja nicht zwei große Kirchen wie hier in Deutschland, sondern Hunderte von kleinsten Untergruppierungen. Eine Kirche hat vor dem Yoga-Center, in dem ich unterrichtet habe, ein Flugblatt ausgeteilt, wo geschrieben stand: „Kommst du in die Hölle? Wenn du nicht an Gott glaubst, kommst du in die Hölle. Wenn du an einen anderen Gott als Jesus glaubst, kommst du in die Hölle. Wenn du Jesus anders verehrst, als es richtig ist, kommst du in die Hölle." Es war so formuliert, dass Gott 99,9% aller Menschen in die Hölle schickt, und daran haben sie ernsthaft geglaubt.

Ewige Verdammnis in der Hölle erscheint bei logischem Nachdenken als unverhältnismäßig hohe Strafe bei einem doch sehr kurzen Erdenleben. Wenn man bedenkt, dass 80 Jahre oder auch nur 20 oder 10 Jahre eines Lebens bestimmen sollen, ob man in die ewige Verdammnis oder in den Himmel kommen soll, macht das keinen Sinn. Wenn wir Gott nur im Geringsten als liebevoll oder doch wenigstens als gerecht erachten, wieso sollte er jemanden wegen Fehler in ein paar wenigen Jahren für Millionen und Milliarden Jahre, ja für ewig in die Hölle schicken? Und wie kann Gott so grausam sein, die Mehrheit seiner Geschöpfe nie das Mittel zur Erlösung wissen zu lassen (die Mehrheit wächst nicht als Christ auf)? Letztlich müssen Herz und Verstand gegen eine solche Vorstellung rebellieren. Und in den modernen christlichen Kirchen in Europa kommt die Theorie der ewigen Verdammnis etwas aus der Mode. Letztlich hat das Christentum genau wie die meisten anderen Religionen keine eindeutige, für alle Gläubigen verbindliche Lehrmeinung, was genau nach dem Tod kommt.

Ein wichtiger Unterschied der aus dem Nahen Osten stammenden Religionen Judentum, Christentum und Islam zu den fernöstlichen Religionen ist die zeitliche Perspektive.

Im Christentum ging man z.B. bis ins 16./17. Jahrhundert davon aus, dass Gott die Welt in 6 Tagen irgendwann zwischen 5000 und 3500 v. Chr. erschaffen hat (je nach Bibellesart). Und die ersten Frühchristen gingen davon aus, dass sie selbst noch die Apokalypse, das Wiederkommen Christi und damit den Untergang der Welt, erleben würden. Seitdem wird immer wieder in christlichen Gruppierungen der Untergang der Welt beschworen. Dies wird auch in islamischen, heute besonders in islamistischen Kreisen, immer wieder erwartet.

Die Inder hatten da eine ganz andere zeitliche Perspektive. Die verschiedenen indischen Schriften widersprechen sich zwar bezüglich des Alters der Welt. Dennoch ist es faszinierend zu erkennen, in welchen Dimensionen die Inder schon vor Tausenden von Jahren gedacht haben. Die Inder haben dabei in Zyklen gedacht. Im *Surya Siddhanta*, einem Text, der vermutlich mindestens 1.000 bis 1.400 Jahre alt ist, wird ein Schöpfungszyklus wie folgt aufgeteilt:

Zunächst gibt es 4 *Yugas*, „kurze" Zeitalter. Ein *Kali Yuga*, das dunkle Zeitalter, dauert 432.000 Jahre (laut klassischer Chronologie sollen wir uns seit 3.227 v. Chr. im *Kali Yuga* befinden). Das Zeitalter davor ist das Bronzene Zeitalter mit 864.000 Jahren, noch früher das Silberne Zeitalter mit 1.296.000 Jahren und ganz am Anfang war das Goldene Zeitalter mit 1.728.000 Jahren. Alle 4 Zeitalter zusammen ergeben 4.320.000 Jahre, was auch ein *Maha Yuga* genannt wird. 71 dieser *Maha Yugas* zusammen mit einem *Sandhya* (Zwischenzeitalter) ergeben ein *Manvantara* mit 308.448.000 Jahren. 14 *Manvantaras* zusammen mit einem weiteren *Sandhya* ergeben ein *Kalpa* von 4.320.000.000 Jahren. 2 *Kalpas* sind ein Tag und eine Nacht im Leben *Brahmas*, des Schöpfers. *Brahma* lebt 100 Jahre. Damit wird die Dauer eines vollen Schöpfungszyklus mit 311 Trillionen Jahren angegeben. Und vor jedem Schöpfungszyklus gab es einen anderen und nach jedem Schöpfungszyklus gibt es einen weiteren.

Weitere das Denken weitende Vorstellungen findet man in der *Yoga Vasishtha* (*Jnana Yoga* Schrift): Da wird von Paralleluniversen gesprochen, gleichzeitig nebeneinander existierenden Welten, in denen wir sogar gleichzeitig existieren können.

Das christlich-mittelalterliche Bild war da erheblich eingeschränkter: Da war das Universum ein paar Tausend Jahre alt, die Erde eine Scheibe, Jerusalem war der Mittelpunkt der Welt, das Ende der Welt kommt bald, der Mensch ist die Krone der Schöpfung, Gott hat nur einmal seinen Sohn auf die Erde geschickt und es gibt nur einen Weg zum Heil.

Die moderne Wissenschaft hat diesem Weltbild einen Schock nach dem anderen versetzt. Die Erde ist eine Kugel, sie kreist um die Sonne, welche selbst nur ein unbedeutender Stern unter Milliarden anderer Sterne ist. Das Universum ist mindestens 15 Milliarden Jahre alt, der Mensch entstand in einer langen Evolutionskette und ist gar nicht so viel anders als Tiere. Es mag Hunderte von anderen Planeten mit Leben geben. Und es mag keinen Grund geben, weshalb das Leben in den nächsten Millionen Jahren zu Ende sein soll.

Wenn wir vor diesem Hintergrund überlegen, dass die paar Jahrzehnte eines Lebens eine 1 Milliarde Jahre weit übersteigende Ewigkeit bestimmen sollen und wir eventuell für ewig in der Hölle schmoren sollen, dann macht die These einer ewigen Verdammnis keinen großen Sinn. Und wenn man bedenkt, dass es seit einer Million Jahren Menschen gibt und auch Menschenaffen, Delfine, eventuell sogar Wale und Papageien Selbstbewusstsein haben, wäre es auch eigenartig, wenn Gott nur ein einziges Mal in einem einzigen Teil eines winzigen Planeten in einem unbedeutenden Sonnensystem in einer kleineren Galaxie einen einzigen Weg zum Heil gezeigt hätte.

4. **Allerlösung:** Vielen Christen ist es heutzutage sehr bewusst, wie unbefriedigend die oben skizzierte Theorie von ewigem Himmel und ewiger Verdammnis ist. Nur eine Minderheit der Christen in Mitteleuropa und kein mir bekannter Pfarrer glaubt heute noch daran. Und der Horizont weitet sich: Inzwischen erkennen die verschiedenen christlichen Kirchen an, dass man auch über eine andere christliche Konfession das Heil erreichen kann. Papst Johannes Paul II. hat anerkannt, dass auch Juden und Moslems das Heil erreichen können. Zu hoffen ist, dass sich der Gedanke der gegenseitigen Anerkennung unter allen Religionen verbreiten wird. Am weitesten geht das neuchristliche Konzept der „Allerlösung“. Nach dieser Theorie ist Jesus für die Erlösung aller Menschen gestorben, unabhängig davon, ob sie an ihn glauben oder nicht. Somit kommen alle Menschen, unabhängig von ihren Taten, von ihrer spirituellen Praxis und ihrem Glauben zur Erlösung. Nach manchen Ausprägungen muss man nach dem Tod eine Art Fegefeuer, eine Art Reinigung, durchlaufen, bis man des Heils teilhaftig wird. Meist werden die Details aber ausgelassen.

Das Konzept der Allerlösung passt sicherlich gut in unsere Zeit. Ein Charakteristikum unserer Zeit ist ja die Zunahme an Mitgefühl. In der Aufklärung wurde das Konzept der unbedingten, nicht zu verdienenden Menschenwürde entwickelt, vor allem von Immanuel Kant. Anfang des 20. Jahrhunderts postulierte Sigmund Freud, dass alles Schlimme im Menschen letztlich aus Problemen in der Psyche komme, die wiederum durch familiäres und gesellschaftliches Umfeld herrühren. Die Evolutionsbiologie, Genforschung und Hirnpsychologie haben gezeigt, dass alle Triebe im

Menschen evolutionsmäßig ihren Sinn gehabt haben und auch heute in dafür geeigneten Kontexten meist weiterhin wichtige Funktionen erfüllen. Letztlich gibt es nichts absolut Schlechtes oder absolut Gutes. Der Dualismus Gott-Teufel, wie man ihn in den meisten Religionen findet, wird damit obsolet. Selbst der Verbrecher handelt aus Antrieben, die in irgendeinem evolutionären Kontext einmal sinnvoll waren und verdient unser Mitgefühl. Und jeder von uns hat, wenn auch in unterschiedlichen Anteilen, fast jeden Trieb in sich, den jeder andere auch hat. Vor diesem Hintergrund würde eine bedingungslose Liebe Gottes auch ein bedingungsloses Annehmen aller Menschen in all ihren Anteilen mit sich ziehen. Ein bedingungslos liebender Gott müsste auch alle Menschen erlösen können. So wie man von einem irdischen Vater und einer irdischen Mutter erwarten würde, dass sie jedes ihrer Kinder bedingungslos annehmen und alles in ihrer Macht Stehende tun, so wird dies ganz gewiss auch Gott tun.

Natürlich hat die Theorie der „Allerlösung" auch ihre Probleme: Zum Einen hält sie sich sehr vage, was Allerlösung überhaupt sein soll. Wie ist das überhaupt, „erlöst" zu sein? Da waren die Beschreibungen eines Himmels mit Harfen spielenden Engeln konkreter. Zum Anderen sind die biblischen Belege dafür sehr dünn. Zum Dritten stellt sich die Frage: Warum sollte man überhaupt tugendsam sein und glauben, wenn man sowieso die Erlösung erlangt? Auf diese dritte Frage gibt es allerdings eine durchaus befriedigende Antwort: Wenn man weiß, dass man praktisch schon erlöst ist, kann man das Leben freudevoll leben, man kann sich selbst so annehmen wie man ist, weil man weiß, dass Gott einen so annimmt wie man ist. Und wenn man sich des Geschenkes Gottes bedingungsloser Liebe bewusst ist, will man dieses Geschenk auch weitergeben. So handelt man nicht tugendhaft, um etwas zu erreichen; man geht nicht in die Kirche, um in den Himmel zu kommen. Vielmehr gibt man aus Glücksgefühl und Dankbarkeit das weiter, was man erfahren hat. Dieses innere Glück als tugendhafte Handlungen auszudrücken, ist Belohnung in sich.

Hier ist der christliche Allerlösungsgedanke der Yoga Philosophie erheblich näher, als die christlichen Befürworter es üblicherweise selbst wissen: Ethisches Handeln entspringt im Yoga nämlich nicht der Angst vor schlechtem Karma oder göttlicher Bestrafung. Im *Jnana Yoga* (Yoga der Philosophie und der Erkenntnis) wird aus der *Vedanta* Philosophie heraus gesagt: Wir sind jetzt schon *Atman*, reine, unendliche Seele. Egal, was wir machen: Wir sind jetzt schon perfekt. Diese Vollkommenheit müssen wir uns nicht erarbeiten, wir können sie nicht verlieren. Alle spirituelle Praxis hilft uns nur, uns dieser Tatsache bewusst zu werden. Und wenn wir erkennen, dass wir alle miteinander im Höchsten Bewusstsein verbunden sind, kommen Nächstenliebe und ethisches Handeln von selbst. *Patanjali* empfiehlt im *Raja Yoga Sutra* die Entwicklung von Tugenden als Mittel zum Zweck: *Patanjali* sagt: Unethisches Handeln führt direkt zu Unwissenheit und Leid (*Yogasutra* II 34). Ethisches Handeln aus Liebe führt zum Wissen und Erfahrung der Einheit sowie zu Freude.

5. **Ungewissheit:** Weit verbreitet ist die Vorstellung, dass man nicht wissen kann, was nach dem Tod kommt. Es sei wichtiger, sein jetziges Leben zu leben, als sich über das nächste Leben Gedanken zu machen. Was nachher kommt, würden wir schon sehen. Diese Vorstellung klingt vernünftig, führt aber zu einer unterbewussten Grundangst. Denn der Mensch weiß ja um die Vergänglichkeit. Letztlich kommt aus dieser Einstellung die in unserer Kultur so verbreitete Verdrängung des Todes. Über Sterben spricht man nicht, mit Sterbenden spricht man nicht über den Tod, gestorben wird im Krankenhaus. So gelingt es, den Tod aus dem Leben zu verbannen. Aber der Tod kommt von selbst immer wieder ins Leben: Ein naher Angehöriger stirbt, man selbst gerät in Lebensgefahr, unheilbare Krankheiten werden diagnostiziert oder befürchtet. Diese Grundangst sorgt dafür, dass der moderne Mensch im aktiven Leben immer unter einem Hintergrund-Stress leidet, was auch in der psychologischen Forschung empirisch belegt wurde. Menschen mit einer ungenaueren Vorstellung über „das Leben nach dem Tod" leiden erheblich mehr unter Unsicherheit und Stress als Menschen mit einer festen Überzeugung. Auch die Trauma-Forschung hat gezeigt: Menschen mit festen Überzeugungen, die auch die Katastrophen des Lebens mit einbeziehen, leiden weniger unter erschütternden Erfahrungen als andere. Man hat z.B. festgestellt, dass Exiltibeter, die Schlimmstes erlebt hatten, 20 Jahre nachher erheblich weniger unter posttraumatischen Belastungssyndromen gelitten haben als andere, die Vergleichbares erlebt hatten, aber keine so tiefe spirituelle Verankerung hatten.

Eine mit Ungewissheit nach dem Tod einhergehende Lebens- und Weltanschauung ist eine Art rosaroter Optimismus, der die Katastrophen des Lebens ausblendet. Viele Menschen in Europa haben folgende Weltanschauung: Die Welt meint es gut mit mir. Mein Leben wird sich schon gut entwickeln. Wenn ich keine groben Fehler mache, wird alles gut sein. Aber: Katastrophen geschehen nun mal: Angehörige sterben, Ehen gehen in die Brüche, Kinder kommen auf Abwege, Arbeitsstellen werden gekündigt, Unfälle und Krankheiten geschehen. Da fragen sich die modernen Menschen vergebens: Warum? Warum ich? Warum mir? Eine Lebenseinstellung, die nicht tief genug denkt und für sich selbst nur eine rosarote Zukunft ausmalt und den Schwierigkeiten und Herausforderungen des Lebens keinen Platz einräumt, wird immer wieder erschüttert. Und weil das Unbewusste das weiß, wird im Hintergrund der Psyche eine beständige Angst und Unsicherheit herrschen. Die scheinbar so „vernünftige" Lebenseinstellung „man weiß nicht, was nach dem Tod ist, und ich lebe jetzt mein Leben“ entpuppt sich als Quelle von psychischen und psychosomatischen Beschwerden. Diese Einstellung scheitert auch immer wieder daran, dem Leben einen tieferen Sinn zu geben, der ja laut den Forschungen von Victor Frankl für psychische Gesundheit so wichtig ist. Wer den Sinn im Leben darin sieht, eine Firma aufzubauen, wird diesen nach einem Konkurs in Scherben sehen. Wer in Ehe und Familie seinen Sinn sieht, wird nach Scheidung oder Tod eines Kindes sein Leben für sinnlos ansehen.

So braucht erfülltes, gesundes Menschsein letztlich eine tiefere Basis, einen tieferen Sinn, ein tieferes Verstehen. Selbst wenn sich am Ende des Lebens herausstellen würde, dass es nach dem Tod doch nichts gibt, hätte man wenigstens ein erfüllteres, freudevolleres Leben geführt, das der evolutionär-biologisch-neurologischen Hirnausstattung des Menschen mehr gemäß war als ein materialistisches...

6. **Reinkarnation:** Die Vorstellung von Reinkarnation war zu allen historisch bekannten Zeiten die am meisten verbreitete (siehe unten). Sie besagt, dass Bewusstsein nicht vom Hirn abhängt, dass wir letztlich jenseits der Materie existieren. Bewusstsein und damit Leben hängt nicht von der Materie ab. Das Bewusstsein inkarniert sich in die Welt, um Erfahrungen zu machen. Bewusstsein wird beschränkt durch die Verkörperung. Es macht in einem lebendigen Körper Erfahrungen. Wenn der Körper stirbt, geht es in eine subtilere Seinsweise ein, um sich anschließend wieder zu verkörpern. Im Laufe vieler Leben entwickelt und vervollkommnet sich die Seele. Jedes Leben ist in sich sinnvoll. Jedes Leben ist in sich wichtig und wertvoll. Jedes Leben hat seine Lektionen und Lernaufgaben. Wir brauchen aber keine Angst davor zu haben, etwas falsch zu machen oder etwas zu verpassen. Jeden Fehler können wir wieder gut machen, alles was wir verpasst haben, können wir nachholen. Jede Erfahrung ist sinnvoll, auch wenn wir das im Moment der Erfahrung nicht wissen. Alles was geschieht, ist das Richtige für unsere Evolution. Dem Bedürfnis des Menschen nach Sinn entspricht der Reinkarnationsglaube besonders stark. Vor dem Hintergrund der Möglichkeit der Wiederverkörperung können wir dieses Leben sehr bewusst und intensiv, ohne Schuld- und Rachegefühle, mit Liebe und Erfüllung leben. Einige wissenschaftliche Indizien sprechen für ein Leben nach dem Tod bzw. Leben vor der Empfängnis. So ist der Glaube an Reinkarnation intellektuell bestechend, psychologisch hilfreich und emotional herzöffnend.

Geschichte des Reinkarnationsgedankens

Die Reinkarnationslehre war zu allen Zeiten die am weitesten verbreitete Vorstellung für das Leben nach dem Tod. Nach unterschiedlichen Umfragen glauben etwa 10-40% der Deutschen an Reinkarnation. Die östlichen Religionen Hinduismus, Buddhismus, Taoismus, Jainismus gehen wie selbstverständlich davon aus. Nach einer sorgfältigen Zusammenstellung von Ian Stevenson (Ian Stevenson, Wiedergeburt, 1992) glauben und glaubten viele andere Völker an Reinkarnation. Ich will nur einige Beispiele aufführen:

- große Gruppen schiitischer Muslime Westasiens,
- die Einwohner West- und Ostafrikas, soweit sie noch nicht gänz lich zum Islam oder zum Christentum bekehrt wurden,
- eine große Minorität der Einwohner Brasiliens. Ihr Glaube scheint von Vorstellungen abzustammen, die von Afrikanern (versklavte Schwarzafrikaner) nach Brasilien gebracht wurden, wo sie sich mit spiritistischen Konzepten mischten, die im 19. Jahrhundert aus Frankreich importiert wurden,
- Ureinwohner des nordwestlichen Nordamerikas (Tlingits),
- Inuit von Grönland und Nordkanada bis Alaska
- die Bewohner der Trobriand Inseln
- Viele andere schamanische Völker

Auch im Abendland war der Glaube an die Wiedergeburt bei vielen Völkern weit verbreitet. Darunter waren z.B. die Kelten Mittel- und Westeuropas sowie der Wikinger Islands und Skandinaviens. Davon berichtet Cäsar in „De Bello Gallico“: „Die Hauptdoktrin, welche sie (die Druiden) zu lehren suchen, besagt, dass Seelen nicht sterben, sondern nach dem Tode von einem (Körper) in einen anderen übergehen; und diesen Glauben halten sie für den höchsten Ansporn zur Tapferkeit, da die Angst vor dem Tode ausgeschaltet ist.“ Laut Evans-Wentz (1911) blieb der Reinkarnationsglaube unter den keltischen Einwohnern Schottlands, Wales und Irlands bis ins 20. Jahrhundert bestehen. Unter islamischen Mystikern, insbesondere vielen Sufis, ist bis heute der Glaube an Reinkarnation weit verbreitet.

Die weite Verbreitung des Glaubens an Wiedergeburt auf der Erde ließ Schopenhauer bemerken: „Wenn ein Asiate mich nach einer Definition für Europa fragen würde, müsste ich ihm antworten: Es ist der Teil der Welt, der vollständig von der unerhörten und unglaublichen Täuschung beherrscht wird, dass eines Menschen Geburt sein Anfang sei und dass er aus nichts geschaffen werde.“ (*Parerga und Paralipomena*)

Allerdings stimmt die Behauptung Schopenhauers heute nicht mehr: Eine Umfrage, die 1968 von Gallup International durchgeführt wurde, hat ergeben, dass damals 18 Prozent der Menschen in 8 europäischen Ländern an Reinkarnation glaubten. Ein Jahr später zeigte eine ähnliche Umfrage, dass 20 Prozent der befragten US-Amerikaner und 26 Prozent der Kanadier angaben, an Reinkarnation zu glauben. Bei einer späteren Umfrage in den USA (veröffentlicht 1982) bejahten 23 Prozent derer, die antworteten, den Reinkarnationsgedanken. Neuere Umfragen kommen auf ähnliche Werte. Mir ist jetzt keine aktuelle Umfrage bekannt; es dürfte der Anteil der Europäer und Nordamerikaner, die an Reinkarnation glauben, weiter gestiegen sein.

Die Grundlagen der modernen westlichen Zivilisation beruhen hauptsächlich auf ägyptisch-griechisch-römischem, jüdischem, christlichem und islamischem Gedankengut sowie den Geistesgrößen der Neuzeit. Und hier war die Vorstellung der Wiederverkörperung erheblich verbreiteter als man annehmen sollte:

Griechisch-römische-Antike: Unter den Ägyptern und den Griechen gab es ganze philosophische und religiöse Schulen, die an Reinkarnation glaubten. Es gibt Theorien und Berichte, dass die Einweihungskulte der Mysterienschulen Erinnerungen an frühere Geburten und Erfahrungen außerkörperlichen Lebens hervorrufen wollten. Bekannt ist, dass der Mathematiker, Philosoph und Mystiker Pythagoras Reinkarnation gelehrt hat. Andere bekannte Vertreter der Reinkarnationstheorie waren Sokrates und Plato. Laut Plato sagte Sokrates: „Weil nun die Seele unsterblich ist und oftmals geboren und, was hier ist und in der Unterwelt, alles erblickt hat: so ist auch nichts, was sie nicht in Erfahrung gebracht hätte, sodass nicht zu verwundern ist, wenn sie auch von der Tugend und allem anderen vermag, sich dessen zu erinnern, was sie ja auch früher gewusst hat." (Zitiert nach der Übersetzung von Friedrich Schleiermacher). Weitere Geistesgrößen der Antike, die an Reinkarnation glaubten, waren Appolonius, Plotinus, die Neupythagoräer, die Neuplatoniker, Empodokles, Plutarch, Vergil, Ennius, Seneca, vermutlich auch Cicero und Caesar.

Judentum: Das Wort Reinkarnation (hebräisch „Gilgul Neschamot") taucht in der jüdischen Bibel nirgends auf. Reinkarnation wird aber im Talmud an einigen Stellen explizit diskutiert. Einige jüdische Strömungen z.Z. Christi sind von Reinkarnation ausgegangen. Dazu gehören insbesondere die Essener und die Pharisäer. Die Essener lebten in einer Gemeinschaft ohne persönlichen Besitz, in der es Mönche, Nonnen und ganze Familien gab. Sie waren Vegetarier, haben meditiert und andere spirituelle Praktiken geübt, glaubten an Auferstehung des Fleisches und damit Reinkarnation sowie an etwas dem Karma Ähnlichen und auch an das baldige Kommen des Messias. Umstritten ist, inwieweit die Essener in Kontakt standen mit Jesus und Paulus sowie den Urchristen überhaupt. Laut dem antiken Historiker Josephus haben auch die Pharisäer, neben Sadduzäern und Essenern die dritte wichtige Gruppierung im Judentum zur Zeit Christi, an Reinkarnation geglaubt. Da aus dem pharisäischen Judentum das mittelalterliche Judentum hervorgegangen ist, wird man aber annehmen müssen, dass die Annahme der Reinkarnationslehre nicht unumstritten war. So wird Reinkarnation ja im Talmud durchaus kontrovers diskutiert. Die Pharisäer waren übrigens nicht die scheinheiligen Buchstabengläubigen, als die sie in den Evangelien dargestellt werden. Vielmehr muss man davon ausgehen, dass die Frühchristen den Pharisäern am nächsten standen, dass vielleicht sogar Jesus als pharisäischer Lehrer angesehen wurde. Die Positionen von Jesus zu Nächstenliebe (Hillel), Ehescheidung (Schammai), seine Einstellung zum Sabbath („der Sabbath ist für den Menschen da und nicht der Mensch für den Sabbath") und vieles Andere, was als für Jesus typische Lehren gilt, waren Lehrmeinungen der Pharisäer. Auch können es nicht Pharisäer gewesen sein, welche Jesus als Häretiker verfolgten. Das müssten eher Sadduzäer gewesen sein, welche das Tempeljudentum verkörperten, sich als die „Rechtgläubigen" bezeichneten und sich von Häretikern absetzten. Die Pharisäer waren es, welche ein „Reformjudentum" befürworteten, für welches der Geist wichtiger war als der Buchstabe. Allerdings waren zur Zeit der Verfassung der Evangelien die Sadduzäer (und die Essener) weitestgehend ausgelöscht. So richtete sich die Polemik der Frühchristen gegen die verbliebenen Pharisäer. Man kann davon ausgehen, dass die meisten Lehren Jesu auf pharisäischen Lehren beruhen. Drei Ausnahmen will ich hier herausgreifen: Die eine betrifft die Haltung Jesu zum Privateigentum, die zweite die Vorstellung der bevorstehenden Endzeit, die dritte die Person Jesu selbst als Messias, Sohn Gottes. Ein paar Anmerkungen zur Position Jesus zum Privateigentum: Jesus spricht sich an mehreren Stellen gegen Privateigentum aus: „Es ist leichter, dass ein Kamel durch ein Nadelöhr gehe, als dass ein Reicher ins Reich Gottes komme" (Mk 10,25). „Ihr könnt nicht Gott dienen und dem Mammon" (Matth 6,24). Hier ähnelt die Position von Jesus wie bei der bevorstehenden Endzeit eher der essenischen als der pharisäischen. Die Frühchristen wollten sich eben von den Pharisäern und vermutlich auch von den Juden insgesamt absetzen, die wegen des römisch-jüdischen Krieges 66-70 n. Chr., in dessen Folge der Jerusalemer Tempel zerstört und die Juden von den Römern aus Palästina vertrieben wurden, im Römischen Reich unbeliebt waren.

Explizit wurde die Reinkarnationslehre von jüdischen Mystikern gelehrt. Die Bücher „Sefer ha Bahir" (aus dem 11. oder 12. Jhdt. n. Chr.) und „Sefer Ha Sohar" (13. Jhdt. n. Chr.) seien hier beispielhaft erwähnt. Da das Werk „Sefer Ha Sohar" starke Verbreitung fand, kann man davon ausgehen, dass im spätmittelalterlichen osteuropäischen Christentum die Reinkarnationslehre vorherrschende Doktrin war.

Ein klassisches Werk der Kabbala ist Schaar ha-Gilgulim („Tor der Reinkarnationen") von Rabbi Isaak Luria (1534-1572), das die komplexen Gesetzmäßigkeiten der Wiedergeburt beschreibt und außerdem die lebenslange Inkarnation (Gilgul) von der vorübergehenden Inkorporation einer fremden guten Seele (Ibbur) oder einer fremden bösen Seele (Dibbuk) abgrenzt. Luria bezieht sich dabei ausdrücklich auf bestimmte Textpassagen im Tanach, der jüdischen Bibel. Der Begründer der chassidischen Bewegung, Rabbi Israel ben Elieser (1698-1760), genannt Baal Schem Tow, hat die Reinkarnationslehre weitergegeben. Man findet einiges darüber in Martin Bubers Werken „Die Legenden des Baalschem" sowie „Die Erzählungen der Chassidim", in denen Baal Shem Tow ganz konkrete Fälle von Reinkarnation darlegt und erläutert.

Die Vorstellung der Wiedergeburt ist auch heute bei orthodoxen Juden (besonders bei den Chassidim) weit verbreitet. In manchen chassidischen Gebetsbüchern (Siddur) findet man beispielsweise ein Gebet, das um Vergebung für Sünden in früheren Inkarnationen bittet (mehraba).

Islam: Der Anteil der Moslems unter den Yoga Übenden in Mitteleuropa wird in den letzten Jahren größer. Daher hier ein paar Worte über Reinkarnation und Islam. Natürlich lehnen die Hauptvertreter der großen Konfessionen Sunniten und Schiiten die Reinkarnationslehre ab.

Einige Verteter der islamischen Mystik (Sufismus oder Tasawwuf) und einige esoterische Orden (Tariqas) integrieren das Konzept der Wiedergeburt problemlos in ihr spirituelles Weltbild. Hierzu zwei Koran-Stellen:

„Wie könnt ihr Gott verleugnen, wo ihr tot wart und Er euch lebendig gemacht hat? Dann lässt Er euch sterben und macht euch wieder lebendig, und dann werdet ihr zu Ihm zurückgebracht." (Koran 2:28, Übersetzung von Adel Theodor Khoury).

„Du lässt die Nacht in den Tag übergehen und Du lässt den Tag in die Nacht übergehen. Du bringst das Lebendige aus dem Toten und Du bringst das Tote aus dem Lebendigen hervor, und Du bescherst Unterhalt, wem Du willst, ohne (viel) zu rechnen." (Koran 3:27, Übersetzung von Adel Theodor Khoury).

Beide Koranstellen kann man durchaus als Beleg für Reinkarnation deuten, auch wenn sie natürlich auch anders interpretiert werden können.

Der persische Dichter, Mystiker und Sufi-Meister Dschalal ad-Din Rumi (1207-1273), genannt Moulana („unser Meister"), auf dessen Lehren der Mevlevi-Derwischorden zurückreicht, schrieb folgendes Gedicht:

„Ich starb als Mineral und wurde Pflanze,
Ich starb als Pflanze und wurde Tier,
Ich starb als Tier und wurde Mensch.
Warum soll ich mich fürchten?

Wann wurd ich weniger durch einen Tod?
Noch einmal werd ich sterben als ein Mensch,
Nur um dann aufzusteigen mit der Engel Segen.
Doch auch vom Engelsdasein muss ich weitergehen…“
(Auszug aus dem *Mathnawi* von Rumi).

Im Koran wird Maryam, Mutter des Propheten Isa (Jesus) mit der alttestamentlichen Prophetin Miriam, Schwester von Aaron und Mose, die mehr als 1.000 Jahre vorher gelebt hat, gleichgesetzt. Dies wird von manchen islamischen Denkern mit Reinkarnation erklärt.

Bis heute hat die Reinkarnationslehre bei der kleinen Minderheit der Drusen eine zentrale Bedeutung, auch wenn die Drusen normalerweise nicht als Moslems anerkannt werden.

Christentum: Wie oben dargelegt, war zur Zeit Jesu in zwei der drei jüdischen Hauptrichtungen, nämlich den Essenern und den Pharisäern, der Reinkarnationsglaube weit verbreitet, ebenso in der griechisch-römischen Welt und im Manichäismus, durch welchen wiederum die Essener stark beeinflusst waren. So wundert es wenig, dass es eine Reihe von Textstellen im Neuen Testament gibt, welche vom Standpunkt der Reinkarnationslehre interpretiert werden können. Ebenso ist es ganz verständlich, dass eine Reihe von frühchristlichen Strömungen von Reinkarnation ausgegangen sind. Man wird nicht sagen können, dass Jesus und alle Frühchristen an Reinkarnation geglaubt haben. Jede Bibelstelle, die Reinkarnation nahezulegen scheint, kann auch anders interpretiert werden. Und es gibt einige Bibelstellen, welche dem Glauben an Reinkarnation entgegengesetzt sind.

Da dieses Buch jedoch eher ein Plädoyer für Reinkarnation ist, will ich, meiner Einseitigkeit bewusst, zunächst einige Bibelstellen zitieren:

(Jesus über Johannes den Täufer:) Und wenn ihr es gelten lassen wollt: Ja, er ist Elija, der wiederkommen soll. (Mt 11,14)

(Jesus fragte seine Jünger: Für wen halten die Leute den Menschensohn?) Sie sagten: Die einen für Johannes den Täufer, andere für Elija, wieder andere für Jeremia oder sonst einen Propheten. (Mt 16,14)

(Über Johannes den Täufer:) Andere sagten: Er ist Elija. Wieder andere: Er ist ein Prophet wie einer von den alten Propheten. (Mk 6,15)

(Johannes der Täufer über sich selbst:) Sie fragten ihn: Wer bist du dann? Bist du Elija? Und er sagte: Ich bin es nicht. Bist du der Prophet? Er antwortete: Nein. (Joh. 1,21)

All diese Zitate legen nahe, dass zur Zeit Jesu ganz selbstverständlich über frühere Leben gesprochen wurde und diskutiert wurde, wer wessen Reinkarnation war.

Die vielen Stellen in der Bibel, die darüber sprechen, dass der Mensch erntet, was er sät, machen am meisten Sinn, wenn sie mit Reinkarnation verknüpft werden. Denn es ist offensichtlich, dass in diesem Leben Menschen nicht ernten, was sie in diesem Leben gesät haben. Nur wenn man versteht, dass mindestens einige der Jünger von Reinkarnation ausgingen, kann man die ständigen Fragen der Jünger nach der Schuld der Menschen an ihrem eigenen Leid verstehen.

„*Und als er vorbeiging, sah er einen Menschen, der blind war von Geburt an. Und seine Jünger fragten ihn und sprachen: Rabbi, wer hat gesündigt, so dass er blind geboren ist, dieser oder seine Eltern? Jesus antwortete: Weder dieser hat gesündigt, noch seine Eltern; sondern an ihm sollten die Werke Gottes offenbar werden!*" (Joh. 9,1-3). Hier wendet sich Jesus gegen einen zu kurz gegriffenen Karmabegriff. Aber es scheint so, dass die Jünger selbstverständlich von Reinkarnation ausgehen. Wie sonst könnte jemand aus eigener Sünde heraus blind geboren werden?

„*Richtet nicht, damit ihr nicht gerichtet werdet. Denn nach welchem Recht ihr richtet, werdet ihr gerichtet werden; und mit welchem Maß ihr messt, wird euch zugemessen werden.*" (Matthäus 7, 1-2).

„*Sündige hinfort nicht mehr, dass dir nicht Schlimmeres widerfahre.*" (Johannes 5, 1)

„*Und Jesus antwortete und sprach zu ihnen: Meinet ihr, dass diese Galiläer vor allen Galiläern Sünder gewesen sind, dieweil sie das erlitten haben? Oder meinet ihr, dass die achtzehn, auf die der Turm von Siloah fiel und sie erschlug, seien schuldig gewesen vor allen Menschen, die zu Jerusalem wohnen?*" (Lukas 13,3-4)

„*Womit jemand sündigt, damit wird er auch bestraft.*" (Weisheit 11, 16)

In apokryphen Schriften, also frühchristlichen Schriften, die später nicht in den Kanon des Neuen Testaments aufgenommen wurden, gibt es eine Reihe von Bezügen zu Reinkarnation. Hier nur ein Beispiel:

„*Jesus sprach: Heute wenn ihr euer Ebenbild seht, freut ihr euch. Wenn ihr aber eure Bilder seht, die vor euch geworden sind, ... wie viel werdet ihr ertragen?*" (Thomas Evangelium V. 84)

In den ersten Jahrhunderten nach Christus wurde viel über die Präexistenz der Seele, also über die Existenz der Seele vor der Geburt des Körpers gestritten. Diese Lehre wurde mindestens stellenweise vertreten u.a. von Justinus dem Märtyrer (100-165), Tatian (2. Jhd.), Clemens von Alexandria (150-214), Gregorios von Nyssa (334-395), Synesios von Kyrene (370-413) oder auch dem Hl. Augustinus (354-430) und Bischof Nemesios von Emesa (um 400-450). Eine Präexistenz der Seele ist natürlich Voraussetzung für die Reinkarnation der Seele.

Der Kirchenlehrer Origenes formulierte es wie folgt explizit in seinem Werk „De Principiis":

„*Wenn man wissen will, weshalb die menschliche Seele das eine Mal dem Gu-*

ten gehorcht, das andere Mal dem Bösen, so hat man die Ursache in einem Leben zu suchen, das dem jetzigen Leben voranging. Jeder von uns eilt der Vollkommenheit durch eine Aufeinanderfolge von Lebensläufen zu. Wir sind gebunden, stets neue und stets bessere Lebensläufe zu führen, sei es auf Erden, sei es in anderen Welten. Unsere Hingabe an Gott, die uns von allem Übel reinigt, bedeutet das Ende unserer Wiedergeburt."

Und an einer anderen Stelle schreibt er:

„*Aufgrund einer Anziehung an das Böse nehmen bestimmte Seelen Körper an, zunächst einen menschlichen. Nachdem ihre Lebensspanne als Mensch dann abgelaufen ist, wechseln sie aufgrund irrationaler Begierden in einen Tierkörper über, von wo sie auf die Ebene von Pflanzen sinken. Aus diesem Zustand erheben sie sich wieder, indem sie die gleichen Stufen durchlaufen und kehren zu ihren himmlischen Orten zurück.*"

Nach Stevenson (a. a. O. S. 56) hat mindestens ein Teil der Christen Südeuropas bis zum 6. Jahrhundert die Reinkarnationslehre befürwortet. Sie war zwar kein Teil der „offiziellen" kirchlichen Lehrmeinung, scheint aber bis zum Konzil von Konstantinopel 553 als annehmbare Lehre toleriert worden zu sein. Erst im Gefolge des Konzils zu Konstantinopel ist die Lehre der Reinkarnation in den offiziellen Kirchen immer mehr verschwunden, nach Meinung mancher Kenner der Kirchengeschichte aber nie offiziell verboten worden. Geddy McGregor z.B. hat in seinem Buch „Reinkarnation und Karma im Christentum" aufzuzeigen versucht, dass die Kirche Reinkarnation niemals offiziell verdammt habe, weder die katholische noch die evangelische und man daher als Christ, unabhängig davon, was einzelne Pfarrer oder Theologen sagen, durchaus an Reinkarnation glauben könne. Anscheinend gab es über viele Jahrhunderte immer wieder Bischöfe und sogar Päpste, die sich positiv über Reinkarnation geäußert haben.

Bis sie durch Verfolgungen ausgelöscht wurden, gab es viele Jahrhunderte sogenannte christliche Gnostiker, welche sich auf die Evangelien und apokryphe Schriften stützten und von Evolution über viele Leben ausgingen.

Die Katharer, eine christliche Sekte in Südfrankreich und Italien (12. bis 15. Jahrhundert), vertraten noch im Mittelalter die Reinkarnationslehre. Mindestens aus den Aufzeichnungen ihrer katholischen Verfolger, von denen sie schließlich ausgerottet wurden, geht hervor, dass manche der Katharer von Erinnerungen an frühere Leben sprachen.

Manche nichtkirchliche Kenner der Kirchengeschichte meinen, dass das schrittweise Zurückdrängen des Reinkarnationsglaubens letztlich eine Machtfrage war. Im Lauf der Jahrhunderte hat die katholische Kirche sich die Macht angeeignet, Sünden vergeben zu können und damit Mittlerin des Heils zu werden. Diese Macht, Seelen vor Fegefeuer und Ewiger Verdammnis zu bewahren, wäre durch die Möglichkeit der Wiedergeburt erheblich eingeschränkt worden. Man braucht sich nur darüber bewusst zu werden, dass ein großer Teil der wunderschönen kirchlichen Gebäude in Rom, darunter der Petersdom, mit dem Ablass-Handel bezahlt wurden.

Es wäre allerdings vermessen zu behaupten, dass Jesus Reinkarnation gelehrt hätte und die Kirche diesen Glauben verfälscht und umgekehrt hätte. Die Größe der Bibel (wie auch der Bhagavad Gita) liegt unter anderem darin, dass sie widersprüchliche Aussagen zu vielen Aspekten des Lebens und des Glaubens verbindet. So konnten und können sich verschiedenste Menschen in der Bibel wieder finden. Ich meine, dass man sehr wohl Christ sein und an Reinkarnation glauben kann. Ich meine auch, dass man Yoga praktizieren kann, ohne an Reinkarnation zu glauben...

Neuzeitliche Philosophen und Geistesgrößen: Seit dem Zeitalter der Romantik gab es im Abendland eine steigende Anzahl von Befürwortern der Reinkarnation. Dazu gehörten insbesondere Giordano Bruno, Goethe, Schopenhauer, Emerson, Walt Whitman, McTaggart, Broad und Ducasse.

Verbreitung des Reinkarnationsglaubens in Europa im 19. und 20. Jahrhundert: Das 19. Jahrhundert war gekennzeichnet durch ein verstärktes Auseinandersetzen mit fernöstlichen Kulturen. Die christlich-europäische Kultur ging in den ersten Jahrhunderten der Neuzeit von ihrer bedingungslosen Überlegenheit aus und hatte deshalb auch keine Hemmungen, andere Kulturen und Millionen von Menschen auszulöschen (Mittel- und Südamerika) oder zu versklaven (Afrika). Im 19. Jahrhundert gab es im Anschluss an die Aufklärung immer mehr Menschen, die sich mit fernöstlichen Weisheiten auseinandersetzten und sich bewusst wurden, dass man von fremden Kulturen auch lernen konnte. Ohne die Auseinandersetzung mit der nahöstlichen, indischen und chinesischen Kultur wäre die Romantik sicherlich kaum denkbar gewesen. 1785 übersetzte der Orientalist Charles Wilkins erstmals die *Bhagavad Gita* in eine europäische Sprache. Die lateinische *Bhagavad Gita* Übersetzung von August Wilhelm Schlegel, dem ersten Inhaber eines Lehrstuhls für Indologie, aus dem Jahr 1823, fand begeisterte Aufnahme bei den Geistesgrößen des 20. Jahrhunderts. Anquetil Duperron übersetzte im Jahre 1802 einige Upanishaden (aus einer persischen Handschrift) ins Lateinische. Anschließend begann eine ernsthafte Auseinandersetzung mit östlichem Gedankengut. Zwar diente die Vorstellung der Überlegenheit der europäischen Kultur noch im 19./20. Jahrhundert als Begründung für die Kolonisierung weiter Teile der Welt, und die Vorstellung der Rassenüberlegenheit reichte bis weit ins 20. Jahrhundert mit den grausamsten Konsequenzen. Und bis heute werden im Religionsunterricht die Religionen des Ostens oft als polytheistischer, primitiver Aberglaube bezeichnet, wo das Judentum mit seinem Monotheismus schon sehr viel höher stehe, bis schließlich das Christentum zur einzig gültigen Wahrheit gefunden habe.

Aber glücklicherweise kommt seit dem 18. Jahrhundert und vermehrt durch das Zusammenwachsen der Kulturen in der zweiten Hälfte des 20. Jahrhunderts die Vorstellung der Überlegenheit einer Kultur und der Ausschließlichkeitsanspruch einer einzigen Religion schrittweise „außer Mode". Vielmehr setzt sich das Wissen durch, dass alle Kulturen voneinander lernen können und dass es viele Weltanschauungen gibt, nach denen man sein Leben gestalten kann.

Im 19. Jahrhundert kamen so in immer neuen Wellen Reinkarnationsgedanken nach Europa und vermischten sich mit bestehenden Vorstellungen aus Kabbala, den Chassidim und Okkultismus:

- Wie oben schon beschrieben: im Zeitalter der Romantik resultierend aus den ersten Übersetzungen indischer Schriften
- In der zweiten Hälfte des 19. Jahrhunderts Aufkommen der Theosophie: Hier wurden die Gedanken von Karma, Reinkarnation und menschlicher Evolution nicht nur als faszinierende Geisteskonstrukte angesehen, sondern als Grundlagen praktischer Lebensführung; Buddhismus breitete sich in intellektuellen Kreisen aus; okkultistische Richtungen, Rosenkreuzer, Alchimisten, Freimaurer erhielten großen Zulauf; in all diesen Richtungen spielte Reinkarnation eine wichtige Rolle.
- Ende der 1890er Jahre kam Swami Vivekananda nach Amerika und nach Europa und lehrte als erster Inder Meditation und geistige Yoga-Praxis.
- Im 20. Jahrhundert lehrten Rudolph Steiner, die von ihm inspirierten Anthroposophen und die Christengemeinschaft Reinkarnation.
- In den 20er Jahren des 20. Jahrhunderts wurden die ersten Yogaschulen gegründet.
- Auch wenn einige Nazi-Größen an Reinkarnation glaubten, unterdrückten sie fernöstliches Gedankengut, da Nationalsozialismus natürlich dem Karma-Gedanken, dem Prinzip der Gleichheit aller Menschen, dem Prinzip des Nichtverletzens und der allumfassenden Liebe diametral entgegengesetzt war.
- Die 50er Jahre des 20. Jahrhunderts hatten zunächst einmal genug von „außergewöhnlichen Gedankenspielereien" und konzentrierten sich mehr auf den Wiederaufbau der materiellen Welt und die Schaffung von funktionierenden Gemeinwesen; der Kommunismus unterdrückte alle Vorstellungen von Reinkarnation.
- Die Hippie-Bewegung Ende der 60er Jahre in Amerika und deren Folgebewegungen in Europa brachten neue Offenheit für fernöstliches Gedankengut. Bekannte indische Meister wie Swami Vishnu-devananda,

Maharishi Mahesh Yogi und viele andere ließen sich im Westen nieder.

- Die Esoterikwelle der 80er Jahre, die Veröffentlichung der Bücher von Raymond Moody, Ian Stevenson, Elisabeth Kübler-Ross und Thorwald Dethlefsen, die Erfolge der Reinkarnationstherapie und Kultfilme wie „Ghost-Nachricht von Sam“ machten die Vorstellung von Reinkarnation einem breiten Publikum vertraut.

Reinkarnationsforschung – Indizien für den Reinkarnationsgedanken

Warum glaubt ein Großteil der Menschen auf der ganzen Welt an Reinkarnation? Dafür gibt es verschiedene Gründe: zum Einen philosophische und intellektuelle Gründe, zum Anderen gibt es auch tatsächlich einige Indizien, die zeigen, dass Reinkarnation mehr als nur blinder Glaube ist. Für die meisten Menschen ist Reinkarnation eine sinnstiftende, befriedigende, aktivierende und auch tröstliche Vorstellung. Die Reinkarnationslehre sagt,

> dass alles einen Sinn hat und nichts zufällig geschieht,
> dass alles seine Ursache im Karma hat,
> dass es so doch eine gewisse Gerechtigkeit gibt,
> dass wir das, was wir in diesem Leben nicht schaffen, im nächsten Leben eventuell schaffen können,
> dass die Welt eine Schule ist, wo man Lektionen lernen kann und Zeit und Gelegenheit hat, diese Lektionen irgendwann wirklich zu lernen.

Daneben gibt es aber eben auch einige Indizien, die Parapsychologen, psychologische Forschung und medizinische Forschung in den letzten Jahrzehnten immer mehr erforscht und das Wissen darüber weiter vertieft haben.

Diese Indizien, die darauf hindeuten, dass die Reinkarnationslehre mehr als nur ein Glauben ist, möchte ich im Folgenden kurz auflisten und im Anschluss näher erläutern.

> **Erinnerungen an frühere Leben im Normalbewusstsein:** Es gibt Kinder, die sich an frühere Leben erinnern. Der amerikanische Forscher Ian Stevenson von der University of Virginia hat zahllose Fälle dokumentiert, in denen gezeigt werden konnte, dass die Person, an die sich die Kinder als ihr früheres Leben erinnern konnten, tatsächlich existierte.

> **Rückführungen:** In sogenannten Rückführungen können Menschen von Reinkarnationstherapeuten in tatsächliche oder vermeintliche frühere Leben geführt werden.

> **Nahtoderfahrungen:** Seit Raymond Moody sind die sogenannten Nahtoderfahrungen vielfältigst untersucht. Diese legen die Vermutung nahe, dass Bewusstsein und Wahrnehmung ohne Gehirn und Sinne möglich ist.

> **Channelmedien:** Manche Menschen können verifizierbare Dinge über Verstorbene erzählen, die sie nie gekannt haben.

> **Außerkörperliche Erfahrungen:** Viele Menschen machen in Tiefenentspannung, Meditation, Narkose, Koma oder geänderten Bewusstseinsstufen die Erfahrung, ihren Körper zu verlassen. Manche können anschließend beschreiben, was sich in einem Nachbarraum befindet. Manche haben das Gefühl, feinstofflichen Wesen zu begegnen.

> **Deja-Vu-Erlebnisse:** Manche Menschen oder Situationen erscheinen einem auf den ersten Blick sehr vertraut und es ist sofort eine enge Verbindung da. Das könnte darauf hindeuten, dass man diese aus einem früheren Leben kennt.

> **Geniebegabungen** können durch frühere Leben gut erklärt werden.

Personen erinnern sich an frühere Leben

Aussagen von Menschen, die sich in Hypnose an frühere Leben erinnern, liefern wohl die stärksten Indizien für Reinkarnation. Zu allen Zeiten in allen Kulturen erinnern sich Menschen an frühere Leben (oder das, was sie dafür halten). Swami Sivananda beschreibt in seinen Büchern mehrere Fälle von Kindern, die sich an frühere Leben erinnert haben und in Indien in der Mitte des 20. Jahrhunderts großes Aufsehen erregt haben. Insbesondere erwähnt er den Fall der am 12. Oktober 1926 in Delhi geborenen Shanti Devi. Diese erzählte ab dem 3. oder 4. Lebensjahr Erinnerungen an ein Vorleben in Madhura in Uttar Pradesh. Sie konnte ihren Namen und den ihres damaligen Gatten wiedergeben und hatte ungewöhnliche Kenntnisse des lokalen Dialekts von Madhura. 1935 erkannte sie ihren früheren Mann aus dem vorigen Leben wieder und erkannte bei einem von einer Untersuchungskommission begleiteten Besuch eine Reihe von Personen und Örtlichkeiten wieder.

Ich möchte hier exemplarisch die Forschungsarbeit eines Wissenschaftlers herausgreifen, der solche Fälle untersucht hat: Ian Stevenson (1918-2007), ein amerikanischer Psychologie-Professor (University of Virginia), hat sich in der gesamten 2. Hälfte des 20. Jahrhunderts, also 50 Jahre lang, mit der wissenschaftlichen Erforschung von Reinkarnation beschäftigt. Sein Forschungsschwerpunkt war die Dokumentation der Aussagen von Kindern, die angaben, sich an ein vergangenes Leben erinnern zu können und die das Leben dieses kurz vor der Geburt des Kindes verstorbenen Menschen sehr genau beschrieben. Er dokumentierte mit seinem

Forschungsteam insgesamt 3000 Fälle. Seine bekannten Bücher heißen auf Englisch „Twenty Cases suggestive of Reincarnation“ (1966; Deutsch: „Reinkarnation“) und „Cases of the Reincarnation Type“ (eine ganze Buchreihe). Stevenson hat seine Bücher für ein wissenschaftliches Publikum geschrieben. Die Bücher sind daher stellenweise nicht ganz so einfach zu lesen. Ich empfehle jedoch jedem, der sich mit der Frage des Todes auseinandersetzt, das Lesen mindestens eines der Bücher von Ian Stevenson. Ich möchte hier einen Fall nacherzählen, den Ian Stevenson in einem Vortrag bei einem Reinkarnationssymposium (Nassau, Bahamas, 1986) beschrieben hat, der aus einem seiner englischen Bücher stammt: Es ist der Fall eines algerischen Mädchens, welches recht früh mit dem Sprechen anfing. Es sprach immer wieder davon, es müsse zu seinem Mann zurück und seine Kinder versorgen. Es sprach in einem anderen Dialekt als dem des Dorfes. Eines Tages kam eine Fremde in das Dorf. Als das Kind sie sah, rief es: „Das ist meine Nachbarin“ und wollte zu ihr hin laufen. Die Eltern hielten es jedoch zurück. Ian Stevenson hatte irgendwie von dieser Geschichte erfahren, flog dorthin und sprach mit dem Kind. Er fragte nach allen möglichen Einzelheiten: wie das Haus aussah, in dem sie gelebt hat, wie die Kinder hießen, wie der Mann aussah. Das Kind beschrieb alles sehr detailliert und erwähnte sogar eine Ecke, in der es Goldmünzen in der Erde vergraben hatte als letzten Notgroschen. Ein Dorfbewohner konnte sich daran erinnern, aus welchem Ort die Fremde stammte, die das Kind als seine Nachbarin bezeichnet hatte. Ian Stevenson fuhr mit dem Kind in diesen Ort. Dort fanden sie tatsächlich ein Haus, das genauso aussah, wie das Kind es beschrieben hatte. Der Ehemann und die Kinder lebten dort und sie fanden auch die vergrabenen Goldmünzen. Das Mädchen hatte sogar einen großen Teil der Namen der Familienmitglieder und der Bewohner dieses Dorfes korrekt wiedergegeben. Ian Stevenson und sein Forschungsteam von seinem Lehrstuhl an der University of Virginia haben so über 3000 Fälle dokumentiert, die „suggestive for reincarnation“ sind. Interessant ist auch, dass viele Kinder, die mit einem Muttermal geboren wurden, angaben, durch einen Unfall gestorben zu sein, der genau dort Verletzungen zufügt hätte, wo im jetzigen Leben die Muttermale waren. Charaktereigenschaften, Phobien, Sprechgewohnheiten und religiöse Einstellungen der Person im jetzigen Leben ähneln oft in verblüffender Weise der Person im vorigen Leben. Nicht selten spiegeln die Spielgewohnheiten der Kinder den Beruf dessen wieder, der sie im vorigen Leben gewesen sein wollen.

Ian Stevenson hat in seinen Büchern, wie es sich für einen Wissenschaftler gehört, nie behauptet, dass dies „Beweise“ für Reinkarnation seien. In privaten Gesprächen machte er jedoch keinen Hehl daraus, dass er selbst von Reinkarnation überzeugt war.

Die Vielzahl der dokumentierten Fälle zusammen mit der Verifizierung der beschriebenen vorigen Leben legen Reinkarnation mindestens nahe. Wissenschaftlich ausgedrückt: Reinkarnation ist die naheliegendste Hypothese für die Erklärung dieser Forschungen.

Ich will jedoch eine andere Erklärungsmöglichkeit nicht verhehlen: Man könnte auch sagen, dass manche Menschen die Fähigkeit haben, sich über die Grenzen von Zeit und Raum in frühere Menschen hineinzuversetzen, ohne tatsächlich die Reinkarnation dieser Menschen zu sein. Allerdings bedarf auch diese Erklärung einer Hypothese, die über ein materialistisches Weltbild hinausgeht.

Rückführungen in Reinkarnationstherapiesitzungen

Seit den 70er Jahren hat sich die Reinkarnationstherapie als alternative Methode etabliert, um besser mit psychischen und körperlichen Problemen umzugehen bzw. sie zu heilen.

Reinkarnationstherapie ist eine Weiterentwicklung der Regressionstherapie aus der Hypnose. Bekannt ist, dass sich Menschen unter Hypnose besser an frühere Ereignisse und auch an die Kindheit erinnern können als im Wachbewusstsein. Menschen unter Hypnose können sogar wieder in derselben Kinderschrift schreiben wie früher. Manche Menschen erinnern sich unter Hypnose an Krankheiten als Baby und auch an Geburtskomplikationen, die ihnen nie erzählt worden waren.

Bei der Reinkarnationstherapie wird diese Rückführung bis vor die Geburt weitergeführt. Der Therapeut hilft dem Klienten, in eine Art Trance zu gehen und bittet ihn, in der Zeit soweit zurückzugehen, bis er auf ein Ereignis vor der Geburt stößt.

Heutzutage bestehen die meisten Reinkarnationstherapeuten darauf, dass der Klient die ganze Zeit voll bewusst sein soll. Der sogenannte Trance-Zustand ist dabei ein entspannter, bewusster Zustand mit verstärkten Alpha-Wellen im Gehirn und reduziertem Hautwiderstand, eben das, was man im Yoga „Tiefenentspannung" nennt und was auch in der modernen medizinischen Hypnotherapie angewendet wird. Wie der Klient weiter in vergangene Leben geführt wird, ist von Therapeut zu Therapeut unterschiedlich.

Patanjali beschreibt im Yoga-Sutra III 18 eine Methode, sich an frühere Leben zu erinnern: *„Durch die direkte Erfahrung von Samskaras (Eindrücken im Unterbewusstsein) erlangt man Wissen um die vorige Geburt."*

Samskaras sind Eindrücke im Unterbewusstsein. Dazu gehören Neigungen, Talente, Wünsche, Fähigkeiten, Ängste. Manche unserer Wünsche, Talente und Ängste können aus diesem Leben erklärt werden. Wer zum Beispiel als Kind von einem Hund gebissen wurde, hat eine nachvollziehbare Erklärung für Ängste vor Hunden. Wessen Eltern beide Musiker sind, wird sich nicht fragen, woher seine besondere musikalische Begabung stammt. Interessant ist es, wenn man Phobien hat, die in diesem Leben keine Erklärung haben (z.B. Angst, über Brücken zu gehen, Klaustrophobie oder Angst vor Schlangen), außergewöhnliche, in der Familie sonst nicht vorkommende Talente oder eine Vertrautheit mit einem bestimmten Kulturkreis. Wenn es einem gelingt, sich in einen entspannten Zustand zu versetzen und dann den Geist zu entspannen und erwartungslos ganz mit dem Inhalt und auch der Emotion dieser Samskaras zu erfüllen, kann es passieren, dass Bilder aus früheren Leben hochkommen. Wenn man das angstfrei weiter geschehen lässt, können diese Bilder recht klar werden. Manche Reinkarnationstherapeuten arbeiten mit einer an dieses Modell angelehnten Technik, manche mit anderen.

Ich möchte hier aber auch zu Vorsicht gemahnen. Man sollte sich zwei kritische Fragen stellen, bevor man allein oder zusammen mit einem Reinkarnationstherapeuten versucht, in frühere Leben zu gehen:

> Ist es überhaupt wünschenswert und hilfreich, in frühere Leben zu gehen?

> Ist das, woran man sich erinnert, überhaupt ein früheres Leben oder ein Fantasieprodukt des Geistes?

Ist es überhaupt wünschenswert, in frühere Leben zu gehen? Mein Meister Swami Vishnu-devananda hat, ähnlich wie die meisten mir bekannten Yoga-Meister, diese Frage verneint. Es gibt gute Gründe, weshalb bei der Geburt ein Gedächtnisschwund einsetzt. So können wir vorurteilsfreier mit den Menschen um uns herum umgehen. Wenn man in einer Rückführung erfährt, dass der jetzige Chef im letzten Leben der fremdgehende Ehemann, im vorletzten Leben der prügelnde Vater und im vorvorletzten Leben die Geliebte war, wird man diesem Chef künftig ganz anders begegnen und vielleicht nicht die Lektionen lernen, die für dieses Leben vorgesehen sind. Oder wenn man erfährt, dass die Tochter im früheren Leben die ältere Schwester gewesen ist, wird man sie vielleicht nicht mehr mit einer kindgemäßen Liebe, Offenheit und Neugier behandeln. So kann das vermeintliche oder echte Wissen über Begegnungen in früheren Leben den Umgang mit Menschen stark beeinflussen, das Leben verkomplizieren und zu neuen Vorurteilen führen. Außerdem kann die starke Beschäftigung mit der Vergangenheit und mit der Aufarbeitung des Vergangenen einem die Zeit und die geistige Energie für das gegenwärtige Erleben und Erfahren rauben. Das ist ja schon jetzt das Problem bei manchen Psychotherapierichtungen. Manche Menschen verbringen viele Jahre oder gar Jahrzehnte ihres Lebens, sich mit Problemen aus den ersten Kindheitsjahren zu beschäftigen und vergessen darüber ihr eigentliches Leben, nämlich die Gegenwart. Ähnlich kann ein übermäßiges Beschäftigen mit früheren Leben das Erleben der Gegenwart vergessen lassen.

Ein weiteres Argument dagegen, in frühere Leben zurückzugehen ist: Viele Menschen gehen in frühere Leben, um zur vermeintlichen „Ursache" ihrer jetzigen Probleme zu kommen. Nehmen wir an, jemand hat in diesem Leben Probleme mit seinem Vater. Nehmen wir auch an, er erfährt in einer Rückführung, dass er in einem früheren Leben von seinem Vater geprügelt wurde. Da läge die Interpretation nahe, dass seine Vaterprobleme in diesem Leben die Ursache darin haben, dass sein Vater ihn im vorigen Leben geprügelt hatte. Vielleicht ist die Sache ganz anders: Vielleicht hat der Mensch seit mehreren Leben die Aufgabe, an seiner Vaterbeziehung zu arbeiten und er wird solange Probleme mit seinem Vater haben, bis er diese Lektion gelernt hat. Da hat das Problem keine Ursache in einem Fehlverhalten irgendeines Vaters, sondern es liegt einfach eine Lernaufgabe vor, an der niemand schuld ist.

Ist das, woran man sich erinnert, überhaupt ein früheres Leben oder ein Fantasieprodukt des Geistes? Der menschliche Geist ist sehr kreativ. Jede Nacht träumt der Durchschnittsmensch mehrere Male. Oft baut er sich im Traum ein eigenes Leben auf. Viele Menschen haben Tagträume, wer sie in Zukunft sein wollen. Die Gedächtnisforschung hat gezeigt, dass Erinnerung durch einen Fragenden stark beeinflusst werden kann. Viele Geständnisse sind durch manipulative Befragungen entstanden. Manche Menschen glauben schließlich selbst daran, eine Tat begangen zu haben, an der sie unschuldig sind und erinnern sich sogar an Teile davon. Wenn man also in einem Entspannungszustand Bilder hat, müssen sie nicht aus früheren Leben stammen. Es können, ähnlich wie in griechischen Tragödien, in Märchen und Mythen, fantasievolle Verkörperungen von Anteilen in der Psyche sein.

Diese kreative Fähigkeit des menschlichen Geistes wird in Therapierichtungen wie „Psychodrama" und Techniken wie „innere Familienkonferenz" genutzt.

Wenn man etwas sicherer sein will, ob das „Erinnerte" tatsächlich ein Indiz für ein Vorleben ist, müssen die Erinnerungen konkret genug sein, dass sie nachprüfbar sind. Wer zum Beispiel in Hypnose in einer Sprache oder einem Dialekt spricht, den er vorher nie gehört hatte oder wer sich an Namen, Jahreszahlen und Ereignisse erinnern kann, die nachprüfbar sind, kann diesen Erinnerungen einen höheren Stellenwert zuweisen, als wenn er nur sehr diffuse Bilder hat oder sich erinnert, ein ganz bekannter Mensch zu sein. Mir selbst haben z.B. etwa ein halbes Dutzend Menschen versichert, sie hätten sich in einer Rückführung als Wolfgang Amadeus Mozart gesehen.

Wer also Rückführungen macht, könnte seinen Therapeuten darum bitten, ihm in der Trance konkrete Namen, Orten und Jahreszahlen zu entlocken. Anhand der Aufzeichnungen in Standesämtern und Kirchenregistern kann man diese Angaben anschließend prüfen.

Verantwortungsvolle Reinkarnationstherapeuten sind sich sehr bewusst, dass erinnerte Bilder oft nicht aus früheren Leben stammen. Sie sagen, dass man aber trotzdem damit arbeiten kann. Sie sagen, innere Bilder geben immer wertvolle Informationen, mit denen man arbeiten kann. Wenn jemand unterbewusst meint, ein bestimmtes früheres Leben gehabt zu haben, sagt das viel über den Menschen aus. Und wenn er seine gegenwärtigen Probleme auf bestimmte Weise in einem früheren Leben repräsentiert sieht, gibt dies Hinweise, wie der Mensch diese Probleme angehen kann.

Ich selbst habe einmal an einer kollektiven Rückführung im Rahmen des „Reinkarnations-Symposiums“ 1986 teilgenommen, welches Swami Vishnu-devananda organisieren ließ. An diesem Kongress nahmen Ian Stevenson, Raymond Moody und die bekanntesten amerikanischen Reinkarnationstherapeuten teil. Eine Referentin hat dabei einen Workshop mit Gruppenrückführung angeleitet. Sie ließ uns auf den Rücken legen und führte uns in eine Entspannung. Dann leitete sie uns zu verschiedenen Visualisierungsübungen an. Schließlich sollten wir uns vorstellen, auf eine Wolke zu gehen und mit der Wolke in die Vergangenheit zu reisen. Von dort sollten wir dann immer wieder herunter schauen, bis wir Bilder aus einem früheren Leben bekämen. Ich habe gesehen, wie ich irgendwo in den Eukalyptuswäldern Australiens war und von Koalabären umgeben war. Dann kamen plötzlich Piraten, die die Koalabären jagen wollten. Ich habe versucht, die Koalabären zu beschützen und bin dabei erschossen worden. Mir kam es nicht vor wie die Erinnerung an ein früheres Leben. Als Kind hatte ich von Koalabären gelesen und auch Abenteuergeschichten über Piraten. Das muss ich in der Trance-Entspannung miteinander verknüpft haben. Aus Meditationen habe ich sehr viel klarere Erinnerungen an andere Leben und meine, eine solche australische Inkarnation für unwahrscheinlich halten zu können. Nach dem Workshop habe ich daher mit der Reinkarnationstherapeutin gesprochen und habe sie gefragt: „Meinen Sie, dass das wirklich ein früheres Leben war?“ Sie sagte, dass sie das nicht wüsste. Und sie meinte, es sei für den therapeutischen Zweck überflüssig, ob es tatsächlich ein früheres Leben wäre oder nicht. Mit dem Material könne man in jedem Fall arbeiten. Sie würde z.B. aus dem von mir Gesehenen schließen, dass ich eine Tendenz hätte, mich für andere aufzuopfern, andere beschützen wolle und bereit sei, dafür auch zu sterben. Wenn eine solche Neigung für mich ein Problem wäre, könne man damit arbeiten. Wenn das kein Problem sei, könne ich mich für meinen Altruismus glücklich schätzen.

Meine persönliche Meinung zur Frage der Rückführung ist wie folgt: Normalerweise ist eine Rückführung nicht hilfreich. Wenn jemand sich weitgehender psychischer Gesundheit erfreut, sollte man nicht aus Neugier versuchen, in frühere Leben zu gehen. Wenn man aber gute Gründe hat, psychotherapeutische Hilfe zu suchen und die anerkannteren Verfahren wenig erfolgreich waren, kann man vielleicht über Rückführungen dazu kommen, sein jetziges Leben besser und glücklicher zu leben. Ansonsten kommen Erinnerungen an frühere Leben in der Meditation von selbst, wenn der Zeitpunkt dafür gekommen ist.

Nahtoderfahrungen

In den Siebziger Jahren machte ein Buch von Raymond Moody „Leben nach dem Tod" viel von sich reden. Seitdem haben sich viele Menschen mit sogenannten „Nahtoderfahrungen" beschäftigt.

Raymond Moody (*1944) war forensischer Psychiater und später Professor an mehreren amerikanischen Universitäten. Seit Anfang der 70er Jahre erforscht und dokumentiert er Fälle von Menschen, die klinisch tot waren, wiederbelebt wurden und sich an Geschehnisse in dieser Zeit erinnerten. Klinischer Tod ist charakterisiert durch

> völligen Kreislaufstillstand (Fehlen von Puls, Herzaktion und Atmung)
> maximale Pupillenerweiterung
> zyanotische Verfärbung von Haut u. Schleimhäuten
> Aufhebung jeder Großhirnaktivität

Ein klinisch Toter kann einige Minuten nach Todeseintritt durch verschiedene Reanimationsmaßnahmen wiederbelebt werden. Durch Unterkühlung (Hypothermie) kann das Zeitfenster für Wiederbelebung erhöht werden. Zu den Reanimationsmaßnahmen können Beatmung, Herzmassage, Defibrillation, Intubation, Gabe von Medikamenten und anderes gehören.

Wegen der Aufhebung der Großhirnaktivität haben die meisten Menschen keine Erinnerung an das Geschehen. Eigenartigerweise gibt es eine Reihe von Patienten, die klinisch tot waren, wiederbelebt wurden und von besonderen Erlebnissen berichteten. Diese Erlebnisse werden seit Raymond Moody als „Nahtoderfahrungen" (engl. Near-Death-Experiences) bezeichnet.

Typische Elemente einer Nahtoderfahrung sind:

> das Hören von meist wunderschönen Klängen
> das Gefühl von Frieden und Schmerzlosigkeit
> die Erfahrung, seinen Körper zu verlassen („Out-of-Body-Experience")
> die Erfahrung, seinen Körper von oben zu sehen („Autoskopie"), Ärzte, Rettungshelfer und Hinterbliebene zu sehen und zu hören

(und anschließend deren Gespräche korrekt wiedergeben zu können)

- das Gefühl, durch einen Tunnel zu reisen
- das Gefühl, in himmlische Gefilde zu kommen
- Sehen von Anderen, oft toten Verwandten
- Treffen von spirituellen Führern, Engelswesen
- Erfahrung von Gottesnähe
- Schnelldurchgang durch das Leben mit Erkennen der wichtigen Lektionen dieses Lebens
- Unwilligkeit ins Leben zurückzukehren

Ich will hier einen Fall wiedergeben, wie ihn mir eine Seminarteilnehmerin vor einiger Zeit erzählt hat[1]: „Ich hatte einen schweren Autounfall. Ich kam von der Straße ab. Mein Auto fuhr direkt auf einen Baum zu. Dann fehlt mir für einen Moment die Erinnerung. Ich sah mich dann oberhalb des Autos, sah einen Rettungswagen mit blinkendem Blaulicht. Ich hörte wunderbare Musik, die ich nur als Sphärenmusik bezeichnen kann. Ich sah oberhalb von mir einen weißen Tunnel, aus dem Lichtwesen zu mir kamen. Eines davon sagte mir in der Stimme meiner verstorbenen Großmutter: „Komm." Ich trat in diesen Tunnel ein. Dann wurde ich zum Zuschauer meines ganzen Lebens, welches wie ein Film im Schnellverfahren vor mir ablief. Ich konnte erkennen, wie alle Ereignisse meines Lebens zusammen einen tiefen Sinn ergaben. Dann sah ich wieder meine Großmutter. Sie lächelte mir zu und sagte: „Deine Zeit ist noch nicht gekommen. Gehe liebevoll mit dir und anderen um. Liebe ist das Wichtigste im Leben." Dann wurde ich den Tunnel nach unten gezogen und es wurde kälter. Ich sah, welche Instrumente die Rettungshelfer nutzten, um mich wiederzubeleben und hörte einige Bemerkungen. Dann wurde ich ganz in meinen Körper zurückgezogen, verlor das Bewusstsein und wachte im Krankenhaus voller Schmerzen auf. Die Ärzte waren sehr erstaunt, wie genau ich einen Teil der Wiederbelebungsmaßnahmen beschrieb und die Rettungshelfer, die ich später aufsuchte, bestätigten, dass die Gesprächsfetzen, die ich mitbekommen hatte, tatsächlich ihre Worte wiedergaben. Ich war vorher kein spiritueller Mensch. Diese Erfahrung hat mich stark geprägt und mir gezeigt, was wirklich wichtig ist im Leben."

In diesem Erfahrungsbericht sind viele typische Elemente einer Nahtoderfahrung enthalten.

Raymond Moody schildert in seinem Buch „Leben nach dem Tod", dass die Nahtoderfahrungen von Menschen aus unterschiedlichsten Kulturkreisen sehr ähnlich sind und dass überzeugte Atheisten oder Materialisten sie ähnlich häufig haben wie religiös Eingestellte oder esoterisch Vorgeprägte. Moody berichtet, dass die Nahtoderfahrung bei sehr vielen Menschen dau-

1 Diesen Fall habe ich leider nicht dokumentiert. Wer dokumentierte Fälle sucht, kann z.B. auf das Buch von Raymond Moody „Leben nach dem Tod" zurückgreifen.

erhafte Veränderungen bewirkt hat und zwar stärkere als bei Menschen, die „nur" klinisch tot waren ohne bewusste Erinnerung an die Zeit des klinischen Todes und auch stärkere als bei fast jedem anderen intensiven Erleben. Menschen beschreiben, dass sie seit dieser Erfahrung ihre Prioritäten anders gesetzt haben, liebesfähiger wurden, begannen, ein sinnvolleres Leben zu führen.

Raymond Moodys Buch hatte eine sehr große Wirkung und öffnete viele Menschen für die Frage des Überlebens nach dem Tod und die Frage von Bewusstsein jenseits von Hirntätigkeit. So wurden viele Wissenschaftler dazu angeregt, auf diesem Gebiet zu forschen und alternative Erklärungshypothesen zu entwickeln. Viele Erklärungsmodelle behaupten, die Nahtoderfahrung sei auf eine Hirnveränderung zurückzuführen, die auch künstlich durch Einnahme von Medikamenten, Elektrostimulation oder künstlich induzierten Sauerstoffmangel herbeizuführen sei. Dafür, dass einige Wiederbelebte die Gespräche der Ärzte und zum Teil auch die Gespräche der Angehörigen im Raum nebenan korrekt wiedergeben konnten, bieten diese Modelle aber keine zufriedenstellende Erklärung. Meist wird das auch in entsprechenden Erklärungsmodellen einfach übergangen und so getan, als ob es das nicht gäbe. Zu einer kontroversen Diskussion regt das von Hubert Knoblauch und Hans-Georg Soeffner herausgegebene Buch „Todesnähe – interdisziplinäre Zugänge zu einem außergewöhnlichen Phänomen", Konstanz 1999, an.

Channel-Medien

Als Channel-Medium wird eine Person bezeichnet, die sich in eine Art Trancezustand begibt und durch die nicht-verkörperte Wesenheiten sprechen sollen. Diese nicht-verkörperten Wesenheiten können Verstorbene sein, Geister, Engelswesen, aufgestiegene Meister, der Heilige Geist oder auch Gott selbst. Es gibt große Gemeinsamkeiten zwischen den Beschreibungen, wie Mohammed den Koran empfangen hat, wie Mose die Stimme Gottes gehört hat, wie die Jünger Jesu an Pfingsten den Heiligen Geist und der Apostel Paulus Jesus erfahren haben und den Beschreibungen von Schamanen in Afrika, Sibirien und Australien sowie den Channel-Medien im Westen.

Channel-Medien im weiteren Sinn hat es also in den meisten Kulturen immer gegeben. Man kann sagen, in allen schamanischen Kulturen waren sie fest verankert. Heute noch sind sie weit verbreitet in Afrika und in Brasilien. In Brasilien sind Aussagen von Channel-Medien sogar teilweise in Gerichtsprozessen verwendbar.

Im Westen gab es mehrere Wellen, in denen Channel-Medien „in Mode" kamen. In der zweiten Hälfte des 19. Jahrhunderts waren spiritistische „Séances" recht verbreitet. Der Ausdruck „Channeling" wurde dann seit den 1980er Jahren bekannter.

Für unsere Zwecke sind besonders die Fälle von Channeling interessant, wo ein Verstorbener durch ein Trancemedium/Channel-Medium sprechen soll. Hierzu gibt es eine umfangreiche, wenn auch nicht ergebniseindeutige Forschung. Es gibt eine Reihe von Fällen, in denen ein Medium einem Ratsuchenden Dinge sagte, die nur dem Ratsuchenden und dem Verstorbenen bekannt waren. Mir haben das viele Seminarteilnehmer bestätigt, die schon Rat bei Channel-Medien gesucht haben. Ich möchte das hier nicht weiter ausführen. Wer sich umfassend informieren will, findet dazu im Internet und in der Literatur sehr Vieles.

Ich möchte hier beschreiben, was ich selbst miterlebt habe.

Eine der bekanntesten kanadischen Medien und Hellseherinnen, Marilyn Zwaig-Rossner, war eine Schülerin von Swami Vishnu-devananda. Obgleich Swami Vishnu-devananda sonst nicht so sehr für Besuche bei Medien war, hat er bei Yogalehrerausbildungen in Kanada manchmal Marilyn um eine Vorführung gebeten. Ich möchte hier kurz beschreiben, wie das dann vor sich ging. Marilyn hatte lange blonde Haare und immer eine Sonnenbrille auf. Swami Vishnu-devananda stellte sie erst vor. Dann stand Marilyn, die typischerweise vorher mit meditiert hatte, auf und erklärte, was sie machen würde. Sie fragte kurz, wer damit einverstanden sei, eine Nachricht zu empfangen. Diese Menschen sollten sich weiter nach vorne setzen. Die anderen sollten eher in die hinteren Reihen gehen. Danach fiel sie in eine Art Halbtrancezustand. Sie war sich immer noch bewusst, was sie sagte, veränderte aber den Gesichtsausdruck und sprach plötzlich schneller und höher als vorher. An mehrere ihrer kurzen Nachrichten bei einer solchen Gelegenheit erinnere ich mich und will sie mit ihren eigenen Worten wiedergeben. Marilyn ging zu einer Frau hin und sagte in schnellem Englisch: „Ich sehe über Dir deine Großmutter, und deine Großmutter ist vor 6 Jahren gestorben. Du hast seitdem ein schlechtes Gewissen und es belastet dich sehr, dass du in ihren letzten Tagen nicht zu ihr gekommen bist, obgleich du wusstest, dass es ihr nicht gut ging und sie dich darum gebeten hat, sie zu besuchen. Sie will dir sagen, dass sie dir nicht böse ist, dass du dir darum keine Gedanken mehr machen sollst und beruhigt sein kannst." Die Frau brach sofort in Tränen aus. Dann ging Marilyn weiter zu einem Mann und sagte: „Ich sehe über dir deine Frau. Sie ist vor 8 Jahren in einem Autounfall gestorben. Ihr hattet euch gelobt, dass wenn einer von euch stirbt, der Andere niemals wieder heiraten würde. Du hast jetzt eine neue Freundin und würdest sie gerne heiraten. Deine Frau will dir sagen, es ist ok, sie befreit dich von deinem Versprechen." Auch dieser Mann fing sofort an zu schluchzen. Sie konnte innerhalb von 10 Minuten zehn Menschen solche Sachen so detailliert und so konkret sagen, dass diese sofort in Tränen ausbrachen. Ich habe anschließend mit einigen von ihnen gesprochen.

Keiner hatte vorher mit Marilyn auch nur ein Wort gewechselt und auch ansonsten wusste oft niemand von ihrer inneren Seelenqual.

Ich werde an anderer Stelle im Buch darauf eingehen, warum es besser ist, normalerweise nicht zu Channel-Medien zu gehen. Als Indiz für ein Leben nach dem Tod können diese Erfahrungen aber gut gelten.

Außerkörperliche Wahrnehmungen und Erfahrungen

Damit Reinkarnation möglich ist, muss es eine Existenz außerhalb des Körpers geben. Bewusstsein muss also auch ohne Gehirn möglich sein. Indizien dafür sind unter anderem auch die sogenannten „Out-of-Body-Experiences" (OOB oder OBE abgekürzt), auch außerkörperliche Wahrnehmung oder außerkörperliche Erfahrung (AKE) genannt. Die oben erwähnten Nahtoderfahrungen gehören zu den AKE. Außerkörperliche Erfahrungen können aber auch ausgelöst werden durch Narkose, durch Unfälle, beim Einschlafen, durch Alkohol und Drogen, durch Meditation, Tiefenentspannung und durch schamanische Rituale und Tänze. Es scheint, dass etwa 10% der Menschen schon eine Art AKE Erfahrung hatten (Science Daily, Aug. 24, 2007).

In der AKE bekommen Menschen das Gefühl, ihren Körper zu verlassen. Manchmal sehen sie sich in einem Lichtkörper, der über eine Art Nabelschnur mit dem physischen Körper verbunden ist. Manche Menschen können anschließend Dinge beschreiben, die sie aus der Perspektive ihres liegenden Körpers nicht hätten sehen können. Interessant ist, dass es eine Reihe von Menschen gibt, die sich in Vollnarkose befanden und nachher akkurat verschiedene Schritte der Operation beschreiben konnten, obgleich sie vorher von dieser Art der Operation keine Ahnung hatten. Sie sehen Dinge, obgleich der liegende Körper die Augen geschlossen hat. Sie hören Gespräche, obgleich ihr Großhirn keine Reaktionen zeigt. Den Ärzten ist das mittlerweile bekannt. Deshalb wird immer mehr darauf geachtet, welche Unterhaltung während der Operation geführt wird. Der Patient hört mit und selbst wenn der Patient sich nicht daran erinnern kann, wird er dennoch davon beeinflusst. Wenn der Arzt

z. B. während der Operation sagt: „hoffnungsloser Fall", dann ist die Wahrscheinlichkeit, dass der Patient stirbt, sehr hoch. Sagt er dagegen „Er hat große Überlebenschancen", wird der Patient, auch wenn es hoffnungslos ist, eher überleben und wieder genesen.

Wie schon erwähnt, können AKE spontan auch in Unfällen ausgelöst werden. Ich kann mich an einen Skiunfall erinnern, den ich mit etwa zwölf Jahren hatte. Ich fuhr mit meinen Brüdern und meinem Vater einen sehr steilen Hang herunter. Jemand oberhalb von mir stürzte und fiel gegen mich. Wir verhakten uns miteinander und unseren Skiern (die damals üblicherweise mit Riemen an den Füßen angebunden waren), überschlugen uns immer wieder und rollten so in Purzelbäumen den ganzen Hang hinab. Ziemlich zu Anfang verließ ich meinen physischen Körper, beobachtete das Ganze, hatte eine Erfahrung, als ob die Zeit stehenblieb und das Gefühl eines göttlichen Schutzes. Als die beiden Körper unten zum Stillstand kamen, trat ich wieder in meinen Körper ein. Wie durch ein Wunder hatte sich keiner von uns verletzt. Ich hatte noch nicht einmal blaue Flecken.

AKEs können durch Meditation und Tiefenentspannung ausgelöst werden. Unter Yogaübenden sind sie sogar recht verbreitet. Wenn ich in einem Yogalehrer- Weiterbildungsseminar frage, wer schon mal eine AKE hatte, melden sich typischerweise etwa 30% der Teilnehmer. Und fast jeder Yogalehrer kennt Teilnehmer, die darüber berichten, dass sie in der Tiefenentspannung ihren Körper verlassen haben. Das Phänomen tritt unabhängig davon auf, ob die Betreffenden so etwas für möglich halten oder ob sie überhaupt schon jemals von einer solchen Möglichkeit gehört haben. Gerade „materialistisch" orientierte Menschen reagieren auf eine solche Erfahrung oft etwas verstört, und wenn man als Yogalehrer nicht zu sehr in Details gehen will, antwortet man auf solche Berichte häufig einfach, dass solche Erfahrungen „normal" seien und einfach ein Zeichen von tiefer Entspannung seien. Einige Teilnehmer berichten aber durchaus, dass sie während der Tiefenentspannung die anderen Teilnehmer von oben angeschaut haben, teilweise sogar, was sie im Nachbarraum gesehen haben.

Patanjali beschreibt im Yoga-Sutra (III 43) eine Technik, wie eine solche AKE, auch Astralprojektion genannt, hervorgerufen werden kann: *„Durch entspannte Achtsamkeit (Samyama) auf die Verbindung des Körpers mit dem ihn umgebenden Raum (Akasha) ... erhält man die Fähigkeit zur Astralreise (Akashaganana.)"*

Die Technik geht wie folgt: Man lege sich ganz entspannt hin (oder sitze entspannt in der Meditation). Mittels geeigneter Entspannungstechniken führe man Körper und Geist in einen Zustand tiefer Entspannung. Dann richte man seine Achtsamkeit auf den Raum oberhalb des Körpers. Man versuche, mit dem Bewusstsein immer höher über den Körper hinaus zu gehen. Dann spüre man die Verbindung des Körpers mit diesem Raum oberhalb des Körpers. Dann kann es plötzlich geschehen, dass man das Gefühl hat, den Körper ganz zu verlassen, sich in einem Lichtkörper zu befinden. Dann kann man den Körper von oben betrachten oder mittels Achtsamkeitslenkung mit dem Astralkörper dorthin gehen, wohin man denkt. Meine Empfehlung wäre, in diesem Moment zu versuchen, Dinge wahrzunehmen, die man vorher nicht gesehen hat, insbesondere Dinge, die man von einer normalen Perspektive aus nicht sehen könnte. Wenn man nachher diese Wahrnehmung verifiziert, wird man künftig von Zweifeln an außerkörperliches Sein geheilt sein...

Obgleich Patanjali diese Technik beschreibt und ich aus eigener Erfahrung und der Erfahrung von Teilnehmern ihre Wirkung bestätigen kann, möchte ich davor warnen, zu häufig auf Astralreise zu gehen. Menschen mit psychischer Instabilität und ungenügender Erdung sollten sich solcher Versuche enthalten. Und auch sonst kann regelmäßige Astralreise ohne die rechten Vorsichtsmaßnahmen durchaus gefährlich sein, wie ich in einem späteren Kapitel über erdgebundene Geister beschreiben werde.

Deja-Vu-Erlebnisse, Vertrautheit

Manche Menschen erscheinen einem auf den ersten Blick sehr vertraut und es ist sofort eine enge Verbindung da. Manche Perioden in der Geschichte erscheinen einem sehr vertraut, ebenso wie bestimmte Landschaften und Kulturen. Das könnte darauf hindeuten, dass man diese aus einem früheren Leben kennt. Interessant ist, dass Geschwister in der gleichen Familie Interesse an ganz unterschiedlichen Kulturen und Zeitepochen haben. Dieses Interesse kann also nicht so leicht mit genetischer Prädisposition oder Erziehung erklärt werden. Auch starke, rational nicht erklärbare Zu- und Abneigungen können dadurch gut erklärt werden, dass man diese Menschen aus einem früheren Leben schon kennt.

Du kannst dich selbst fragen: Welche Zeitepochen waren mir immer schon besonders vertraut? Was ist mir als Kind sehr leicht gefallen? Wie war meine erste Begegnung mit den Menschen, die mir heute noch sehr wichtig sind und die eine große Rolle in meinem Leben gespielt haben und spielen? Eine Vertrautheit aus früheren Leben ist dabei oft eine sehr einleuchtende Erklärung.

Deja-Vu-Erlebnisse im engeren Sinne können allerdings mit Reinkarnationstheorie im engeren Sinne nicht ganz so leicht erklärt werden: Im engeren Sinne sind Deja-Vu-Erlebnisse solche, wo man merkt, dass man schon einmal in der genau gleichen Situation war, dass man weiß, was das Gegenüber als Nächstes tun wird, was als Nächstes geschehen wird und dass man oft wie ein Zeuge wahrnimmt, wie alles abläuft. Diese Erlebnisse können damit erklärt werden, dass man vielleicht schon in einem Traum in die Zukunft geschaut hat und daher im Traum dieses Karma bereits erlebt hat. Oder man kann die Existenz von Paralleluniversen mit einbeziehen, in denen man auch existiert und vorübergehend Zugang zu dem hat, was dort schon passiert ist und was in dieser Existenz erst in der Zukunft passieren wird. Nach der Yogalehre ist Zeit letztlich nur ein Konstrukt des menschlichen Geistes. In Wahrheit ist alles jetzt schon da. Wenn also das Bewusstsein vorübergehend die Grenzen der Zeit überwindet, kann es das wahrnehmen, was in der Zukunft geschieht. Auch mehrmalige Inkarnation des Bewusstseins in das gleiche Leben ist denkbar. Diese in der Schrift „Yoga Vasishtha" thematisierten Gedankengänge will ich hier allerdings nicht weiterverfolgen, so faszinierend sie sein mögen.

Geniebegabungen, außergewöhnliche Talente und Charaktereigenschaften

Es gibt eine Menge von Fällen, in denen Kinder schon sehr früh außergewöhnliche Talente zeigten. Wunderkinder erregen immer wieder die Aufmerksamkeit von vielen. Mozart zum Beispiel spielte mit 3 oder 4 Jahren schon wunderschön Klavier, sogar bevor sein ehrgeiziger Vater ihm Unterricht erteilte. Serhij Karjakin wurde mit 11 Jahren Schachgroßmeister. Thomas Hobbes war mit 4 Jahren schon sehr gut in Mathematik. Robert Oppenheimer hatte als Spielzeug am liebsten ein Polarisationsmikroskop. Die Reinkarnationslehre würde sagen: Die betreffenden Kinder hatten es in einem früheren Leben im betreffenden Gebiet zur Meisterschaft gebracht, aber ihre Ambitionen nicht ganz erfüllen können. Im neuen Leben treten diese Ambitionen und Fähigkeiten daher sehr schnell ins Rampenlicht. Die Mehrheit der Kindheitsbegabungen führt übrigens (im Gegensatz zu den oben zitierten Beispielen) nicht zu großem Erfolg auf dem Gebiet. Vielmehr ergreifen viele „Wunderkinder" später einen anderen Beruf oder ihre frühe Begabung verliert im Lauf des Lebens an Relevanz. Vom yogischen Standpunkt aus würde man sagen: Das Karma auf diesem Gebiet war im vorigen Leben weitestgehend abgeschlossen. In diesem Leben musste es nur kurz aktiviert werden, dann kommen andere karmische Aufgaben. Das ist auch ein Grund, weshalb die Yogameister empfehlen, normalerweise nicht zu versuchen, in frühere Leben zurückzugehen. Es kann nämlich sein, dass man auf Begabungen und Fähigkeiten stößt, die karmisch längst abgeschlossen sind. Wenn man dann versucht, diese wiederzubeleben, kann man sich etwas von der eigentlichen karmischen Aufgabe dieses Lebens entfernen.

Wer mehrere Kinder bzw. Geschwister hat, weiß, dass Kinder der gleichen Eltern sehr unterschiedlich sein können: Der eine Bruder ist extrovertiert, der andere introvertiert. Der eine ist ein toller Mathematiker aber unmusikalisch, der andere ein vorzüglicher Musiker und kann mit Mathematik nichts anfangen. Mütter erkennen schon frühzeitig, dass jedes ihrer Babys einen unterschiedlichen Charakter hat. Zwar braucht jede Seele einen Körper und natürlich bestimmen die Gene mit, welche Eigenschaften sich in dieser Inkarnation manifestieren. Dennoch ist Reinkarnation eine gute Erklärung für die vielen merkbaren Unterschiede bei Geschwistern.

Zusammenfassung: Reinkarnationsforschung: Beweise für Reinkarnation?

Reinkarnationsforschung ist ein faszinierendes Gebiet. Es gibt eine Vielzahl von Büchern und Internetseiten darüber. Dem interessierten Leser seien diese wärmstens ans Herz gelegt.

Es gibt eine Menge von Indizien, die Reinkarnation nahelegen. Meiner Ansicht ist Reinkarnation mehr als reiner Glaube. Reinkarnation kann sehr viele, sehr unterschiedliche Phänomene erklären, besser als dafür auch mögliche Alternativmodelle.

Dennoch kann man nicht sagen, dass Reinkarnation als bewiesen gelten kann. Es ist nur eine nahe liegende Hypothese. Vermutlich wird man aber erst davon überzeugt sein, wenn man entweder in einem geänderten Bewusstseinszustand seine früheren Leben selbst erlebt oder dies nach dem Tod erfährt...

Betonen möchte ich hier auch: Obgleich in den klassischen Yogaschriften wie *Bhagavad Gita* und *Upanishaden* Reinkarnation erwähnt wird, kann man Yoga auch praktizieren, ohne an Reinkarnation zu glauben. Yoga ist hauptsächlich ein Übungssystem und wirkt als solches auf Körper und Geist. Genauso gilt: Naturwissenschaft ist auf einem materialistischen Weltbild aufgebaut. Dennoch kann auch ein Christ Physiker sein und einen Computer benutzen. Manche der Hirnbiologen glauben, dass das Hirn alleiniger Sitz des Bewusstseins oder Bewusstsein ein Konstrukt von Hirnprozessen sei. Ich kann jedoch auch als jemand, der von der Immaterialität des Bewusstseins überzeugt ist, die Forschungsergebnisse der Gehirnwissenschaften nutzen und die eine oder andere Konsequenz für einen geschickteren Umgang mit meinem eigenen Denken nutzen.

Yogische Reinkarnationslehre

Im letzten Kapitel bin ich auf Reinkarnationslehre im Lauf der Geschichte, in verschiedenen Kulturen und im Licht der Reinkarnationsforschung eingegangen. Dabei habe ich nicht zwischen den unterschiedlichen Fassungen der Reinkarnationstheorien differenziert.

Es gibt durchaus Unterschiede, und die Reinkarnationslehre kann in die unterschiedlichsten Religionen integriert werden. Viele Buddhisten z.B. glauben gar nicht an die Existenz einer Seele. Also ist es auch nicht die Seele, die inkarniert. Christen, die an einen persönlichen Gott glauben, werden weiter glauben, dass sie durch die Gnade Jesu Christi die Erlösung erlangen, auch wenn das mehrere Leben dauert. Manche Kulturen glauben an Reinkarnation vom Tier- ins Menschenreich und umgekehrt, andere nicht.

Ich werde im weiteren Verlauf des Buches so gut wie nicht auf diese verschiedenen Theorien eingehen. Vielmehr möchte ich ab jetzt die Breite des Themas reduzieren und dafür mehr in die Tiefe gehen. Ich werde ganz konkret die Yogatheorie zum Leben nach dem Tod darlegen und ihre praktischen Konsequenzen im Alltag eines spirituellen Aspiranten.

Ich halte mich dabei an das, was mein Meister, Swami Vishnu-devananda, uns erzählt hat und wie es Swami Sivananda in seinem Buch „What Becomes of the Soul After Death" beschrieben hat. Die Schriften, auf die sich diese Meister bezogen haben, sind das Yoga Sutra des Patanjali, die Bhagavad Gita, die Shrimad Bhagavatam, andere Puranas, tantrische Schriften, die Manu Smriti und die Werke von Shankaracharya. Der indologisch vorgebildete Leser wird aus diesen Werken schließen können, welcher Tradition ich folge.

Auch wenn ich mich hier also auf diese konkrete Tradition beziehe, habe ich die Werke anderer Meister auch studiert und meine, dass letztlich die Unterschiede zwischen den Traditionen doch erheblich kleiner sind als die Gemeinsamkeiten. Wer also aus einer anderen Tradition kommt, wird hoffentlich aus diesen Darlegungen auch seinen Nutzen ziehen und mit kleinen Übersetzungstransfers und Abwandlungen in seine Tradition integrieren können.

Ich möchte dabei auf folgende Fragen eingehen:

- Was passiert im Moment des Todes
- Wie kann man sich auf den Tod vorbereiten
- Wie verhält man sich am besten im Moment des Todes
- Wie kann man anderen helfen, sich auf den Tod vorzubereiten
- Wie kann man anderen im Moment des Todes helfen
- Wie kann man Menschen helfen, die gestorben sind
- Was erwartet einen nach dem Tod, zwischen zwei Leben
- Wann inkarniert die Seele wieder

Das Leben als Kreislauf

Die Yogis sehen das Leben als einen Kreislauf an, ähnlich wie den Lauf der Sonne. Dabei ist die eine Hälfte des Laufes der Sonne sichtbar, die andere unsichtbar. Im sichtbaren Halbkreis werden wir irgendwann geboren, ähnlich wie die Sonne aufgeht. Dann wachsen wir, so wie die Sonne aufsteigt. Dann, etwa zwischen 20 und 50, erreichen wir den physischen Höhepunkt. Dann beginnt das Alter, auf welches irgendwann der Tod folgt, der Sonnenuntergang. Aber da ist dann nicht das Leben zu Ende, genauso wenig wie die Sonne bei Sonnenuntergang stirbt. Sie wird nur unsichtbar. Genauso geht das Leben weiter in der Astralebene: Es gibt so etwas wie Geburt in die Astralebene (das ist der physische Tod), Aufsteigen in höhere Astralebenen und dann wieder Absteigen in die niederen Astralwelten bis zum Tod für die Astralebene. Das ist dann der Beginn der nächsten physischen Inkarnation. Das neue Leben beginnt dann in 2 Schritten. Der erste ist die Empfängnis, der zweite die Geburt.

Krishna beschreibt diesen Kreislauf des Lebens in der Bhagavad Gita mit folgenden Worten[1] : „*Für die, welche geboren wurden, ist der Tod unvermeidlich, und die Geburt für die, welche tot sind... (II 27). Zu Beginn sind die Wesen unsichtbar, in ihrer Mitte sichtbar und am Ende sind sie wieder unsichtbar. Warum sollte man sich sorgen (II 28). So wie abgetragene Kleider abgelegt und neue angelegt werden, so wirft das verkörperte Selbst abgetragene Kleider ab und betritt andere, neue (II 22). So wie in diesem Körper das Verkörperte (die Seele) durch Kindheit, Jugend und Alter geht, so geht es auch in einen anderen Körper; der unerschütterliche Mensch sorgt sich nicht darum (II13).*“

Der Kreislauf des Lebens

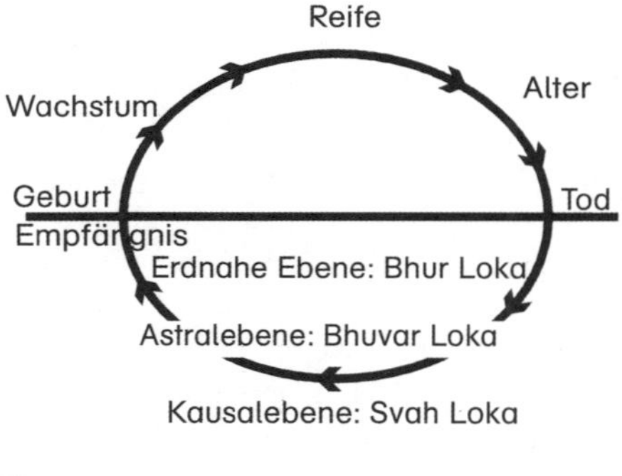

1 Ich zitiere anhand der Übersetzung aus Swami Sivananda: „Shrimad Bhagavad Gita“, Mangalam Books, Lautersheim 1998

Wer bin ich? Was inkarniert?

Manu, der archetypische erste Gesetzgeber, formulierte es in der *Manu Smriti* wie folgt:

„Auf der physischen Ebene kommt der Mensch ohne etwas und geht ohne etwas. Auf der geistigen Ebene kommt der Mensch mit etwas, er verändert es im Lauf seines Lebens und geht mit etwas anderem. Auf der höchsten Ebene kommt der Mensch mit etwas, es verändert sich nichts und er geht mit dem Gleichen."

Auf der physischen Ebene kommen wir nackt und gehen wir nackt. Nichts, was wir in diesem Leben aufbauen, nehmen wir nach dem Tod mit. Der Körper wird verfallen bzw. von den Würmern gefressen werden. Kein Geld wird uns begleiten, kein Haus, keine Firma, kein Buch und keine Kunstsammlung. So sollten wir uns immer bewusst sein: Alles auf der physischen Ebene ist vergänglich und hat nur einen vorübergehenden Wert.

Auf der feinstofflichen Ebene kommen wir mit etwas: Wir kommen mit einer gewissen Menge an *Prana* (Lebensenergie). Wir haben schon von Geburt an ein gewisses Temperament, bestimmte Neigungen und Begabungen, eine Persönlichkeit, eine gewisse spirituelle Entwicklung. Und wir kommen mit einem bestimmten Karma, also Lernaufgaben, in dieses Leben. Im Lauf des Lebens können wir unsere Lebensenergie weiter ausbauen oder verausgaben, wir können bestimmte Talente und unsere Persönlichkeit entwickeln. Durch spirituelle Praxis, bewusste Lebensführung und die karmischen Lektionen können wir spirituell wachsen. Wenn dann der physische Körper stirbt, nehmen wir die Erfahrungen, die Lektionen, das Prana, die Ausstrahlung, die entwickelten Talente und Persönlichkeitsanteile sowie das veränderte Karma mit. Damit können wir dann das nächste Leben neu beginnen.

Auf dieser Ebene ist nichts umsonst: Jede Erfahrung hat ihren Wert. Wer zum Beispiel einen Naturkostladen aufmacht, ihn ein paar Jahre erfolgreich führt, bis er wegen Eröffnung eines Naturkostsupermarktes schließen muss, hat nicht „umsonst" geschuftet. Das Engagement, das man hineingesteckt hat, die Konzentration und das Durchhaltevermögen, das man dabei entwickelt hat, die Fähigkeit, mit Kunden umzugehen, all das nimmt man als Teil der Persönlichkeit mit. Auch die Erfahrung, etwas Aufgebautes zu verlieren, hilft einem auf dem Weg zur Vervollkommnung. So ist auch eine „gescheiterte" Ehe nicht wirklich gescheitert. Und wenn der ehemalige Ehepartner die Kinder mitnimmt, waren die Jahre, in denen man für die Kinder da war, nicht verloren. Auf dieser mittleren Ebene ist jede Erfahrung wichtig und hat jede Anstrengung ihren bleibenden Wert.

Auf dieser Ebene könnte man sagen, die Aufeinanderfolge der verschiedenen Leben ist kein Kreislauf sondern eine Spirale: In jedem Leben lernen wir etwas dazu. Wir wachsen und entwickeln uns. Und es heißt: Wir inkarnieren uns solange, bis wir die höchste Vollkommenheit erreicht haben.

Auf der höchsten Ebene kommen wir mit etwas, es ändert sich nichts und wir gehen mit dem Gleichen. Das ist die höchste Ebene, *Brahman*, das Absolute. Der höchste Aspekt des Menschen, sein wahres Selbst (*Atman*) ist reines Bewusstsein, *Sat-Chid-Ananda*, absolutes Sein, Wissen und Glückseligkeit. Dieser Atman ist unveränderlich, ewig. Die Bhagavad Gita beschreibt das Selbst in folgenden Worten: „*Erkenne das als unzerstörbar, welches alles durchdringt (II 17)... Es wurde nicht geboren und stirbt auch niemals. Nachdem Es gewesen ist, hört Es niemals auf zu sein. Es ist ungeboren, ewig, unveränderlich und uralt... (II 20) ... Es ist ewig, alldurchdringend, fest, unverrückbar und ohne Anfang und Ende (II 24)... Es ist nicht sichtbar, gedanklich nicht fassbar und unveränderlich. Da du weißt, dass Es so ist, mache dir niemals Sorgen.*“

Wenn wir geboren werden, ist unsere eigentliche Natur *Atman*. Wenn wir wachsen, sind wir weiterhin *Atman*. Und wenn wir sterben, sind wir immer noch *Atman*. Auf der höchsten Ebene bleiben wir immer der gleiche.

Das wahre Selbst wird also als *Atman* bezeichnet. Es hat als Fahrzeuge den physischen, den astralen und den kausalen Körper. Ein Auto braucht einen Fahrer. Ebenso braucht ein Fahrer ein Auto, wenn er wegfahren will. Allerdings sind Auto und Fahrer etwas Unterschiedliches. Des weiteren hat ein Fahrer typischerweise auch Kleidung an. Er braucht die Kleidung, wenn er sich in Gesellschaft begeben will oder auch zum Schutz gegen Kälte, Nässe oder Sonne. Der Mensch kann in der gleichen Kleidung verschiedene Autos besteigen und wieder verlassen. Das Auto wäre in dieser Analogie der physische Körper. Die Kleider wären der Astralkörper. Problematisch wird es, wenn der Fahrer sich mit dem Auto oder der Kleidung identifiziert und meint, er sei das Auto oder die Kleidung.

Hier ergibt sich eine der Paradoxien des spirituellen Lebens: Auf der einen Seite sind wir jetzt schon das Höchste Selbst. Wir sind jetzt schon vollkommen. Auf der anderen Seite identifizieren wir uns mit dem Körper, den Emotionen, der Persönlichkeit.

In der Vedanta Philosophie gibt es das Modell der 3 Körper bzw. 5 Hüllen.[2]

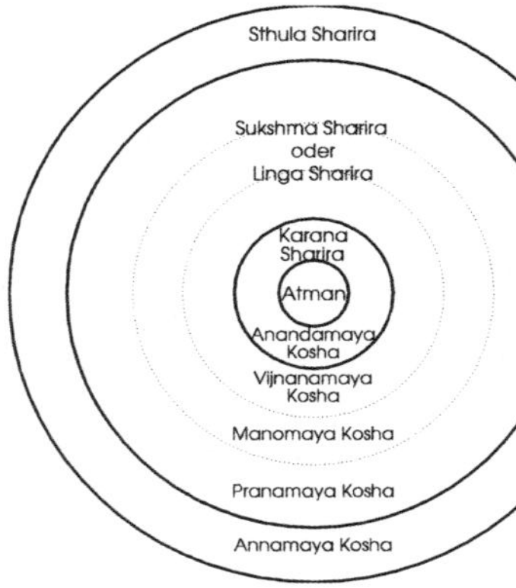

Sthula Sharira ist der physische Körper, der grobstoffliche (*Sthula*) Körper (*Sharira*). Er wird auch als *Annamaya Kosha* bezeichnet, als aus Nahrung (*Anna*) gemachte (*maya*) Hülle. Er besteht aus den Elementen Erde (Festes), Wasser (Flüssiges), Feuer (Körpertemperatur), Luft (Gasförmiges) und Äther (elektromagnetische Prozesse). Er ist den Vorgängen Geburt, Wachstum, Reife, Alter, Krankheit und Tod unterworfen.

Sukshma Sharira ist der feinstoffliche (*Sukshma*) Körper (*Sharira*), auch *Linga* (strahlend) *Sharira*, also Astralkörper genannt, weil er in veränderten Bewusstseinszuständen als Lichtkörper wahrgenommen werden kann. Der Astralkörper besteht aus 3 Schichten (*Koshas*):

- *Pranamaya Kosha*, die Energiehülle: Hier sind die Lebensenergien (*Pranas*) mit den *Chakras* (Energiezentren) und *Nadis* (Energiekanäle)[3]
- *Manomaya Kosha*, die emotional-geistige Hülle: Hier sind die *Jnana Indriyas* (5 Wahrnehmungsorgane: sehen, hören, riechen, schmecken, tasten), die *Karma Indriyas* (5 Handlungsorgane: gehen, greifen/verändern, aufnehmen, ausscheiden, fortpflanzen), *Manas* (einfaches Denkprinzip mit den Emotionen), *Chitta* (das Unterbewusstsein) mit den *Samskaras* (Eindrücke, Fähigkeiten, Neigungen, Erinnerungen) und *Vasanas* (Wünsche, Anhaftungen)
- Vijnanamaya Kosha, die Hülle der Erkenntnis mit *Buddhi* (Vernunft, Urteils- und Entscheidungsvermögen) und *Ahamkara* (Ego, Ich-Bewusstsein)

---

2 Mehr zu dem Sharira-Kosha Modell im Buch von Swami Vishnu-devananda „Das Große Illustrierte Yoga-Buch“

3 Mehr zur Pranamaya Kosha in meinem Buch „Die Kundalini Energie erwecken“, Kailash Buch im Heinrich Hugendubel Verlag, München 2007

Karana Sharira ist der Kausalkörper, die Ursache (*Karana*) für alle anderen Körper. Hier sind die Samen von *Avidya*, der Unwissenheit. Hier spiegelt sich aber auch die Wonne des Selbst, weshalb *Karana Sharira* auch *Ananadamaya Kosha* genannt wird, die aus Wonne gemachte Hülle. In *Karana Sharira* spiegelt sich auch intuitive Erkenntnis und von hier kommt der Ruf nach spiritueller Vollkommenheit. In der *Karana Sharira* ist auch der Sitz des *Karmas*: Hier sind alle künftig noch zu lernenden Lektionen. Die *Karana Sharira* geht schon jenseits der normalen Konzepte von Zeit und Raum. Man kann auch sagen: in der *Karana Sharira* ist der gesamte Lehrplan für all unsere Inkarnationen abgespeichert, wobei der Lehrplan immer wieder neu angepasst wird.

Aus diesem Modell kann man also die Frage, wer sich überhaupt inkarniert, wie folgt beantworten: Der Astralkörper (*Sukshma Sharira*) inkarniert sich zusammen mit dem Kausalkörper (*Karana Sharira*) immer wieder von Neuem in einem physischen Körper (*Sthula Sharira*). Das Selbst (*Atman*) identifiziert sich dabei mit dem physischen Körper und dem Astralkörper. Wenn ich im weiteren Verlauf dieses Buches von „Seele" spreche, meine ich *Sukshma Sharira* zusammen mit der *Karana Sharira*.

Da Erinnerungen, Persönlichkeit, Wünsche, Fähigkeiten etc. zum Astralkörper gehören, nehmen wir diese mit, wenn wir sterben. Tod ist wie das Verlassen eines Autos oder das Ausziehen von Kleidung. Wenn wir aus einem Auto aussteigen oder abends die Kleidung ausziehen, bleiben wir doch der Gleiche. Allerdings setzt im Moment der Geburt ein Gedächtnisschwund ein und die meisten konkreten Erinnerungen an frühere Leben können nicht mehr so einfach ins Bewusstsein geholt werden. Die Fähigkeiten und Persönlichkeit dagegen sind schon da und werden dann im Lauf des Lebens manifest bzw. entwickeln sich weiter.

Das Ziel aller Leben ist, sich dieses *Atmans* bewusst zu werden, die Höchste Wirklichkeit zu erfahren. Wir inkarnieren uns solange, bis wir die Identifikation mit physischem und Astralkörper überwunden haben.

Und da unsere wahre Natur Unendlichkeit, Vollkommenheit und Einheit ist, erreichen wir das, indem wir uns auch auf der relativen Ebene schrittweise vervollkommnen, aus dem Gefühl der Einheit heraus Liebe zu allen Wesen entwickeln, uneigennützigen Dienst für alle Wesen leben, Wunschgebundenheit und Verhaftungen überwinden und in Meditation und spirituellen Praktiken die Fesseln des Geistes transzendieren. Dies erreichen wir nicht in einer Inkarnation, das braucht viele Leben.

Das *Sharira-Kosha*-Modell reflektiert teilweise die Darwinsche Evolutionstheorie des Lebens, ergänzt sie aber auch:

- zuerst gab es auf der Erde nur die physische Materie, entsprechend der *Sthula Sharira*
- dann haben sich die Pflanzen entwickelt, welche die *Pranamaya Kosha* entwickelt haben, also eine lebendige Lebenshülle haben
- dann kommen die Tiere hinzu, welche die *Manomaya Kosha* entwickeln, also Sinneswahrnehmungen haben, sich bewegen können, denken und fühlen können sowie Gedächtnis, Neigungen und vieles mehr haben
- die Menschen haben die *Vijnanamaya Kosha* entwickelt, haben also die Fähigkeit zu Vernunft, freiem Willen, Urteilskraft und Ichbewusstsein
- die Aufgabe des Menschen ist, sich weiterzuentwickeln, Zugang zu finden zur *Karana Sharira* und damit zu Intuition, uneigennütziger Liebe, Verbundenheit mit allen Geschöpfen und mit dem Göttlichen
- das Ziel allen Strebens ist es, alle *Koshas* und *Shariras* zu transzendieren und die ursprüngliche Einheit zu erfahren

Die biologische Evolutionstheorie[4] spricht natürlich von der kollektiven Evolution. Die yogische Evolutionstheorie ergänzt sie durch die Vorstellung der individuellen Evolution: Ab dem Tierreich gibt es eine individuelle Seele, auch wenn sie sich zunächst ihrer Individualität nicht bewusst ist. Und diese Seele inkarniert sich von einem Körper zum nächsten. Es heißt, dass die Seele sich 8.400.000 Mal in Tierkörpern inkarniert, bevor sie sich zum ersten Mal in einem menschlichen Körper inkarniert. Dann inkarniert sie sich viele Tausend Mal in einem menschlichen Körper, bevor tiefere Fragen im Leben wichtig werden: „Wer bin ich? Woher komme ich? Wohin gehe ich? Was ist das Ziel des Lebens? Gibt es eine höhere Wirklichkeit? Wenn ja, wie kann ich sie verwirklichen?“ Bis diese Fragen drängend werden, läuft die Evolution mehr oder weniger automatisch ab und der Mensch macht wenig Gebrauch von seinem freien Willen. Ab dem Moment, wo diese spirituellen Fragen immer wichtiger werden, kann man mit seinen Handlungen bewusst seinen spirituellen Fortschritt beschleunigen oder verlangsamen.

Nachdem ich nun in diesem Kapitel das Konzept der Reinkarnation in einen breiten Kontext gestellt habe, möchte ich jetzt konkreter werden und insbesondere praktische Ratschläge für den Umgang mit dem Tod geben. Ich hoffe, dass diese Ratschläge für den Leser/die Leserin selbst hilfreich sind und dass sie ihr/ihm dazu verhelfen, anderen helfen zu können.

---

4 Mehr zur yogischen Evolutionstheorie in meinem Buch „Die Kundalini Energie erwecken“, Kailash Buch im Heinrich Hugendubel Verlag, München 2007

Wie kann man sich auf den Tod vorbereiten?

Das Leben endet mit dem Tod. So kann man sagen, dass das ganze Leben eine Vorbereitung auf den Tod ist. Wenn man sein Leben so lebt, dass man bereit ist, jeden Tag zu sterben und jeder Tag auch seinen Wert haben wird, wenn man noch 50 oder 100 Jahre lebt, dann lebt man sein Leben gut. Der Tod kann unvermutet kommen. Wir wissen nicht, ob wir das Ende des heutigen Tages auf der Erde erleben. Diese Bewusstheit hilft immer wieder, alles in die rechte Perspektive zu rücken.

Dennoch gilt: Normalerweise wissen viele Menschen mindestens ein paar Tage vorher, dass sie sterben werden. In früheren Zeiten war das noch üblicher. In manchen alten Romanen und Mythen liest man Beschreibungen, wie der Patriarch oder die Mutter ein paar Tage vor dem Tod noch einmal die ganze Familie zusammen gerufen haben, ihre letzten Ratschläge geben, das Erbe aufteilen. Dann wird der Priester gerufen, der zusammen mit dem Sterbenden betet, ihm vielleicht die letzte Ölung erteilt. Alte Indianer haben den Stamm verlassen, um in der Natur zu meditieren und dort den Körper zu verlassen.

Heute sterben viele Menschen im Krankenhaus, wo das Leben manchmal künstlich verlängert wird und dann durch Abschalten der Maschinen aufhört. Dennoch wissen auch heute viele Menschen im konkreten Fall, dass sie bald sterben werden. In vielen Fällen wissen sie um eine unheilbare Krankheit, wo der Arzt ihnen die voraussichtliche Lebensdauer sagt. Manchmal kommt das Gefühl von innen. Altenpfleger kennen das: Viele alte Menschen kündigen einen oder mehrere Tage vorher an, dass sie bald gehen werden.

Wer wegen einer unheilbaren Krankheit weiß oder spürt, dass er bald gehen wird, kann folgende Ratschläge befolgen:

Der Sterbende sollte seine Angelegenheiten so regeln, dass er sie weitergeben kann. Wenn möglich, sollte er für das, was ihm am Herzen liegt, Nachfolger finden. Er sollte seinen Nachlass so regeln, dass er von seinen Hinterbliebenen als gerecht empfunden wird und klar genug, dass keine Rechtsstreitigkeiten entstehen können. Der größte Gefallen, den man seinen Hinterbliebenen tun kann, ist entweder wenig zu vererben oder die Erbschaft so zu gestalten, dass sie als gerecht empfunden wird. Auch seinen geistigen Nachlass sollte man regeln. Man sollte mit engeren Verwandten und Freunden sprechen, Aufgaben vergeben. Wenn man das Gefühl hat, wichtiges Wissen zu haben, sollte man es anderen erzählen, es aufschreiben, es auf Kassette, Tonband, mp3-Aufnahmegerät oder Video-Kamera aufnehmen. Falls es Menschen gibt, mit denen man sich vorher nicht so gut verstanden hat, sollte man nochmals versuchen, sich zu versöhnen. Gegenüber einem Sterbenden sind fast alle Menschen zur Versöhnung bereit. Seinen Kindern sollte man sagen, dass man stolz auf sie ist und dass sie alles richtig gemacht haben.

Wenn möglich, sollte man seine Lebensgeschichte seinen wichtigsten Angehörigen oder Freunden erzählen oder sie aufschreiben und so mit sich ins Reine kommen.

Manches vom oben Genannten ist vielleicht nicht vollständig möglich. Vielleicht ist man gesundheitlich, von der Energie her oder von der geistigen Kraft her nicht in der Lage dazu oder die anderen sind nicht bereit dazu. Dann sollte man es so gut wie möglich tun und dann Gott überlassen und anvertrauen: „Lieber Gott, ich habe alles nach bestem Wissen und Gewissen geregelt. Einiges konnte ich nicht regeln. Einige Menschen sind mir weiter böse. Einige brauchen weiterhin meine Hilfe, die ich ihnen nicht mehr geben kann. Lieber Gott, ich vertraue alles dir an. Ich gebe alles in deine Hände. Dein Wille geschehe."

Der Sinn von all dem ist, dass man ohne Bedauern diese Welt verlassen kann, dass man im Moment des Todes nicht an Dinge dieser Welt denkt, sich Sorgen um seine Hinterbliebenen macht oder nach dem Tod versucht nachzuholen, was nicht mehr nachzuholen ist.

So kann man innerlich „Lebewohl" sagen voller Dankbarkeit und im Bewusstsein, dass man seine irdische Aufgabe für dieses Leben erfüllt hat und dass jetzt neue Aufgaben auf einen warten.

Auf einer anderen Ebene ist das Folgende noch wichtiger:

Man sollte vor seinem Tod die spirituelle Praxis verstärken. Man sollte so viel Zeit wie möglich in Meditation und Gebet verbringen. Wenn möglich, sollte man in Heiligen Schriften lesen, über den Tod lesen und die Aufgaben, die zusammen mit dem Tod kommen. Wenn möglich, wäre es gut, mit jemand anderem über spirituelle Fragen und spirituelle Zweifel zu sprechen. In den meisten Weltreligionen ist es üblich, dass vor dem Tod der Priester mit dem Sterbenden spricht, mit ihm betet, ein Ritual wie die letzte Ölung vollzieht.

Wenn sich der Mensch so von allem Irdischen gelöst hat und seinen Geist mit dem Göttlichen verbunden hat, kann der Tod eine wunderbare Erfahrung sein.

Was kann man machen, wenn man stirbt?

In der Bhagavad Gita beschreibt Krishna den idealen Sterbevorgang:

„Nachdem der Yogi alle Tore verriegelt und den Geist im Herzen eingeschlossen hat, nachdem er den Lebensatem im Kopf festgehalten hat und Konzentration übt, wenn der Sterbende das einsilbige Om - Brahman - spricht und beim Verlassen des Körpers an Gott denkt, erreicht er das Höchste Ziel." (BhG VIII 12-13)

„Nachdem er alle Tore verriegelt hat“: Das heißt, man richte den Geist nach innen. Die Tore sind die 10 Sinne, die 5 Wahrnehmungsorgane und die 5 Handlungsorgane. Man soll also nicht mehr an das irdische Leben denken und nicht mehr daran denken, was zu tun ist. Vielmehr soll der Sterbende den Geist zurückziehen von allen äußeren Objekten, von Verwandten und Freunden. Er ziehe den Geist nach innen zum Herzen (*Anahata Chakra*) hin. Dann ziehe man die Achtsamkeit hoch zum Punkt zwischen den Augenbrauen und wiederhole sein persönliches Mantra. Mit dem Mantra im Geist und im Bewusstsein von Gott verlasse man den physischen Körper über das *Ajna Chakra* (drittes Auge) oder das *Sahasrara Chakra* (Scheitelzentrum). Dabei ist es nicht so wesentlich, welche Gestalt Gottes man sich vorstellt, sei es die Gestalt von Krishna oder Shiva, sei es die Gestalt eines Meisters wie Sivananda oder die Gestalt von Jesus selbst, sei es ein universelles Licht, in dem man Gottes Gegenwart spürt. Wenn man das macht, hat man einen wundervollen Tod, kann in die höheren Astralebenen oder sogar Kausalebenen gehen, muss vielleicht noch nicht einmal wiedergeboren werden.

Die meisten Menschen denken im Moment des Todes nicht an solche erhabenen Dinge. Selbst wenn sie vorher wissen, was im Tod auf sie zukommt, denken viele an die verstorbenen Verwandten. Sehr Verhaftete denken an all das, was sie nicht loslassen können, wie Firma, Haus, Hobby-Sammlungen, Haustiere und natürlich am meisten an die zurückbleibenden Familienmitglieder.

Relativ viele Menschen lösen sich jedoch in den Minuten vor dem Tod von dem, was sie so festhält. Sie denken dann eher an die verstorbenen Verwandten oder Freunde. Dadurch, dass sie an die verstorbenen Verwandten denken, merken die verstorbenen Verwandten, die schon auf den höheren Ebenen der Astralebene sind, dass dort jemand aus der Familie oder jemand ihnen Nahestehendes stirbt. So kommen sie dann auch etwas näher, um den Verstorbenen zu empfangen, der nach oben steigen will.

Die Yogatheorie sagt, dass der letzte Gedanke vor dem Tod besonders wichtig ist. Er hat einen großen Einfluss darauf, wo man in der Astralwelt ankommt, wie lange man dort verbringt und wo man im nächsten Leben wiedergeboren wird. Wenn jemand z.B. in der Todesstunde an seine Katze denkt, wird er im nächsten Leben in einer Familie geboren werden, wo Katzen eine wichtige Rolle spielen. Wenn er zuletzt an Geld denkt, wird das Denken auf der Astralebene auch um Geld kreisen und er wird in eine Familie, in der Geld eine große Rolle spielt, wiedergeboren werden. Wenn man ein Geldmangel-Karma hat, würde dies eine Familie sein, in der der

Mangel an Geld für die Menschen den Lebensschwerpunkt bildet, wenn man ein Geldfülle-Karma hat, käme man in eine Familie, die über viel Geld verfügt, aber immer mehr haben will.

Angenommen, der letzte Gedanke ist der an Geschäft oder Firma oder Ähnliches, dann kommt man auf eine Astralebene, in der man selbst die größte und wunderschönste Firma schaffen kann, sich weiter Sorgen machen kann, mehr Stockwerke anhäufen kann, mehr Badezimmer oder Ähnliches besitzen will. Und im nächsten Leben kommt man dann in eine Familie hinein, wo die Firma eine besondere Rolle spielt. Angenommen, man hat in seinem vorigen Leben viel Bösartiges gemacht, Menschen betrogen oder ausgenutzt, dann kommt man vielleicht in ein Leben hinein, wo die Familie Konkurs anmeldet. Aber wenn man dabei das Geld, das man verdient hat, zum Guten verwendet hatte, wird man in eine Familie geboren, wo die Firma floriert. Swami Vishnu, ein großer Yogameister, hat gerne gesagt: „Die sicherste und beste Investition ist, Spenden an gemeinnützige Institutionen zu machen. Die bekommt man sogar im nächsten Leben mit Zins und Zinseszins zurück. Alle anderen Anlageformen führen spätestens im Moment des Todes zum vollständigen Verlust des Geldes." Es gibt also nur eine sichere Geldanlageform, und das sind Spenden. Spenden überleben den Tod und wir können sie mit ins nächste Leben nehmen.

Wer zum Schluss an seine Hinterbliebenen denkt, wird so lange in der Astralebene bleiben, bis alle, an die er gedacht hat, auch gestorben sind. Wer zum Schluss an seine verstorbenen Angehörigen denkt, wird von ihnen empfangen werden, soweit sie noch auf der Astralebene sind. Und später inkarniert man sich zusammen mit der ganzen Familie und den Freunden und Freundinnen wieder, wobei die Beziehungskonstellationen anders sein werden als vorher.

Ich will hier eine kleine Begebenheit aus meiner Familie erzählen: Meine Großmutter mütterlicherseits musste eines Tages ins Krankenhaus eingeliefert werden. Dort musste sie einige Wochen bleiben und es ging ihr immer schlechter. Meine Mutter hat sie täglich besucht und wir Enkelkinder sind ein Mal pro Woche mitgekommen. Manchmal war sie bei Bewusstsein, manchmal nicht. Eines Tages kamen wir wieder ins Krankenhaus. Sie war ausgesprochen wach, ihre Gesichtszüge waren sehr friedlich. Sie hat uns angeschaut und gesagt: „Jetzt gehe ich zu meinem Karl (ihr Mann, der einige Jahre vorher gestorben war) und vorher beten wir das Vaterunser." Wir haben ihr geantwortet: „Du wirst sicher wieder gesund. Dir geht es doch heute schon so viel besser." Sie hat nur ihre Hand gehoben mit all den Infusionen, die da dran waren, abgewinkt und mit sehr fester, ruhiger Stimme wiederholt: „Jetzt gehe ich zu meinem Karl und wir beten jetzt das Vaterunser." Wir haben uns alle an die Hand genommen und haben das Vaterunser gebetet. Sie ist dann zwar nicht gleich gestorben, hat aber das Bewusstsein verloren. Man hat sie noch am Leben gehalten mit allen möglichen medizinischen Maßnahmen. Irgendwann in der Nacht sind dann Herz und Hirn zum Stillstand gekommen, aber ich meine, ihr Astralkörper hat nach dem Vaterunser weitestgehend den Körper verlassen.

Exkurs: Reinkarnation ins Tierreich?

Alte indische Schriften halten sogar eine Reinkarnation im Tierkörper für möglich, wenn man im Moment des Todes sehr stark an ein Tier denkt oder sehr starke Wünsche hat, die im Tierkörper leichter befriedigt werden können. Wenn westliche Menschen das hören, schütteln sie oft sehr vehement den Kopf, auch wenn sie sonst gegenüber dem Reinkarnationsgedanken ganz offen sind. Das hat sicherlich auch ideengeschichtliche Hintergründe. In der westlichen Zivilisation wurde eine große Trennungslinie gezogen zwischen Tieren und Menschen. Vom Standpunkt vieler christlicher Theologen haben Tiere keine Seele. Nur der Mensch hat eine Seele. Descartes hat behauptet, Tiere hätten kein Bewusstsein und könnten keinen Schmerz empfinden. Wenn Tiere schreien, wenn sie gequält würden, sei das wie das Quietschen einer Maschine. Laut BGB (Bürgerliches Gesetzbuch) sind Tiere Sachen, die man besitzt. Daher kann man ihnen die Freiheit nehmen, sie quälen, für Tierversuche missbrauchen, schlachten und essen. Glücklicherweise hat ein gewisser Tierschutz schlimmsten Missständen einen Riegel vorgeschoben. Glücklicherweise sind sich Haustierbesitzer sehr wohl bewusst, dass Tiere eine Seele haben. Aber leider werden so viele Tiere oft sinnlos im Namen von Wissenschaft und Medizin gequält. Am Skandalösesten aber ist das Einsperren der Tiere in Massentierhaltung und das Schlachten nur für den menschlichen Gaumen. Für Menschen der meisten anderen Kulturen war es immer offensichtlich, dass auch Tiere eine Seele haben, dass der Unterschied zwischen Mensch und Tier graduell, nicht absolut ist. Für Hindus und Buddhisten ist jede Tierart eine Evolutionsstufe auf dem Weg zum Menschen. Und Mensch und Tier haben viele gemeinsame Eigenschaften. Die ersten 3 Koshas (siehe oben) sind bei Mensch und Tier identisch. So verdienen die Tiere unser Mitgefühl. Tieren sollte eine Würde zugesprochen werden. Ihr Leben sollte schützenswert sein. Der Mensch kann über liebevollen Dialog mit Tieren viel lernen. Patanjali empfiehlt sogar die Meditation über verschiedene Tierarten, wenn man bestimmte Eigenschaften in sich entwickeln will (Yogasutra III 25). Vielleicht hilft die Vorstellung, dass eine Katze die Inkarnation der eigenen Großmutter sein könnte, für mehr Respekt und Freundlichkeit, selbst wenn die Inkarnation von einer Seele aus einem menschlichen in einen

Tierkörper äußerst selten, wenn überhaupt, stattfindet.[5] Interessanterweise sind die Erkenntnisse der modernen Biologie zum Unterschied zwischen Mensch und Tier den Aussagen der Yogis erheblich näher als der traditionellen westlichen Philosophie, Theologie und Jurisprudenz. Der biologische Unterschied zwischen Mensch und Tier scheint gar nicht einmal so groß zu sein. Menschen und Schimpansen haben zu 98,7% die gleiche Erbsubstanz. Sogar mit Insekten sind über 70% der Gene identisch. Auch Tiere, ganz sicher Säugetiere, haben Emotionen. Tiere haben Gefühle wie Freude, Ärger, Angst und Trauer. Tiere können Hass empfinden, Mitgefühl haben, sich für andere aufopfern, sogar ihr Leben für ihre Nachkommen darbringen. Tiere können treu bis zum Tod sein. Tiere können Schmerzen genauso empfinden wie Menschen. Auch Fische an der Angel empfinden Schmerzen wie ein Mensch, den man mit einem Fleischerhaken am Gaumen auf dem Boden entlang schleift. Mindestens legen das Messungen von Hirnreaktionen beim Fisch nahe. Ein Tier kann das eine Exemplar seiner Gattung mögen und das andere nicht. So sind die Unterschiede zwischen Menschen und Tieren auf all diesen Ebenen nicht sehr gravierend. Hauptunterschiede zwischen Mensch und Tier sind das Selbstbewusstsein (auf Sanskrit *Ahamkara*) und die Vernunft (auf Sanskrit *Buddhi*). Durch diese beiden hat der Mensch die Befähigung zu freiem Willen, Unterscheidungsvermögen, systematisch an sich selbst zu arbeiten, zu planen, aber auch zu lügen, zu betrügen, vorausschauend zu denken und Instrumente zu benutzen. Sogar diese Unterschiede scheinen eher graduell zu sein und eher durch die Kultur, insbesondere die Sprache, errungen worden zu sein als durch einen fundamentalen genetischen Unterschied. In den letzten Jahren wurden immer mehr Tierarten gefunden, die Selbstbewusstsein haben (identifiziert an der Fähigkeit, ihr Spiegelbild als sich selbst zu erkennen) und ihre Vernunft zu benutzen (identifiziert an der Fähigkeit, Schlüsse zu ziehen, vorausschauend zu denken und Instrumente herzustellen). Dazu gehören z.B. alle Menschenaffenarten, Delfine, manche Wale, manche Vögel (insbesondere Papageien und Elstern), Elefanten. Manche Tierarten, wie Schimpansen und Wale, haben tradierte Kulturgewohnheiten, die in jedem Stamm/Schwarm anders sind. Bei Walen sollen sich sogar unterschiedliche Sprachen entwickelt haben, so dass Wale der gleichen Art ihre Artgenossen in anderen Teilen der Erde nur bedingt verstehen können.

Man hat einigen Schimpansen und Gorillas Gestensprache beigebracht. Diese verhielten sich dann in vielerlei Hinsicht ganz wie ein Mensch. Sie konnten sogar neue Begriffe bilden, hatten ein Gefühl für Humor, lernten zu lügen und Mitgefühl auszudrücken. Die wenigen Kinder, die man gefun-

5 Moderne Yoga-Meister (z.B. Swami Vishnu-devananda) sagen manchmal, dass Aussagen über häufige Inkarnationen in Tierkörper, wie man sie in manchen Schriften findet, eher erzieherisch gemeint waren als wörtlich zu nehmen sind.

den hat, die ohne Sprache aufwuchsen, glichen Tieren mehr als die Schimpansen und Gorillas, denen man Sprache beigebracht hat.

Etwas zugespitzt könnte man sagen: Die intelligentesten Tiere sind menschenähnlicher als intelligenzgeminderte Menschen. Ich möchte hier nicht falsch verstanden werden: Selbstverständlich ist jeder Mensch gleich wertvoll. Geistig behinderte Menschen können auf bestimmten Ebenen wahre Heilige sein. Ich habe mit einigen Pflegern in Behinderteneinrichtungen gesprochen, die mir erzählten, wie viel sie von ihren Schutzbefohlenen gelernt haben. In unseren Seminarhäusern haben wir öfter Kinder mit Down-Syndrom, die eine tolle Ausstrahlung haben und vor denen ich eine sehr große Hochachtung habe. Es gibt ein wunderschönes Buch namens „Die drei Lichter der kleinen Veronika" von Manfred Kyber. Da kommt auch ein geistig behinderter Mensch vor, der eigentlich spirituell fortgeschritten ist. Er hatte für dieses Leben bewusst eine Inkarnation als Behinderter gewählt, sodass ein Teil der intellektuellen Fähigkeiten ausgeschaltet ist und er die anderen Teile besonders gut entfalten kann, um die volle Verwirklichung zu erreichen. Wenn jemand geistig behindert ist, ist es nicht unbedingt eine Strafe für etwas Schlechtes, sondern es kann sein, dass man Heilige vor sich hat.

Warum erzähle ich all das, was vielleicht für ein schmales Reinkarnationsbuch doch etwas ausführlich ist? Hauptsächlich, weil mir ein würdiges Leben von Tieren sehr am Herzen liegt und weil ich dafür werben will, auch Tieren eine Würde zuzuerkennen und sie mit Respekt zu behandeln.

Zurück zur Frage: Können sich Seelen, die im vorigen Leben in einem Menschenkörper waren, in einen Tierkörper inkarnieren?

Den größten Teil ihrer Zeit verbringen die meisten Menschen mit Essen, Schlafen, „Nestbau und Nestgestaltung", sozialen Kontakten, Fortpflanzung und Verantwortung für die Familie. Hier unterscheidet sich der Mensch nicht vom Tier. Das Tier kann Vieles davon sogar besser, nämlich ohne komplizierende Gedanken, innere Konflikte, schlechtes Gewissen, Sorge um die Figur etc. Tiere können die sinnlich-emotionalen Bedürfnisse unkomplizierter ausleben als Menschen. Angenommen, jemand hätte in diesem Leben den Wunsch, die Sinne zu befriedigen, richtig essen und trinken zu können, schlafen zu können, wann man will, keine Verantwortung und Gewissenskonflikte haben zu müssen, dann geht das in einem Tierkörper vielleicht besser als in einem Menschenkörper. Wer sich zum Beispiel als Katze im Haus Yoga Vidya inkarniert, hat hier ein nahezu ideales Leben...

Wenn ein Mensch mit großen sinnlichen Bedürfnissen und dem Verlangen nach einem unkomplizierteren Leben im letzten Moment seines Lebens an ein Tier denkt, dann, so heißt es, könnte er sich eventuell noch einmal in einem Tierleib inkarnieren.

Das gilt aber als Ausnahme. Ian Stevenson ist in seinen Untersuchungen auf keinen Fall gestoßen, wo ein Kind sich an ein Vorleben als Tier erinnert. Viele Menschen erzählen mir ihre Erinnerungen an frühere Leben. Dabei war auch noch keiner, der sich an ein Vorleben als Tier erinnert hätte. Die Anthroposophen und manche westliche Esoteriker, deren Reinkarnationstheorie ansonsten der yogischen sehr ähnlich ist, würden sogar sagen, dass ein Mensch sich gar nicht mehr als Tier inkarniert. Die indischen Schriften im Hinduismus und Buddhismus sagen, dass, wenn die Seele sich einmal als Mensch inkarniert hat, die anschließenden Geburten normalerweise menschlicher Natur sind. *Samsara Chakra*, der Kreislauf von Geburt und Tod, ist eigentlich kein Kreislauf sondern eine spiralförmige Evolution, die über viele Leben zur höchsten Vollkommenheit führt. Und wenn man einmal Mensch ist, ist es wahrscheinlich, dass man im nächsten Leben Mensch bleibt. In Ausnahmefällen könnte es auch einmal anders sein, denn in der Natur läuft nichts linear. Nehmen wir ein Beispiel: Der kälteste Monat im Jahr ist normalerweise der Januar. Um den 15. Januar herum ist in Mitteleuropa die kälteste Zeit, durchschnittlich etwa -1 Grad Celsius. Ab 15. Januar wird es dann immer wärmer, bis es um den 15. Juli am Wärmsten ist, durchschnittlich etwa 19 Grad Celsius. Aber es ist keineswegs so, dass es ab dem 15. Januar jeden Tag um 0,1 Grad wärmer wird, sondern es gibt ein gewisses Auf und Ab. Es wird mal wieder ganz warm und kalt werden, obgleich es insgesamt sechs Monate lang wärmer wird. So sind Evolution und Entwicklung in der Natur selten etwas ganz Geradliniges, sondern es geht in verschiedenen Höhen und Tiefen.

An dieser Stelle möchte ich noch eine kleine Geschichte erzählen, die verdeutlichen soll, wie wichtig der letzte Gedanke ist.[6]

Es ist die Geschichte des Königs Bharata, eines großen Königs, Ahnherr der Kauravas und Pandavas, Namensgeber von Indien, welches von den Indern früher *Bharata Varsha* genannt wurde. Bharata führte ein sehr tugendhaftes Leben, ein erfülltes Leben, ein großartiges Leben, ein spirituelles Leben. Er war ein guter und gerechter König. Er einigte verschiedene Königreiche zu einem großen, blühenden Königreich, in dem niemand unter Armut litt. Am Ende seines Lebens wollte er sich von allem lösen und den letzten Schritt zur Selbstverwirklichung gehen. Er übergab das Königreich seinen Nachfolgern und zog sich in den Wald zurück. Dort meditierte er jeden Tag viele Stunden, übte Pranayama, las die Schriften, rezitierte Mantras. Eines Tages, als er am Ufer eines Flusses meditierte, wurde ein Rehkitz an ihm vorbeigetrieben. Es war kurz davor zu ertrinken. Bharata unterbrach sein Pranayama, sprang in den Fluss und rettete dieses Rehkitz.

6 Andere Versionen dieser Geschichte und viele andere Geschichten sind zu finden in meinem Buch „Yoga Geschichten" sowie in Swami Sivanandas Buch „Inspirierende Geschichten".

Da die Mutter nicht auffindbar war, zog Bharata selbst das Rehkitz auf. Während er früher intensiv meditiert hatte, schaute er jetzt immer während der Meditation, wie es dem Rehkitz ging, meditierte manchmal mit dem Rehkitz auf dem Schoß oder genoss, wie das Rehkitz sich bei ihm anschmiegte und ihn abschleckte. Wenn das Rehkitz mal ein paar Stunden verschwunden war, machte er sich Sorgen und hatte Angst, dass ein Tiger es reißen würde. So wurde seine Verhaftung an das Rehkitz immer stärker und seine Meditation immer flacher. Er hatte seinem ganzen Königreich entsagt, einschließlich Frau, Kindern, Macht. Mit viel Gebet und Meditation hatte er die Anhaftung an sie verloren. Er hatte sich auch keine Sorgen um seinen eigenen Körper wegen der Tiger und Löwen im Dschungel gemacht. Auch diese Identifikation hatte er überwunden. Doch an dieses Reh entwickelte er eine große Anhaftung.

Schließlich kam der Moment des Todes. Lange hatte er sich auf diesen Moment vorbereitet. Er hatte gelernt, in der Meditation seinen Geist vom Außen abzuziehen, sein *Prana* (Lebensenergie) im Herzen zu zentrieren, seinen Geist zum *Ajna* oder *Sahasrara Chakra* zu richten, innerlich ein Mantra zu wiederholen und so im Bewusstsein der Unendlichkeit den Körper zu verlassen. Jetzt vergaß er, dies zu tun. Stattdessen dachte er: Oh, was wird mit meinem Reh passieren? Wer wird sich um mein Reh kümmern? Mit letzter Kraftanstrengung rief er, allerdings vergeblich, nach dem Reh.

Da sein Geist so intensiv mit dem Gedanken an das Reh erfüllt war, inkarnierte er sich in seinem nächsten Leben als Reh. Da er allerdings ein großer Weiser gewesen war, behielt er die Erinnerung an sein früheres Leben. Er wusste, wer er eigentlich war und konnte das Bewusstsein der Einheit auch als Reh aufrechterhalten. Er hielt sich etwas abseits vom übrigen Rehrudel und wartete auf das Ende dieser Inkarnation. Für die nächste Inkarnation nahm er sich vor, dass ihm das nicht noch einmal passieren sollte. Er beschloss: „Ich werde mich an nichts und niemanden anhaften." Und er entschied sich, im nächsten Leben nicht zu sprechen. Er wuchs auf, wurde 5 Jahre, 10 Jahre und 15 Jahre alt, ohne jemals mit einem Menschen gesprochen zu haben. Alle nahmen an, dass er stumm war. Da er ohne Sprache kaum zu etwas zu gebrauchen war, nannten ihn seine Eltern „Jadabharata", also nutzloser Bharata. Damit er doch zu etwas nützlich sei, geboten sie ihm, als Vogelscheuche auf die Felder zu gehen und die Vögel davon abzuhalten, die gesäten Körner zu fressen. Wenn Jadabharata allerdings auf dem Feld stand oder saß, schaute er den Himmel an, wurde sich der Unendlichkeit bewusst und fiel in Ekstase, in *Samadhi*. Jadabharata konnte keinem Wesen böse sein. Wenn ihn jemand beschimpfte, lächelte er zurück. Er war die Liebe selbst, aber im täglichen Leben eben zu nichts zu gebrauchen. Nun bekam er also die Aufgabe, die Vögel zu vertreiben. Die Eltern gaben ihm Kleidung in grellen

Farben und Glöckchen und Schellen. Als Jadabharata die Vögel sah, spürte er ihren Hunger und verhielt sich ganz ruhig, damit die Vögel ihren Hunger mit den Körnern stillen konnten. Die Eltern hatten jetzt genug von ihm und verjagten ihn. So wurde Jadabharata zum bettelnden Landstreicher.

Eines Tages kam ein König die Straße entlang. Der König war auf dem Weg zu seinem Guru, um Einweihung zu bekommen. Da im alten Indien Könige nicht zu Fuß gingen, wurde der König in einer Sänfte getragen. Die Sänfte hatte vier Träger. Einer davon verstauchte sich einen Knöchel und die Sänfte musste abgesetzt werden. So kam die Frage auf, wie sie den König jetzt weiter tragen sollten. Der Hauptmann, der vor der Sänfte auf einem Pferd voran ritt, hielt Ausschau nach einem potenziellen Ersatz. Da sah er Jadabharata auf der Straße in die Richtung ihrer Sänfte entlang kommen. Der Hauptmann rief: „He du, komm mal her und trage die Sänfte für den König." Bharata sagte nichts und nickte einfach nur. So half er den anderen und der König wurde in seiner Sänfte wieder voran getragen. Als sie so entlang gingen, wurde die Sänfte plötzlich durchgeschüttelt und der König bekam eine Beule. Der König schimpfte und fragte den Hauptmann, was denn da los sei? Der Hauptmann antwortete: „Der neue Träger ist etwas ungeschickt!" Folgendes hatte sich ereignet: Bharata hatte auf der Straße eine Ameisenstraße gesehen. Gerade als er seinen Fuß darauf setzen wollte, bemerkte er sie. Um keine Ameise zu töten, machte er einen Satz nach vorne, was dann die Ursache für die Beule war. Der König befahl Jadabharata, gefälligst besser aufzupassen. So gingen sie weiter. Als nächstes sah Jadabharata eine große Schnecke. Er sah sie wieder sehr spät. So musste er wieder springen. Die Sänfte wurde wieder durchgerüttelt und der König bekam wieder eine Beule. Der König schimpfte wieder und befahl Jadabharata, doch aufzupassen. Sie gingen weiter. Als nächstes sah Bharata im letzten Moment eine Kröte, die sich tot stellte. So machte er wieder einen Satz, stolperte, die Sänfte wurde durchgerüttelt, der König bekam seine dritte Beule. Wutentbrannt sprang der König aus seiner Sänfte, zog sein Schwert und rief: „Wie kannst du es wagen, mich so zu missachten? Weißt du nicht, dass ich Herr bin über Leben und Tod? Wage es nicht, noch einmal so etwas zu machen." Nun öffnete Bharata zum ersten Mal in seinem Leben den Mund und sagte: „Oh großer König, du denkst, du bist Herr über Leben und Tod. Du könntest kein einziges Lebewesen selbst erschaffen. Du gehst, um eine Einweihung zu empfangen und du kannst doch noch nicht einmal deinen eigenen Geist beherrschen. Du kannst vielleicht diesen Körper töten, aber das Selbst kannst du nicht töten." Plötzlich durchzuckte es den König, er zitterte am ganzen Körper und erkannte, wie dumm er sich benahm. Er befand sich auf dem Weg, um die Erleuchtung zu erlangen. Einer seiner Sänftenträger besaß sie offensichtlich bereits und er war gerade dabei, ihm den Kopf abzuschlagen. Und anschließend wollte er die Selbstverwirklichung erreichen! Der König fiel Jadabharata zu Füßen und bat ihn um Unterweisung. Und Bharata unterwies ihn in der Wissenschaft von Brahman, dem Absoluten, und zog anschließend seines Weges. Der König erzählte anschließend die Geschichte von Jadabharata, und so ist sie an uns überliefert worden.

Die letzten Gedanken vor dem Tod

Die letzten Gedanken vor dem Tod sind also sehr wichtig.

Krishna sagt in der Bhagavad Gita[7]: „*Jeder, der beim Verlassen des Körpers an Gott (bzw. das Selbst) allein denkt, gelangt zur Stunde des Todes zum Höchsten Wesen. Darüber besteht kein Zweifel (BhG VIII 5). Jeder, der am Ende den Körper verlässt und an ein bestimmtes Wesen denkt, geht zu diesem Wesen, durch sein ständiges Denken an dieses Wesen (BhG VIII 6)*“.

Wer zur Befreiung, zur Selbstverwirklichung, zur Gottverwirklichung gelangen will, sollte zum Schluss an Gott denken, an das Unendliche, an das Ewige, an das Absolute. Das führt dazu, dass man danach in höhere Ebenen geht und vielleicht sogar ganz zur Befreiung kommt. Wenn man noch nicht ganz so weit war, kommt man im nächsten Leben relativ früh in Kontakt mit Yoga oder anderen spirituellen Praktiken. Vielleicht wächst man sogar in einer Familie auf, wo die Eltern Yoga praktizieren. So kann man relativ zügig seinen spirituellen Weg fortsetzen, egal ob es Yoga ist oder ein anderer Weg. Krishna sagt in der Bhagavad Gita über denjenigen, der im vorigen Leben spirituell an sich gearbeitet hat, aber am Ende des Lebens noch nicht die Vollkommenheit erreicht hat: „*Nachdem er (nach dem Tod) die Höheren Welten erreicht hat und sich dort lange aufgehalten hat, wird der, der die Vollkommenheit im Yoga noch nicht erreicht hat, in einem reinen und spirituell reichen Hause wiedergeboren werden (BhG VI 41). Oder er wird sogar in einer Familie weiser Yogis geboren. Wahrlich, eine solche Geburt ist in dieser Welt schwer zu erreichen (VI 42). Hier kommt er mit dem Wissen in Berührung, das er sich in seinem früheren Körper angeeignet hat, und strebt mehr als zuvor nach Vollkommenheit (VI 43). Eben wegen dieser früheren Praxis wird er sogar unwillkürlich weitergetragen. Der, der Yoga zu kennen wünscht, geht über rein intellektuelles Schriftenwissen hinaus (VI 44).*“

Wir sollten es uns also jetzt schon vornehmen, dass wir im Moment des Todes an Gott denken wollen.

Es gibt dabei eine gewisse Schwierigkeit: Im Moment des Todes hat man seine Gedanken nicht so unter Kontrolle, dass man bewusst an das denken kann, was man will. Vielmehr werden die Dinge an die Oberfläche des

---

7 Zum leichteren Verständnis erlaube ich mir in diesem Kapitel etwas freiere Übersetzungen der Bhagavad Gita Verse.

Geistes kommen, die einem in diesem Leben besonders wichtig gewesen sind oder die im Leben besonders stark gewesen sind.

Das ist einer der Gründe, weshalb viele große Meister anraten, jeden Tag mindestens 20 Minuten mit ein und derselben Meditationstechnik, vorzugsweise mit einem Mantra, zu meditieren. Auch im weiteren Verlauf des Tages sollte man das Mantra immer wieder wiederholen[8]. Wenn man jeden Tag so viele Minuten konzentriert und auch unbewusst an das Mantra denkt, wird der Gedanke an das Mantra zum stärksten Gedanken im Leben. Und dieser kommt dann im Moment des Todes ganz von selbst und verhilft zu einem angenehmen Tod und einem guten Übergang in höhere Ebenen des Seins.

Daher ist es auch wichtig, über viele Jahre bei der gleichen Meditationstechnik zu bleiben. Wenn man immer wieder die Meditationstechnik wechselt, ist keine Meditationstechnik im Unterbewusstsein stark verankert. Wenn man stirbt, sind dann andere Gedanken stärker. Wenn man aber über viele Jahre mit großer Hingabe jeden Tag meditiert hat, ist diese Meditation der stärkste Eindruck im Geist. Dann wird es im Moment des Todes leicht fallen, in Meditation zu gehen, selbst wenn man liegt, sogar wenn man einen Unfall hatte.

Als Gandhi erschossen wurde, waren seine letzten Worte: „He Ram." „He Ram" ist ein Ausdruck für Gott. Er starb mit einem verklärten Lächeln im Gesicht.

Daran erkennt man auch, dass konkrete Meditationstechniken, die einen auch emotional mit Gott verbinden, in diesem Kontext abstrakten Meditationstechniken überlegen sind. Man kann sehr leicht, auch in stark emotionalen Momenten von Angst und Entsetzen, seinen Geist zu Mantra und Gott bringen, wenn man das täglich in der Meditation gemacht hat und tagsüber immer wieder macht. In solchen Momenten den Geist bewusst von allem zu lösen, ist ausgesprochen schwer. Und so wird jemand, der hauptsächlich abstrakte Meditationstechniken übt, im Moment des Todes vermutlich mehr an irdische Dinge denken als jemand, der sich in der Meditation und am Tag immer wieder über ein Mantra oder Gebet mit Gott verbindet.

Es gibt einen einfachen Test, wenn man wissen will, ob man in der Meditation schon tief verankert ist. Man beobachte sich in Momenten, in denen man unvermutet einer Bedrohung ausgesetzt ist. Das können quietschende Autoreifen sein, ein Sturz vom Fahrrad, ein Ast, der von einem Baum neben einem herunterfällt, eine plötzliche Schimpftirade des Partners oder des Chefs, ein bedrohlicher Moment nachts auf der Straße oder im Wald.

8 Mehr Informationen über Mantras und ihre Anwendung findest du im Buch „Japa Yoga" von Swami Sivananda (Yoga Vidya Verlag) und „Meditation und Mantras" von Swami Vishnu-devananda (Sivananda Yoga Zentrum).

Woran denkt man in diesen Momenten? Kommt in diesen Momenten das Mantra oder ein Gebet ganz von selbst, dann ist man spirituell sicher verankert. Kommt kein solcher Gedanke, sollte man seine bisherige spirituelle Praxis etwas überdenken und eventuell neu ausrichten.

Man kann also sagen, dass ein spirituelles Leben nicht nur das Leben schöner, lebenswerter, sinnvoller macht, ja sogar die Lebenserwartung erhöht, sondern dass ein spirituelles Leben auch eine optimale Vorbereitung auf den Tod ist. Die Empfehlungen bzgl. Vorbereitung auf den Tod für diejenigen, die wissen, dass sie bald sterben werden, sind für jeden hilfreich und sind Grundlagen für ein gutes und erfülltes, liebevolles und verhaftungsarmes spirituelles Leben. Und die Empfehlungen für den Moment des Todes ähneln sehr stark den Empfehlungen für die Meditation.

Wie hilft man jemandem, der weiß, dass er bald sterben wird?

Ich möchte hier für diejenigen einige Tipps geben, die einen Menschen kennen, der todkrank ist oder weiß, dass er bald sterben wird. Zum Einen möchte ich empfehlen, eines der Bücher über Sterbebegleitung zu lesen, z.B. von Elisabeth Kübler-Ross[9]. Da findet man Tipps aus der Erfahrung der Sterbebegleitung von westlichen Menschen, die gut anwendbar sind.

Hier ein paar Hinweise vom yogischen Standpunkt aus:

Über den Tod sprechen: Es ist gut, mit dem Sterbenden über den Tod zu sprechen. Es ist Menschen, die wissen, dass sie bald sterben, ein großes Bedürfnis, darüber zu sprechen. Leider wollen die meisten Lebenden das nicht. Sie denken, den Sterbenden ist es unangenehm, darüber zu sprechen; man will ihn nicht daran erinnern. Also spricht man nicht darüber und wenn er anfängt, darüber zu sprechen, lenkt man ihn ab. Und der Sterbende hat das Gefühl, dass es dem Lebenden unangenehm ist, darüber zu sprechen. Er hat oft kein dringenderes Bedürfnis, als darüber zu sprechen, und dann kann er diesem Bedürfnis nicht Rechnung tragen. Früher war es einfach, dann haben die Menschen mit dem Pfarrer gesprochen, das war die selbstverständliche Ansprechperson. Ich weiß es auch von meiner Großmutter, die eigentlich keine religiöse Frau war, zumindest solange ich sie gekannt hatte. Aber während ihrer letzten beiden Jahre, wo es so aussah, als ob sie jederzeit sterben könnte, hat sie wieder regelmäßig mit dem Pfarrer gesprochen, insbesondere mit dem Krankenhauspfarrer. Sie hat so langsam mit dem Leben abschließen können und wieder eine Beziehung zu Gott aufgebaut. Wenn jemand ein bisschen gläubig ist, dann ist es durchaus gut zu ermutigen, mit dem Menschen über seinen Glauben zu sprechen. Wenn

9 Zum Beispiel: Elisabeth Kübler-Ross: „Erfülltes Leben - würdiges Sterben“, Gütersloher Verlagshaus 2004

es ein christlich gläubiger Mensch ist, kann man versuchen, den Pfarrer zu einem Haus- oder Krankenhausbesuch zu bitten. Wenn es für den Sterbenden okay ist, kann man mit ihm auch über Reinkarnation sprechen, vielleicht dieses Buch zu lesen geben oder vielleicht andere Bücher oder CDs MP3s über Reinkarnation und spirituelles Leben schenken.[10] Menschen sind ab dem Zeitpunkt, wo sie wissen, dass der Tod relativ nahe ist, meist sehr offen und empfänglich. Die Erfahrung habe ich mit Sterbenden gemacht und viele andere haben mir das auch erzählt. An eine Frau erinnere ich mich, die auch ein Yogazentrum geleitet hat. Ihr Vater war ihr Jahrzehnte lang böse gewesen, weil sie nicht das Lebensmittelgeschäft übernehmen wollte, welches seit Generationen im Familienbesitz war. Sie ist stattdessen in einen Yoga Ashram gegangen. Der Vater hat dann irgendwann Krebs bekommen. Sie blieb die Wochen vor seinem Tod bei ihm. Sie hat mit ihm viel über Tod und Reinkarnation gesprochen. Kurz vor seinem Tod hat er ihr gesagt: „Du hast das Richtige gemacht. Danke dir. Du hättest mir nie so helfen können, wenn du unser Geschäft übernommen hättest."

Da ist also oft eine Offenheit da, über Leben nach dem Tod zu sprechen, über Tod, spirituelle Fragen, religiöse Fragen zu sprechen. Natürlich sollte man das nicht mit einem fanatischen Einklang tun: „Jetzt musst du endlich an Gott denken, sonst kommst du in die niederen Astralebenen und wirst als Ameise wiedergeboren oder bekommst ganz schlechtes Karma." Ich hoffe, wer dieses Buch liest, macht das alles mit Einfühlsamkeit, mit Mitgefühl. Fanatismus ist glücklicherweise heute unüblicher als früher. In den 80er Jahren gab es eine gewisse Neigung zu einem Fanatismus, wenn man von etwas überzeugt war. Inzwischen ist es, mindestens in fernöstlich geprägten spirituellen Kreisen, üblich, dass man weiß, dass man mit Einfühlsamkeit vorgehen und niemandem etwas aufzwingen sollte. Es gibt Sterbende, die nicht über Tod und Gott sprechen wollen. Dann soll man diesen Wunsch respektieren. Man sollte nicht sagen, dass der Sterbende seine Widerstände überwinden müsste, innere Blockaden loslassen sollte, etc. Zur Würde des Sterbens gehört, dass man die Wünsche des Sterbenden achtet.

Lebensgeschichte anhören und nach dem Vermächtnis fragen: Um einer/einem Sterbenden zu helfen, mit sich ins Reine zu kommen und auch um von ihnen zu lernen, sollte man sie darum bitten, ihre Lebensgeschichte zu erzählen. Man kann das Gespräch so anfangen: „Liebe Mutti, ich weiß schon eine Menge aus deinem Leben. Aber ich würde gerne noch einmal von dir deine Lebensgeschichte hören, von Anfang an bis heute." Manchmal sprudelt es aus dem Menschen heraus. Diese Zeit ist wertvoller als die Stunde, die man ansonsten mit Putzen, Kochen etc. verbracht hätte. Wenn

10 Ein anderes geeignetes Buch ist z.B. „Das Tibetische Buch vom Leben und vom Sterben" von Sogyal Rinpoche, Frankfurt 2004

der/die Sterbende nicht so viel spricht, kann man auch fragen: „Was waren die Höhepunkte in deinem Leben? Was waren die Tiefpunkte? Was sind die wichtigsten Einsichten, die du an andere weitergeben willst? Wer waren die wichtigsten Menschen in deinem Leben?“

Den Nachlass regeln helfen: Damit jemand in Frieden gehen kann, ist die Regelung des Nachlasses von Bedeutung. Da sollte man keine falsche Scheu haben, danach zu fragen. Wenn nachher die Verwandten sich um die Hinterlassenschaft streiten, erschwert das der Seele die Reise durch die Höheren Welten. Zum Nachlass gehört das Erbe, gehören persönliche Gegenstände, aber auch Aufgaben, die der Sterbende weitergeben will und Weisheit, die er weitergeben will. Zum Nachlass gehört auch die Frage, was mit dem Körper geschehen soll, ob er beerdigt werden soll oder verbrannt, wie die Beerdigung und die Trauerfeier sein sollen, etc. Je zufriedenstellender das geregelt ist, umso friedvoller kann nachher der Tod sein. Natürlich sollte man auch hier einfühlsam sein und keinesfalls den Sterbenden bedrängen. Und im Zweifelsfall ist es besser, seinen Geschwistern, Mutter, Vater, Stiefmutter etc. etwas mehr vom Erbe zu überlassen und Frieden in der Familie zu haben, als Jahre mit Gerichtsprozessen zu verbringen.

Zur Versöhnung verhelfen: Es ist hilfreich zu fragen: „Gibt es jemanden, mit dem du dich gerne noch versöhnen willst, bevor du diese Erdebene verlässt?“ Wenn es möglich ist, kann man versuchen, den Betreffenden ausfindig zu machen und ein letztes Treffen zu arrangieren. Fast alle Menschen sind bereit, sich mit einem Sterbenden wieder zu versöhnen. Eventuell kann man mindestens zusammen beten und der Sterbende kann im Gebet um Vergebung bitten oder dem anderen vergeben.

Alles Gott anvertrauen: Dann gilt es Abschied zu nehmen, alles Gott anzuvertrauen. Dazu kann man dem Sterbenden verhelfen, dazu kann auch wieder ein Pfarrer oder spiritueller Mensch helfen.

Zu spirituellen Praktiken ermutigen: Gebet, Meditation, Lesen in Heiligen Schriften, Hören spiritueller Lieder, all das ist in den Tagen, Wochen und Monaten vor dem Tod wichtiger denn je und wichtiger als alles andere. Man wird oft erstaunt sein, wie viele Menschen für die eine oder andere spirituelle Praxis offen sind, wenn man sie freundlich und einfühlsam fragt und anleitet. Eventuell kann man auch seine eigenen spirituellen Praktiken an das Krankenbett verlegen. Eventuell kann man mit dem Sterbenden zusammen beten. Eventuell kann man sich bemühen, nochmals einen Kirchgang oder einen Besuch in einem Ashram zu arrangieren.

Nicht zu lange warten – als kleine Bemerkung am Rande: Wer jemanden hat, der ihm/ihr wertvoll ist und der vielleicht ein gewisses Alter hat, der sollte sich die Zeit nehmen, mit ihm oder ihr tiefer zu sprechen. Irgendwann kann es zu spät sein. Man sollte nicht warten, bis der alternde Mensch einen großen Teil seiner geistigen Fähigkeiten verloren hat. Es hilft sowohl dem Sterbenden als auch den Hinterbliebenen, wenn man das Gefühl hat, dass nichts versäumt wurde. Dann fällt das Loslassen viel leichter.

Wie kann man im Moment des Todes helfen?

Es gilt als ein großer Segen, wenn man einem Sterbenden beim Übergang in die andere Welt helfen kann. Man kann die Hand des Sterbenden halten. Wenn der Sterbende in der gleichen spirituellen Tradition ist, kann man zusammen ein Gebet wiederholen. Oder man kann für den Sterbenden ein Mantra rezitieren, ein Gebet rezitieren oder meditieren.

Als besonders geeignetes Mantra gilt das Maha Mrityunjaya Mantra:

om̐ tryambakam̐ yajāmahe sugandhim puṣhṭhivardanam I
urvārukamiva bandanān mṛityor mukṣhīya māmṛitāt II

Dieses Mantra gibt den Kranken Heilung, schützt vor Unfällen und ruft göttlichen Beistand für alle Reisen an. Der Tod gilt als besonders wichtige Reise. So ruft man mit diesem Mantra göttliche Führung für die Reise in die subtileren Welten an.

Wer das Mantra noch nicht kennt, kann es sich im Internet anhören (www.blog.yoga-vidya.de).

Man kann sich dabei vorstellen, dass Lichtenergie durch einen selbst zu dem Sterbenden hin fließt. Man kann innerlich Gott darum bitten, sich um die Seele zu kümmern. Man kann die Seele ganz Gott anvertrauen.

Wenn die Umstände es erlauben, wäre es gut, auch nach dem physischen Tod ein paar Minuten weiter Mantras zu wiederholen, zu meditieren, Gebete zu sprechen, ein Todesritual zu zelebrieren, z.B. ein Arati.

Einige Menschen haben mir berichtet, wie großartig die Lichterfahrung war, wenn sie auf diese Weise dabei waren, wie eine Seele den Übergang von der physischen in die höheren Welten machte. Ein solcher Tod kann etwas Freudevolles haben, in jedem Fall etwas Würdevolles, Tiefes.

Besonders erhebend war z.B. ein Fall, wo ein Krebskranker in einem Yoga-Ashram gestorben ist. Da ein Arzt den Todeszeitpunkt vorher angekündigt hatte, saßen alle um den Sterbenden herum und sangen das *om tryambakam*. Es entstand eine sehr machtvolle Schwingung, die von vielen als großes Licht wahrgenommen wurde. Im Moment des Todes wurde das Licht oberhalb des Körpers sehr stark, einige Anwesenden konnten sehen, wie die Seele den Körper als strahlendes Licht verließ, nochmals segnend lächelte und dann nach oben verschwand.

Manchmal kommt der Tod etwas unvermuteter. Manchmal hat man es versäumt oder es war nicht möglich, den Sterbenden in den Wochen oder Monaten vor dem Tod zu begleiten und beim Sterben dabei zu sein.

Die meisten setzen sich mit dem Tod erst auseinander, wenn er schon eingetroffen ist. Auch dann kann man dem Sterbenden helfen. Das werde ich unten im Kapitel über „Bhur Loka" genauer beschreiben.

Lokas: Ebenen, durch welche die Seele zwischen zwei Geburten reist

Wenn der physische Körper verlassen ist, geht die Seele durch verschiedene feinstoffliche Welten.

Es gibt in den indischen Schriften verschiedene Einteilungen. Es gibt die Einteilung in 7 Ebenen, in 14 Ebenen oder in 3 Ebenen. Ich will mich jetzt mit 3 Ebenen begnügen. Bhur Loka, Bhuvah Loka und Svah Loka. Wen die Einteilung in mehr Ebenen interessiert, kann Näheres dazu in dem Buch von Swami Sivananda „What becomes of the soul after death" finden.

Bhur Loka ist die erdgebundene Astralebene, die erdnahe Astralebene. Zweitens gibt es Bhuvah Loka, die höhere Astralebene. Drittens gibt es Svah Loka jenseits der Astralebene, das entspricht der Kausalebene. Im Gayatri Mantra: „om bhur bhuvah svah tat savitur varenyam bhargo devasya dimahi diyo yo nah prachodayat" werden auch die 3 Ebenen Bhur, Bhuvah, Svah gesungen. Bhur ist sowohl die Erdebene, die physische Ebene, aber auch die erdnahe Astralebene. Bhuvah Loka ist die mittlere und höhere Astralebene, Svah Loka die Kausalebene.

Bhur Loka

Im Moment des Todes verlässt die Seele mit dem Astral- und dem Kausalkörper den physischen Körper und geht ein in Bhur Loka. Beim Übergang sieht der Sterbende oft wie in einem Zeitraffer noch einmal sein ganzes Leben Revue passieren. Er weiß, was er alles erlebt hat, was seine Aufgaben waren, wo er diese gut bewältigt hat und wo weniger gut. Das ist wie das „Jüngste Gericht", von dem in der Bibel berichtet wird. Dann verlässt die Seele den physischen Körper und sieht alles, was auf der physischen Ebene geschieht, von oben. Dieser Zustand wird Bhur Loka genannt.

In Bhur Loka hat der Mensch zwar den physischen Körper verloren, aber er nimmt noch alles wahr, was es auf der physischen Ebene gibt, d.h. er sieht die Menschen, die dort sind, er hört, was sie sprechen, er spürt vielleicht die Liebe, die Energie, die Gedanken, die Menschen ausstrahlen. Aber er kann keine telepathischen Gedanken lesen und ist angewiesen auf physische Kommunikation, also dass man mit ihm oder ihr spricht. Und so wird empfohlen, wenn ein Mensch gestorben ist, zu dem man eine enge Beziehung hatte, dass man mit ihm nochmals laut spricht, insbesondere wenn man nicht die Möglichkeit hatte, sich vorher intensiv mit ihm zu unterhalten.

Wenn möglich, ist es gut, mit dem physischen Körper, der jetzt tot ist, allein zu sein. Früher gab es die Nachtwache und es war sogar so, dass diese abwechselnd war, dass jeder aus der Familie ein paar Stunden mit dem Verstorbenen allein war. Wenn man das kann, ist das ein Geschenk. Rechtlich ist es so, dass man das Recht hat, den Toten einen Tag lang bei sich zu behalten oder aus dem Krankenhaus nach Hause zu bringen und ihn zu Hause im Wohnzimmer oder wo auch immer, aufzubahren. Das wissen die wenigsten, aber es ist ein gesetzlich verbrieftes Recht. Es ist nicht nötig, dass der Tote aus dem Krankenhauszimmer sofort in die Kühlkammer geschoben wird und dort bis zur Beerdigung bleibt. Das ist natürlich für die Ärzte leichter. Für Ärzte ist der Tod, interessanterweise „Exitus“ genannt, also Ausgang, eine Niederlage, und die will man schnell aus den Augen haben. Gut ist es, wenn man eben die Möglichkeit hat, mit dem Verstorbenen noch allein zu sein. Manche Krankenhäuser erlauben es auch, dass das Krankenzimmer noch einen Tag reserviert bleibt oder der Tote in ein leeres Zimmer gebracht wird, dann braucht man ihn nicht nach Hause zu transportieren.

Wenn man dann mit der Leiche allein sein kann, ist es gut, zu dem Verstorbenen zu sprechen. Man kann z. B. so anfangen: „Du, wenn du mich verstehst, dann möchte ich dir noch Folgendes sagen…“ Dann kann man sich verabschieden. Nochmals dankbar sein für das, was man zusammen erlebt hat. Man kann darüber sprechen, was einem vielleicht leid tut, man kann sagen, dass man dem Toten vergibt, wenn er einen vielleicht verletzt hat oder etwas anderes getan hat, worüber man ärgerlich war. Meistens fällt Vergebung leicht, wenn der andere gestorben ist. Dann kann man das auch von Herzen ausdrücken. Wenn man das Gefühl hat, selbst etwas falsch gemacht zu haben, kann man ausdrücken, dass es einen reut und um Verzeihung bitten. Und dann kann man auch darüber sprechen, was jetzt mit dem Menschen geschieht. Zum Beispiel: „Du, ich habe einmal ein Buch über Reinkarnation gelesen, ich war bei einem Vortrag über Reinkarnation dabei; ich habe mich länger mit Reinkarnation beschäftigt. Nach dem, was ich da gelesen bzw. gehört habe, geschieht jetzt Folgendes…“ Das kann man dann ausbauen. Und weiter: „Ich habe gehört, dass es gut wäre, wenn Du jetzt an Gott denkst oder einen Namen Gottes oder ein heiliges Gedicht oder Gebet sprichst, so dass du nachher in höhere Ebenen gehst.

Es wäre gut, wenn du jetzt nicht versuchst, auf der physischen Ebene noch etwas zu regeln oder mit anderen Menschen Kontakt aufzunehmen. Ich weiß, dass Tante So-und-So trauert und so weiter. Ich möchte dich bitten, dass du dich darum weniger kümmerst, ich werde mich um die Menschen kümmern. Deine Aufgabe ist jetzt eine andere: Sobald du siehst, dass sich ein Lichtkanal öffnet, lass dich von den Lichtwesen in die höhere Ebene führen.“ So oder ähnlich kann man sprechen. Im schlimmsten Fall hört der Verstorbene nichts und man hat wenigstens etwas mehr Frieden in seine eigene Seele gebracht. Wahrscheinlich ist, dass er oder sie es mitkriegt und dass es für ihn/sie etwas sehr Wertvolles ist. Bei den Tibetern wird die Tage nach dem Tod dem Verstorbenen das ganze tibetanische Totenbuch vorgelesen. Obgleich die Menschen sich schon vorher damit beschäftigt haben, wird nach dem Tod das ganze Totenbuch vorgelesen. Dort wird alles erzählt, was im Moment des Todes geschieht, durch welche Zwischenstadien sie vielleicht hindurch gehen und wie sie dort durch gehen. Die Vorstellung ist dabei, dass die Menschen dann bis zum Nirwana geführt werden können.

Auch in unseren Breiten sind Totenmesse, Gebet für die Toten und kirchliche Bestattung üblich. Auch das hilft der verstorbenen Seele.

Weniger geeignet ist, dass man sich ganz in der Trauer um den Toten verliert. Gerade Menschen, die sich vorher nicht mit Tod beschäftigt haben und einen plötzlichen Tod hatten, werden von den trauernden Angehörigen dazu gebracht, zu versuchen, mit ihnen Kontakt aufzunehmen. Die Seele des Verstorbenen versucht dann, die Hinterbliebenen irgendwie zu trösten und gibt dafür viel Energie aus. Dann verpasst sie vielleicht den geeigneten Moment, in die höheren Ebenen aufzusteigen und bleibt dann länger auf Bhur Loka verhaftet. Es ist kein dauerhafter Schaden, aber eben eine Verzögerung der weiteren Reise. Viele Menschen, die ein bisschen sensibel sind, können spüren, dass sie die Tage nach dem physischen Tod tatsächlich die Seele sehr nahe spüren, manche sehen sie sogar.

In manchen Fällen ist es so, dass man mit dem Verstorbenen nicht allein sein kann. Man sollte da durchaus die Wünsche der engsten Angehörigen achten und nicht deswegen mit ihnen einen Streit beginnen. Falls man nicht mit der Leiche allein sein kann, kann man Folgendes tun: Gehe an einen ruhigen Ort, vielleicht deinen Meditationsraum. Du kannst dort eine Kerze anzünden, vielleicht auch ein Räucherstäbchen, wenn du willst. Stelle ein Foto des Verstorbenen auf. Denke dann an den Verstorbenen. Dann kannst du anfangen, mit ihm zu sprechen. Auf Bhur Loka gibt es keine Grenze von Raum. Die Seele spürt, „Da denkt jemand an mich. Und dieser jemand denkt vor allem mit liebevollen und nicht mit schmerzerfüllten Gedanken an mich.“ Die Seele wird davon angezogen, kommt dorthin.

Dann kann man das Gleiche machen, wie ich vorher beschrieben habe, was man bei der Totenwache machen kann: Man kann mit ihm sprechen. Und danach mindestens 108 Mal das *om tryambakam Mantra* oder ein Gebet wiederholen. Ich kenne eine Reihe von Menschen, die gespürt haben, dass ein entfernter Angehöriger gestorben ist, obgleich sie in den letzten paar Jahren nichts miteinander zu tun hatten. Erst später haben sie von seinem Tod gehört. Die Verstorbenen suchen den Angehörigen, der eine lichtvolle Ausstrahlung hat, denn sie wissen, dass sie für die nächste Ebene Licht und Kraft brauchen. So heißt es, wenn einer in der Familie den spirituellen Weg geht und regelmäßig meditiert, profitieren alle Verwandten und Freunde davon. In der jüdischen Tradition heißt es, dass von einem Gottesfürchtigen sieben Generationen der Familie in die Vergangenheit und die Zukunft profitieren. So haben spirituelle Menschen eine besondere Funktion oder Aufgabe, den Verstorbenen im Moment des Todes oder in den Tagen danach besonders zu helfen.

In Indien war es üblich, dass nach dem Tod anschließend eine Art Trauerzeit beginnt, die nicht wirklich nur eine Trauerzeit war. Einer der Verwandten, typischerweise der älteste Sohn, machte sich 7 Tage von allen Verpflichtungen frei. Er hatte die Hauptaufgabe, Rituale für den Verstorbenen auszuführen, zu meditieren und ihm oder ihr Licht zu schicken.

Das ist durchaus empfehlenswert, so dem Verstorbenen diesen letzten Liebesdienst zu erweisen.

Man sollte nicht zu viel Zeit mit dem Aussuchen des Sarges und der Blumengestecke verbringen. Versuche, die anderen Verwandten sich damit beschäftigen zu lassen. Es lenkt sie etwas ab, was für viele Menschen gut ist. Die Hauptaufgabe eines spirituellen Menschen nach dem Tod eines Angehörigen ist, viel zu meditieren, viel *om tryambakam* oder Gebete für den Toten zu sprechen, Licht zu schicken, um so dem Menschen Energie zu geben. Eines muss man allerdings dabei wissen: Der Verstorbene wird einem dabei auch Energie nehmen. Ich habe das immer wieder erlebt, dass die Zurückgebliebenen, insbesondere die spirituellen, obgleich sie meistens nicht so viel Trauer empfinden, weil sie die Nähe des Verstorbenen spüren, nachher merken, dass sie nach einer Weile irgendwie ausgelaugt, ausgesaugt sind und etwa eine Woche später keine Lust mehr haben, zu meditieren, dass sie zwei Stunden länger schlafen wollen, Schokolade, Kuchen, mehr Süßigkeiten essen wollen. Alles Dinge, die passieren, wenn der Energielevel sinkt. Mein Ratschlag ist, dass man dann erstens erkennt, dass dem so ist, zweitens tatsächlich mehr schläft als vorher und drittens aber mit Unterscheidungskraft mehr meditiert und insbesondere Pranayama übt. Die ersten Tage nach dem Tod ist nicht das Pranayama wichtig, sondern da sind Meditation, Mantrasingen, Licht, Gedanken und Gespräche wichtig. Wenn etwa drei bis sieben Tage vorbei sind, ist das Pranayama, die Atemübungen, das, was einen wieder auflädt, besonders wichtig. Man sollte nicht geizig mit seinen Energien sein, sondern sie freimütig dem Verstorbenen schicken. Diesen Dienst, seine eigene Energie dem Verstorbenen zur Verfügung zu stellen, kann man ruhig machen. Als Yogaschüler kennt man Praktiken, um sich wieder aufzuladen.

Wenn der Verstorbene selbst ein spiritueller Mensch war, kann man auch die entgegengesetzte Erfahrung machen: Man fühlt sich aufgeladen, beschwingt, fröhlich, die Meditation bekommt eine neue Tiefe. Der Verstorbene versucht, einen vom Normalbewusstseinszustand in eine höhere Ebene des Bewusstseins zu ziehen. Wenn man sich dabei so in Liebe geborgen fühlt, muss man nur aufpassen, dass man in Gegenwart anderer ein ernstes Gesicht macht. Andere Hinterbliebene, die nicht so offen für die Liebesenergie des Verstorbenen sind, fühlen sich gekränkt und gestört, wenn ein naher Angehöriger ein Gesicht voll Freude hat.

Oftmals heißt es von großen Yogameistern, dass sie, wenn sie ihren physischen Körper verlassen haben, nochmals ihren Schülern erscheinen. Das ist z.B. einer der Gründe, warum in Indien das Christentum keine übermäßigen Konvertiten hat. Wenn die Missionare den Leuten erzählt haben, Jesus sei seinen Jüngern nach drei Tagen erschienen, haben diese geantwortet: „Gut, das hat Krishna auch gemacht und Ramakrishna auch, genauso wie Vishvamitra oder Vasistha." In Indien ist es eine Tradition, dass der Meister, wenn er die physische Ebene verlässt, seinen Schülern nochmals erscheint. Deswegen hatten die Inder auch kein Problem damit, Jesus einfach in den großen Kreis der Heiligen und Weisen einzureihen. Sie glaubten wirklich daran, dass er aufgrund seines Verhaltens entweder Inkarnation Gottes, Avatar oder ein selbstverwirklichter Meister war, was zur Folge hatte, dass niemand konvertierte. Wenn man allerdings nicht selbstverwirklicht ist, sollte man sich nach dem Tod möglichst schnell darum bemühen, in höhere Ebenen aufzusteigen. Es ist dann nicht so gut, auf der physischen Eben zu erscheinen. Gerade denjenigen, die am meisten trauern, fällt es am schwersten, sich zu zeigen, denn ihr Astralkörper ist so eingeschrumpft und sie sind so traurig, dass keine Offenheit für irgendetwas mehr besteht. Sie wollen zwar die Seele sehen, sie wünschen es sich, sie beten dafür, aber die Trauer zieht sie zusammen.

Pretas (erdgebundene Seelen)

Jetzt möchte ich ein paar Worte zu erdgebundenen Geistern, auf Sanskrit „Pretas" genannt, sagen.

In manchen Fällen verweilt der Mensch länger als drei Tage in Bhur Loka. Dann kann er zum erdgebundenen Geist, zum Preta, werden. Dazu müssen zwei Dinge zusammen kommen: Das Eine ist ein plötzlicher Tod wie Unfall, Krieg, Mord oder Selbstmord. Das Zweite ist eine starke Verhaftung an etwas auf der physischen Ebene. Gerade bei einem plötzlichen Tod kann es sein, dass der Mensch gar nicht merkt, dass er gestorben ist. Er hatte gar keine Zeit, sich vorzubereiten. Er hatte keine Zeit gehabt, die Energien zu sammeln und dann kann es sogar so sein, dass im Moment des physischen Todes auch die Seele betäubt ist, ohnmächtig ist, und die Seele dann ein, zwei oder drei Tage später irgendwo aufwacht. Angenommen, jemand namens Peter fährt mit dem Auto mit 100 km/h über die Landstraße. Plötzlich kommt ihm ein anderes Auto auf der falschen Straßenseite mit 180 km/h entgegen. Es kommt zum Frontalzusammenstoß, beide Fahrer sind sofort tot. Schon vor dem eigentlichen Tod schaltet sich der Geist ab. Denn das kann er nicht ertragen, diese Gewissheit des Todes. Dann wacht Peter ein paar Tage später irgendwo in einem Feld auf. Peter erinnert sich nur dumpf, dass er irgendwo über die Straße gefahren war und plötzlich ein Auto aufgetaucht ist. Peter weiß nicht, wie er jetzt hier aufs Feld gekommen ist. Er geht weiter, findet eine Straße. Es kommt ein Auto vorbei. Peter streckt den Daumen aus. Der Autofahrer macht keine Anstalten, stehen zu bleiben. Peter gestikuliert wild mit den Armen, auch der nächste Autofahrer bleibt nicht stehen. Peter geht die Straße entlang, kommt an eine Tankstelle. Er spricht dort einen Menschen an. Dieser missachtet ihn vollständig. Peter will in die Tankstelle hineingehen, greift zur Türklinke und greift durch die Türklinke hindurch. Vor lauter Verzweiflung wirft er sich gegen die Tür – und stürzt durch die Tür durch, findet sich im Inneren des Raumes wieder. So wird die Erfahrung beschrieben von Menschen, die einen plötzlichen Tod haben und zum erdgebundenen Geist werden.

Heutzutage gibt es eine ganze Reihe von Kinofilmen, die so etwas beschreiben. Das ist durchaus gut. Wenn jemand eine Erfahrung wie oben macht, denkt er vielleicht als Erstes, dass er träumt. Als Zweites zieht er in Erwägung, dass er durchgedreht ist. Irgendwann wird er sich an diese Filme erinnern wie „Ghost-Nachricht von Sam" und überlegen, dass er vielleicht gestorben ist. Wenn du mal eine solche Erfahrung machst, ziehe es in Betracht, dass du gestorben sein könntest... Dann mache das Gleiche, was du machen würdest, wenn du noch im physischen Körper wärst und wüsstest, du stirbst gleich: Wiederhole ein Mantra, vorzugsweise dein persönliches Mantra oder auch ein Gebet. Denke an Gott oder an deinen Meister oder die kosmische Energie, universelles Licht. Dann kann es entweder passieren, dass du aus dem Traum oder Koma aufwachst und spirituell inspiriert bist. Oder es kann passieren, dass du plötzlich Lichtwesen siehst, welche dich in eine höhere Ebene führen – so hast du also einen guten Übergang in eine höhere Welt. Für jemand, der sein Leben mit spirituellen Praktiken verbracht hat und keine zu starken Verhaftungen hat, ist auch ein plötzlicher Tod kein Problem. Er geht damit um wie mit einem „normalen“ Tod. Und da der plötzliche Tod jederzeit auftreten kann, solltest du jederzeit darauf vorbereitet sein, diese Welt zu verlassen.

Du kannst dich fragen: Angenommen, dein Leben wäre in ein paar Minuten zu Ende: Wärst du bereit, diese Welt zu verlassen? Könntest du alles, was hier auf der Erde ist, loslassen? Könntest du alles Gott anvertrauen? Das ist eine gute geistige Übung: Dir immer wieder bewusst zu machen, dass du die nächste Stunde eventuell nicht erleben wirst. Der physische Körper ist wie eine Leihgabe mit ungewisser Mietdauer: Er kann dir jederzeit wieder genommen werden.

Wenn aber jemand ohne spirituelles Verständnis und mit starker Verhaftung an etwas in dieser physischen Welt stirbt, kann es passieren, dass er längere Zeit auf dieser erdgebundenen Ebene, Bhur Loka, verharrt.

Insbesondere ist das häufig bei Suizid: Jemand, der sein physisches Leben vorzeitig beendet, also Selbstmord begeht, hat im Normalfall sein Karma auf dieser physischen Ebene noch nicht ganz abgeschlossen. Deshalb wird er mindestens so lange erdgebunden sein, bis das physische Leben auf natürliche Weise zu Ende gekommen wäre. Erst dann öffnet sich der Lichtkanal zur höheren Ebene. Selbstmord ist daher keine Lösung von Problemen: Man bleibt eine Weile erdgebundener Geist. Dies ist keine schöne Erfahrung. Und man wird im nächsten Leben so geboren, dass man mit der gleichen Problematik konfrontiert wird, der man im vorigen Leben ausgewichen ist.

Was geschieht also nach dem plötzlichen Tod weiter?

Wenn es Menschen, die einen plötzlichen Tod hatten, nicht gelingt, ihre Energien zu sammeln und sich von dem zu lösen, was man unbedingt noch auf der Erdebene machen wollte, können sie längere Zeit in dieser Bhur Loka verweilen.

Diejenigen, die auf Bhur Loka längere Zeit bleiben, werden als erdgebundene Geister bezeichnet, auf Sanskrit „Pretas“ genannt. Und es heißt, dass diese Ebene keine schöne ist. Die Seele, der Preta, hat weiter alle Wünsche, die sie vorher auf der physischen Ebene hatte. Nur der physische Körper ist weggefallen. Die Persönlichkeit bleibt, das Unterbewusstsein bleibt, Wünsche bleiben, Ängste bleiben. All das bleibt, nur der physische Körper ist weg. Es kann sein, dass man etwas Bestimmtes essen oder trinken will. Aber ohne physischen Körper geht das nicht. Er will mit jemandem sprechen, niemand ist da. Er will Dinge ändern und kann es nicht.

In der griechischen Mythologie findet man mehrere Mythen, welche diese Erfahrungen von Pretas versinnbildlichen. Ich will hier zwei herausgreifen, die Tantalusqualen und die Sisyphusarbeit. Tantalus und Sisyphus hatten sich beide in ihrem physischen Leben falsch verhalten. Nach ihrem Tod mussten sie deshalb leiden und zwar folgendermaßen: Tantalus stand in einem See, über dem wunderbare Obstbäume standen. Wenn Tantalus Hunger hatte und die Hand nach dem Obst ausstreckte, gingen die Zweige nach oben. Wenn er Durst hatte und sich zum Wasser hinbeugte, versiegte das Wasser. Die Tantalusqualen symbolisieren eine Art des Leidens auf Bhur Loka: Die Wünsche sind da, aber keine Möglichkeit, sie zu befriedigen.

Sisyphus sollte einen Stein einen Berg hochschieben. Wenn er den Stein fast hochgerollt hatte, entglitt ihm der Stein und rollte wieder den ganzen Berg nach unten. Das symbolisiert die zweite Art von Leiden für Pretas: Sie würden gerne etwas tun, gerne etwas bewirken, sie können es aber nicht. Die dritte Art von Leiden ist, wie oben erwähnt, die Unfähigkeit, mit jemand anderem zu kommunizieren.

Die Zeit als Preta auf Bhur Loka ist eine große Lernlektion für die Seele: Sie wird sich ihrer Wünsche, Neigungen, etc. bewusst. Sie merkt, was ihr wichtig ist. Sie merkt ihre Abhängigkeiten vom Äußeren und wird sich bewusst, dass ihr Leben im Hamsterrad von Wünschen, Handlungstendenzen, Abhängigkeiten stand. Zwar ist auf der einen Seite die Erfahrung des Pretas großes Leid, auf der anderen Seite große Bewusstwerdung und Lernprozess. Irgendwann öffnet sich wieder dieser Lichttunnel, diese Jakobsleiter. Die Seele ist bereit, in die nächste Ebene, in Bhuvah Loka, aufzusteigen. Bis das geschieht, können Wochen, Monate, Jahre, Jahrzehnte, ja sogar Jahrhunderte vergehen.

In manchen Fällen gelingt es dem Preta, auf der physischen Ebene doch aktiv zu werden. Ich will hier ein paar Beispiele herausgreifen:

Benutzung des Körpers von Süchtigen: Bei Drogenabhängigen kann die Sucht den Tod überleben. Viele Süchtige sind deshalb abhängig, weil sie ihre eigenen Emotionen nicht aushalten können, mit ihren Gefühlen nicht umgehen können. Die Erfahrung nach dem Tod könnte dann wie eine Hölle werden: Starker Alkoholismus, Heroin, Kokainabhängigkeit, das wäre nicht mit dem physischen Tod zu Ende. …

- Kleine Zwischenbemerkung: Natürlich muss ich hier nochmals betonen: Wenn ich hier jetzt so bestimmt darüber schreibe, heißt das nicht, dass ich das selbst 100% sicher weiß. Ich gebe das wieder, was mein Meister Swami Vishnudevananda in seinen Vorträgen erzählt hat, was in den indischen Schriften steht, in Swami Sivanandas Büchern, sowie auch das, was in verschiedenen Kulturen wie auch von Channel-Medien darüber erzählt wird. Der „rhetorischen Einfachheit" halber tue ich jetzt so, als ob es so wäre. Nach dieser Zwischenbemerkung zurück zum eigentlichen Thema:

... Nach dieser Theorie gilt: Dem Drogenabhängigen oder Alkoholiker fehlt in Bhur Loka der physische Stoff. Die körperliche Abhängigkeit ist natürlich schnell verschwunden – es gibt ja keinen Körper mehr. Daher sind natürlich die Entzugserscheinungen erheblich schwächer als im physischen Körper. Aber die Seele kann sich von der psychischen Abhängigkeit nicht so leicht lösen. Eine Weile fühlt der Verstorbene sich wie unter Entzug. Oder Die Seele sucht eine andere Möglichkeit, ihre Gier zu befriedigen. Eine solche Möglichkeit wäre, einen anderen physischen Körper zu nutzen. Es gibt Berichte von Hellsichtigen, die besagen, dass die Pretas sich auf diejenigen stürzen, die sich gerade betrinken oder einen Schuss setzen. Über den Körper des Süchtigen können die Pretas noch einmal diese Erfahrung des Rausches, der Betäubung, der Bewusstseinsveränderung machen. Swami Vishnu meinte, das sei ein wichtiger Grund, sich niemals zu betrinken, niemals Drogen zu nehmen oder mindestens sofort damit aufzuhören. Durch Alkohol, Marihuana, Haschisch, Heroin etc. wird die bewusste Kontrolle vermindert. So können einige dieser sehr traurigen Astralwesen in den Körper des Süchtigen hineingehen. Ich kannte eine kanadische Hellseherin, die diese Astralwesen sieht. Sie macht immer einen großen Bogen, wenn irgendwo eine Bar ist, wo Menschen sich betrinken oder wo eine Gegend ist, wo Menschen Drogen nehmen. Sie sagte mir, dass sie den Anblick dieser Astralwesen nicht ertragen könne. Am schlimmsten sei es, wenn sie sehen würde, wie diese grauen Pretas sich gierig auf die Lebenden stürzen, um über deren Körper Rauscherfahrung zu machen und wie sie sich zum Teil gegenseitig wegdrängen würden... Was da dran ist, kann ich nicht beurteilen, auch wenn ich durchaus selbst schon ähnliche Wahrnehmungen gehabt habe.

Träume und Ahnungen: Manchen Pretas gelingt es, sich über Träume bemerkbar zu machen. Manche Menschen fühlen die Gegenwart von Geistern als Schauder, als Kälte oder als Berührung. Manche können sogar Pretas sehen, sie spüren.

Poltergeist- und andere parapsychologische Phänomene: Manchen Pretas gelingt es, Gegenstände zu bewegen. Das führt dann zu den sogenannten Poltergeistphänomenen. Gerade in England gibt es umfangreiche Forschungen über Poltergeistphänomene in alten Schlössern. In den 1980er Jahren gab es umfangreiche Forschungsarbeiten über Stimmen Verstorbener auf Tonbändern, Telefonaufzeichnungen, eigenartige Geisterphänomene auf Videobändern oder im Fernsehrauschen während der sendungsfreien Zeit.

Channel-Medien: Manche Pretas können sich über Channelling-Medien und Hellseher manifestieren. Manche Channel-Medien versetzen sich in Trance, und dann spricht eine andere Stimme durch sie. Ich kenne einige Menschen, die mir erzählt haben, dass das Medium fast mit der Stimme des Großvaters gesprochen habe. Manche können sich nach der Trance gar nicht daran erinnern, was sie erzählt haben. Manche bleiben dabei voll bewusst. Es mag auch einige Betrüger unter den Channel-Medien geben. Viele sind jedoch mindestens subjektiv davon überzeugt, Stimmen von Verstorbenen zu hören und zu kommunizieren.

Allerdings: Die Schriften (und daher auch die meisten Yoga Meister) warnen davor, mit Pretas in Kommunikation zu treten, insbesondere von ihnen Ratschläge anzunehmen. Pretas sind per definitionem weniger fortgeschrittene Wesen. Sie können Einem deshalb auch nicht wirklich gut raten. Durch ihren Aufenthalt in der Feinstoffebene und weil es für sie keine physischen Grenzen und Wände gibt, haben sie Zugang zu manchem Wissen, das der Sterbliche nicht hat. Ihr Wissen und insbesondere ihre Weisheit sind dennoch sehr beschränkt. Die Pretas können dabei auch schwindeln, um Aufmerksamkeit zu bekommen. Sie wollen ja mit den Verkörperten kommunizieren, etwas bewirken. Von Bhur Loka aus können sie wenig bewirken. So ist Ohnmacht eine der vorherrschenden Erfahrungen auf der Bhur Loka Ebene. Sie brauchen etwas, um die physische Welt zu beeinflussen. Daher wird ein Preta, der sich durch ein Channel-Medium manifestiert, nicht sagen: „Hallo, ich bin der Bauer Walter Kunz aus Güllesheim[11], der auf der Autobahn kurz vor dem Gut Hoffnungstal umgekommen ist. Mir ist es jetzt ein bisschen langweilig. Ich würde mich gerne mal mit jemandem unterhalten.“ Für so etwas bezahlt man keine 100 € die Stunde. Da ist es schon besser, der Preta sagt: „Ich bin dein Schutzengel seit 26 Generationen. Seit dieser Zeit begleite ich dich. Mir hast du alle wichtigen Hilfestellungen in deinem Leben zu verdanken. Jetzt will ich dir über diesen Weg hier helfen. Folgendes solltest du wissen … Folgendes solltest du tun…“ So kann Bauer Walter Kunz aus Güllesheim wieder Einfluss nehmen auf die physische Welt, indem er nämlich vorgibt, jemand anderes zu sein. Für seinen Schutzengel wird ein Mensch eher bereit sein, viel Geld für Channeling-Sitzungen auszugeben. Wenn dir also jemand etwas aus deiner Vergangenheit richtig sagt (oder deine gegenwärtige Situation wirklich gut beschreibt), heißt das noch lange nicht, dass er dein Schutzengel ist, selbst wenn er das behauptet. Pretas können also andere Formen, Gestalten und Namen annehmen und sich sogar als Schutzengel ausgeben. Man muss sich bewusst sein: Wenn man zu einem Channel-Medium geht und es spricht jemand durch dieses Medium und behauptet, der eigene Großvater zu sein, dann muss das nicht der Großvater sein, auch wenn er viele Details aus dem Leben des Großvaters kennt. Es kann jemand ganz anderes sein, der nur diese Details kennt

11 Güllesheim ist ein kleines Dorf in der Nähe des Hauses Yoga Vidya Westerwald, wo ich die Vorträge gehalten habe, aus denen dieses Buch entstanden ist.

Viele Hellseher, auch solche, die keine Channeling Sitzungen durchführen, nutzen die „Dienste“ eines „Spirit Guide“, Geisterführers, um so dem Klienten zu raten, seine Vergangenheit zu kennen, die Zukunft vorherzusagen, Ratschläge zu geben. „Spirit Guides“ sind oft erdgebundene Geister, die sich als höher entwickelt ausgeben.

So kann man zwei Arten von Problemen bekommen, wenn man zu eine/r/m Hellseher/in geht: Zum Einen kann man auf verschiedenen Ebenen angeschwindelt werden, zum Anderen können Pretas einem Prana, Lebensenergie, abziehen.

Es gibt sicherlich auch Medien/Hellseher, die sehr wohl unterscheiden können zwischen Pretas und höheren Wesen, Engelswesen. Ich möchte hier nicht alle Hellseher in einen Topf werfen, sondern einige der Gefahren aufzeigen, welche bei zu naiver Herangehensweise drohen können. Und natürlich möchte ich Möglichkeiten aufzählen, die ein Preta nutzen kann, um Einfluss auf die physische Ebene zu bekommen.

Wahrsagekünste/Orakel/Pendel etc.

Manche Pretas manifestieren sich über Pendel, Tarot-Karten, I Ging Karten, Wünschelrute, Kinesiologie und andere Mittel zur Zukunftsvorhersage oder Entscheidungsfindung etc. All diese verschiedenen Mittel dienen dazu, sich etwas vom Intellekt zu lösen, Zugang zu finden zur subtileren Intelligenz des Unterbewusstseins bzw. zum eigenen feinstofflichen Wahrnehmungsvermögen. Wenn so die eigene Vernunft und das gegenständliche Denken zur Ruhe gekommen und das feinstofflichere Wahrnehmungsvermögen verstärkt wird, öffnet sich der Geist auch für Pretas. Eine Menge von parapsychologischen Phänomenen und Wahrsagekünsten werden (laut dieser Theorie) von Pretas verursacht.

Das ist dann auch die Gefahr, wenn man Orakelhilfen wie Tarot Karten, Pendel, I Ging etc. regelmäßig nutzt. Diese können durch einen Preta gesteuert werden. Wenn du Antworten, Entscheidungshilfen, Informationen bekommst, müssen diese nicht vom Unter- oder Überbewusstsein kommen. Wer sehr häufig solche Orakelhilfen verwendet und sich auf die dort empfangenen Informationen verlässt, wird eventuell abhängig von diesen Ratschlägen und lebt dann irgendwann das Leben eines anderen.

Das heißt natürlich nicht, dass bei jedem kinesiologischen Test beim Heilpraktiker ein Geist zugegen ist oder dass bei jeder Befragung des Tarot ein Geist die Karten legt. Ich möchte nur sagen, dass eine solche Möglichkeit besteht.

Lange Tiefenentspannung, Trance etc.: Wenn man zu lange Tiefenentspannung macht, also regelmäßig mehr als 20 Minuten, und dabei wach bzw. halb wach bleibt, gibt es auch die Gefahr, dass man sich zu sehr zu dieser Geisterebene öffnet. Dabei kann es geschehen, dass man Pretas spürt, sieht, hört. Eventuell hört man Stimmen, eventuell sogar Befehle. Und ich kenne Fälle, wo Menschen, die täglich eine Dreiviertelstunde Tiefenentspannung geübt haben, von einem Geist besessen wurden. Swami Vishnudevananda hat uns daher geraten, die Tiefenentspannung auf 10-20 Minuten zu beschränken und nicht im Liegen zu meditieren.

Wenn du in der Tiefenentspannung einschläfst, ist das kein Problem: Im Schlaf hast du einen natürlichen Schutz, dein Astralkörper verschließt sich von selbst gegenüber Einflüssen aus der Bhur Loka. Es mag spezielle längere Tiefenentspannungen geben, die in ihrem Kontext ok sind, wie z.B. Yoga Nidra in der Tradition von Swami Satyananda. Da wird das eigene Denken und Fühlen durch konkrete Anleitungen auf eine höhere Wirklichkeit eingestimmt und somit auch vor Einflüssen von Pretas geschützt. Du solltest dir jedoch der Gefahren eines längeren Verharrens in halbbewussten Zuständen bewusst sein.

Auch über Trance kannst du in Kontakt mit Feinstoffwesen kommen, auch erdgebundenen Geistern. Ob du dich in Trance tanzt oder trommelst, das über schamanistische Rituale, Voodoo oder andere Techniken erreichst: Immer ist es wichtig, dass du dabei auch Schutzvorkehrungen triffst, damit du nicht von erdgebundenen Geistern beeinflusst oder gar besessen wirst. Dies führt gleich zur nächsten Möglichkeit, wie Pretas Einfluss nehmen können auf die physische Welt, nämlich Besessenheit.

Besessenheit: In den meisten Kulturen ist Besessenheit ein oft beschriebenes Phänomen. Ein Preta, ein erdgebundener Geist, übernimmt ganz oder teilweise die Kontrolle eines Körpers, vertreibt ganz oder teilweise, temporär oder endgültig, die Seele, die seit der Zeugung bzw. Geburt in diesem Körper war. Typischerweise gelingt dies nur, wenn der verkörperte Mensch einen schwachen Geist besitzt und sich über eines der oben beschriebenen Mittel zu sehr geöffnet hat für die Bhur Loka. Das kann sich auf verschiedene Weisen manifestieren:

- Der Mensch merkt, dass da jemand anderes ist, der ihm Ratschläge und Befehle gibt. Zu Anfang waren diese hilfreich, jetzt ist das lästig, aber er fühlt, dass er diese Befehle ausführen muss. Er fühlt sich schrittweise immer mehr einem anderen untertan. Stimmenhören und den Stimmen folgen müssen ist ja ein Charakteristikum der Schizophrenie. Es ist denkbar, dass einige Formen von Schizophrenie Formen von Besessenheit sind.
- Ein Mensch spricht mit unterschiedlichen Stimmen und hat dabei ganz unterschiedliche Charaktere. Diese sogenannte „Split Personality“ könnte durch temporäre Besessenheit erklärt werden.
- Ein Mensch hat eine schwere Krankheit und ist dem Tod nahe. Es kommt zu einer Spontanheilung und der Mensch ist plötzlich ganz

anders: Er hat eine andere Persönlichkeit, Charakter, Temperament. Und auch obgleich er sich an Vieles erinnert, sind ihm einige Erinnerungen ganz abhanden gekommen. Da könnte es geschehen sein, dass die alte Seele den Körper verlassen hat und ein Preta den Körper übernommen hat.

Zu letzterem gibt es eine Sage um den großen Meister Shankara, auch Shankaracharya genannt. Dieser ist eine historisch verbürgte Persönlichkeit, gilt als einer der größten Jnana Yoga Meister und Vedanta Philosophen aller Zeiten. Er lebte vermutlich ca. 788-810 n.Chr.

Um Shankara ranken sich eine Mengen von Mythen. Eine Geschichte geht wie folgt:

Shankara führte eines Tages eine Debatte mit einer großen Philosophin namens Sarasvati. Diese Sarasvati begann mit Shankara über Sexualität zu diskutieren. Shankara, der noch nie in seinem Leben Sex mit einer Frau hatte, da er sehr früh das Mönchsgelübde abgelegt hatte, musste eingestehen, dass er zu diesem Thema wenig aus seiner eigenen Erfahrung beitragen konnte. So erbat er sich eine gewisse Zeitspanne, um sich zu bilden.

Als Mönch durfte er natürlich keine sexuellen Erfahrungen machen. So ersann er eine List. Er begab sich in eine Höhle und bat seine Schüler, ihn zu bewachen. Er ging in tiefe Meditation und verließ mit seinem Astralkörper den physischen Körper. Er hatte gehört, dass irgendwo ein König im Sterben lag. Im Moment, wo die Seele des Königs den Körper verließ, trat Shankara mit seinem Astralkörper in den Körper des Königs ein. Wie durch ein Wunder war der König schnell wieder gesund und entfaltete große Tatkraft. Shankara als disziplinierter Yogi, der viel meditiert und Pranayama geübt hatte, besaß ja sehr viel Prana, Lebensenergie. So reformierte er die Verwaltung des Königreichs, schloss Frieden mit allen umliegenden Königreichen, ließ Krankenhäuser und Straßen bauen, förderte die Wirtschaft und Spiritualität. Und als König besaß er einen großen Harem. So konnte er reichlich Erfahrungen auf dem Gebiet der Sexualität machen. Nach einiger Zeit verließ er wieder den Körper des Königs, kehrte zurück zu seinem Körper und griff die Debatte mit Sarasvati wieder auf…

Wie oben erwähnt, haben die meisten Kulturen auch Techniken entwickelt, um Besessenheit zu heilen. In unserer modernen Zeit werden dazu meist Neuroleptika, also Psychopharmaka, verwendet, denn Besessenheit wird als durch hirnchemisch ausgelöste Schizophrenie diagnostiziert. Das scheint sogar zu funktionieren. In früheren Zeiten, als ich mehr Zeit hatte, mich mit einzelnen Menschen zu beschäftigen, habe ich öfter, auch mit großem Erfolg, besessenen Menschen geholfen, darüber hinauszuwachsen und ihr Leben wieder in die eigene Hand zu nehmen. Das war ein für mich sehr zeitaufwändiger und anstrengender Prozess. Heute gebe ich einfache Tipps und wenn diese nicht wirken, schicke ich solche Menschen eher zum Psychiater und rate ihnen, die verschriebenen Medikamente auch zu nehmen. Ich habe bemerkt, dass viele Menschen dadurch Heilung erfahren und das von mir wahrgenommene Fremdwesen dann nicht mehr da ist. Anscheinend beeinflussen diese Psychopharmaka auch den Astralkörper so, dass sich da kein Fremdwesen halten kann. Oder der Mensch wird durch die Behandlung für den Preta uninteressant, vielleicht weil der Pranalevel so sehr sinkt, dass es sogar für den typischerweise niedrig-energetischen Preta belastend ist.

Ein Astralwesen will sich nur dann manifestieren, wenn ein gewisses Prana vorhanden ist. Wenn jemand durch Chemie gründlich ruhig gestellt wird, wird dieser Körper uninteressant. Vermutlich kommt echte Besessenheit aber äußerst selten vor. Manche Menschen bilden sich Besessenheit auch ein und benutzen die Theorie der Besessenheit als Ausrede, nicht an sich selbst arbeiten zu müssen.

Ein Yoga-Aspirant hat natürlich besonders viel Prana. Durch regelmäßiges Üben von Pranayama, Asanas, Meditation, Mantra-Singen und eine vegetarische Ernährung hat der typische Yoga-Aspirant einen sehr hohen Prana-Level. Außerdem wird jemand, der Yoga übt, oft feinfühliger und damit auch offener für die Erfahrung von Astralwelten. Er ist daher potenziell interessant für einen Preta, der Energie braucht. Daher sollte ein Yoga-Aspirant besonders vorsichtig sein mit allen Techniken, die potenziellen Pretas erlauben, sie zu beeinflussen. Ein spiritueller Aspirant sollte sich nicht unbedingt in Trance versetzen oder hypnotisieren lassen, sondern statt dessen die Kontrolle über die eigene Willenskraft stärken. Er sollte nicht die Kontrolle über den eigenen Bewusstseinszustand an andere übergeben. Auch ist es nicht gut, zu viele Astralreisen zu machen, denn dadurch verliert man Energie. Auch die Beschäftigung mit Hellsehen oder Radiästhesie und Tarotlesen sollte unterbleiben oder mindestens nicht exzessiv betrieben werden oder mit bestimmten Schutzritualen verbunden werden.

Wie unterscheidet man Pretas von Devas?

An subtileren Wesen können einem natürlich nicht nur Pretas, erdgebundene Geister, erscheinen. Man kann auch Wesen aus höheren Ebenen wahrnehmen, wie Devas (Engelswesen), Siddhas (Meister) oder sogar eine Vision Gottes haben. Es ist gut, das unterscheiden zu können.

In der Gegenwart eines Pretas kann man sich kalt fühlen, gelähmt, klein, manchmal auch ängstlich. Pretas sehen eher dunkel, grau oder bleich aus. Nach einer Begegnung mit einem Preta fühlt man sich eher müde oder ausgelaugt.

Die Gegenwart eines höheren Wesens dagegen ist lichtvoll. Man fühlt sich warm, voller Herzenswärme und Liebe. Man hat das Gefühl, weit zu werden. Es ist ein Gefühl von Wonne und Verbundenheit. In einer solchen Begegnung kann man eine Berufung erfahren oder etwas richtig verstehen. Manchmal verliert man das Bewusstsein von Körper, Raum und Zeit und gelangt in andere Sphären des Bewusstseins. Wenn man aus dieser Erfahrung der Begegnung mit einem höheren Wesen herauskommt, ist man voll von Energie, von Liebe und Inspiration, was auch noch lange danach anhält.

Fühlt man sich in der Gegenwart eines Pretas, sollte man nicht weiter auf ihn eingehen, nicht das tun, was er einem sagt, selbst wenn es hilfreich erscheinen mag. Wenn der Preta merkt, dass er einen nicht beeinflussen kann, wird man für ihn uninteressant. Wenn man dagegen eine Vision eines Engelswesens oder eines Meisters hat, soll man sich innerlich vor ihm verneigen und um Rat bitten.

Eine einfache Weise der Unterscheidung ist die Wiederholung eines Mantras, eines Gebetes oder die Anrufung eines Meisters oder Gottes direkt. Wenn man ein Mantra zusammen mit Gedanken an Gott oder Meister wiederholt, wird die Vision des Preta schwächer werden, die Vision eines Engelswesens aber stärker.

Wie schützt man sich vor Pretas?

Wenn man spürt, dass ein Preta in der Nähe ist, kann man viele verschiedene Techniken des Yoga anwenden. Man kann Asanas und Pranayama machen, sich sattwig ernähren, mit Menschen zusammen sein, die viel Prana haben oder Mantras singen. So öffnet man sich eher für die höheren Energien und stimmt sich somit weniger auf die niederen Energie-Ebenen ein. Besonders hilfreich ist es, ein Mantra, vorzugsweise sein persönliches, zu wiederholen, an Gott oder den Guru zu denken. Oft hilft es, sich das Bild eines Meisters vorzustellen und das Mantra zu wiederholen. Katholiken können auch das Kreuzzeichen machen und Christus oder Maria anrufen. Ist das eigene Bewusstsein auf diese Weise in höhere Ebenen gelangt, verlässt man das Einstimmen auf die Bhur Loka Ebene. Dann reißt der Kontakt ab.

Wenn man fühlt, dass in einem Raum oder einem Haus ein oder mehrere Pretas sind, kann man auch Räucherstäbchen anzünden, insbesondere Sandelholz. Besonders machtvoll sind das *Arati* (Lichtzeremonie) sowie das laute Wiederholen der Mantras „om namo narayanaya", „om namah shivaya" oder „om tryambakam". Du kannst dir dabei vorstellen, dass du die Räume mit göttlichem Licht füllst und die Räume ganz Gott weihst. Dadurch entsteht eine machtvolle Schwingung, in der sich kein Preta lange halten kann.

Wer das Gefühl hat, dass ein Preta schon im eigenen Astralkörper ist, sollte Folgendes tun:

- Übe täglich Asanas, insbesondere auch die körperlich anstrengenden. Dies hilft dir auch, dich zu erden. Mache die Tiefenentspannung bei offenen Augen oder beschränke dich auf das Anspannen und Loslassen der Körperteile und die Autosuggestion.
- Übe Meditation mit offenen Augen. Schaue vorzugsweise auf ein Bild eines Symbols Gottes oder eines Meisters, einer Meisterin.
- Singe Mantras oder höre Mantra-Gesängen zu.
- Halte deine spirituellen Praktiken in einem harmonischen Rahmen, übertreibe nicht.
- Folge den Ratschlägen eines Ayurveda Buches bezüglich Vata Störungen bzw. den entsprechenden Ratschlägen zum Erden in meinem Buch „Die Kundalini Energie erwecken – von der göttlichen Urkraft in dir"
- Vermeide lange Tiefenentspannung, Trance, exzessives Tanzen, Orakelbefragung, Pendel etc.
- Gehe in Satsangs, also spirituelle Zusammenkünfte, natürlich nur in solche, in denen kein Channelling stattfindet.
- Halte dich beschäftigt, vermeide langes Grübeln und Nachdenken.
- Wenn möglich verbringe 2-4 Wochen in einem Ashram. Übe dabei mindestens 3-4 Stunden Karma Yoga pro Tag – vermeide exzessive spirituelle Praxis.

Wenn all das nichts hilft, suche einen Psychiater auf und folge der vorgeschlagenen Therapie.

Wie hilft man Pretas?

Häufig wird die Frage gestellt, wie man Pretas helfen kann. Im Grunde genommen kann man für einen Preta das Gleiche tun wie für jemanden, der stirbt bzw. gerade gestorben ist. Das vorher Gesagte ist hier also sinngemäß anzuwenden.

Wenn man also jemanden kennt, der einen plötzlichen Tod hatte, dann schicke ihm Licht, sprich mit ihm, nutze die Kraft von Gebeten, Mantras, von einem Todesritual. Mache das mit noch größerer Intensität und Hingabe als bei einem normalen Tod. Mache das sieben Tage lang statt nur drei Tage lang. Wenn du das Gefühl hast, dass jemand, der vor vielen Jahren gestorben ist, immer noch gegenwärtig ist, kann es sein, dass er Hilfe braucht.

Da kann es für diesen Menschen besonders wichtig sein, dass du ihm viel Licht schickst. Denn ein Preta braucht Energie, um von Bhur Loka auf Bhuvah Loka aufzusteigen. Wenn ein Preta viel Licht bekommt, kann er zügig in die höhere Ebene eingehen.

Folgendes kannst du konkret machen, um einem Verstorbenen zu helfen, von dem du annimmst, dass er erdgebunden sein könnte:

- Stelle das Bild des Verstorbenen auf den Altar.
- Stelle dort eine Kerze auf, zünde sie an und/oder entzünde ein Räucherstäbchen.
- Sprich mit dem Verstorbenen ähnlich wie du es tun würdest, wenn er frisch verstorben wäre (siehe oben). Erzähle ihm, was du über den Preta-Zustand weißt und was du gehört hast, was für ihn/sie gut ist. Erzähle ihm, dass du während einer bestimmten Zeitspanne (z.B. eine Woche oder einen Monat) jeden Tag zu einer bestimmten Zeit meditieren und ein Mantra für ihn sprechen wirst. Bitte den Verstorbenen, zu dieser Zeit anwesend zu sein und ermutige ihn, die von dir ausgehende Energie aufzunehmen. Sage ihm, dass er, wenn er in dieser Zeit einen Lichttunnel wahrnimmt, diesen Tunnel sofort hochgehen soll, auch wenn du noch eine Weile länger meditieren wirst. Sage ihm auch, dass du nach der festgesetzten Zeit nicht mehr an ihn/sie denken wirst und das Foto verbrennen oder wegstellen wirst.
- Meditiere mindestens einmal täglich zu der Zeit, die du dem Verstorbenen versprochen hast.
- Nach der Meditation sage das „om tryambakam" oder ein anderes dir bekanntes Gebet für Verstorbene und schicke diesem Menschen Licht. Wenn du weißt, wie das geht, mache das Arati oder ein spezielles Totenritual. Mache das solange, wie du es versprochen hast oder bis du das Gefühl hast, dass er oder sie sich löst, bis zu maximal vier Wochen.
- Nach der Zeit verbrenne das Foto oder stelle es weg und schaue es mindestens einige Wochen lang nicht an. Wenn irgend möglich, vermeide es, an den Verstorbenen zu denken. Wenn du doch an ihn denken musst, sprich: „Lieber Gott, ich habe alles getan, was ich für XY tun konnte. Ich vertraue XY ganz dir an. Ich danke dir."

Ich kenne Eltern, deren Kinder sich das Leben genommen hatten, die noch 20 Jahre später spürten, dass das Kind immer noch bei ihnen und verzweifelt war. Sie sind dann diesen Ratschlägen gefolgt. Innerhalb von zwei bis drei Wochen hatten sie das Gefühl, jetzt sind sie frei, das Kind ist frei und ist auf eine höhere Ebene eingegangen. Die Eltern bekamen das Gefühl, dass sie jetzt endlich frei waren, ihr eigenes Leben weiter führen zu können.

Ähnlich kannst du es auch machen, wenn du in einem Raum bist, in dem du das Gefühl hast, dass da eine Wesenheit ist. Weil du nicht weißt, wie dieses Wesen im physischen Körper ausgesehen hat, kannst du natürlich kein Foto auf den Altar stellen. Alles andere kannst du aber genauso machen, wie oben angegeben.

Pretas können sich auch Hilfe holen, ohne dass jemand konkret an sie denkt.

Wenn Pretas merken, dass es Zeit wäre, auf höhere Ebenen zu gehen, suchen sie Kraftorte auf, wo sie Energie tanken können. Das können Ashrams sein, Kirchen, Tempel, Moscheen. Oft kommen sie auch gerade dann, wenn jemand etwas über Reinkarnation schreibt oder erzählt oder liest, also z.B. jetzt ... Sie suchen selbst nach Erklärungen für ihre Erfahrung und nach Hilfen dafür. Es kann also sein, dass während du das liest, dir jemand über die Schulter schaut... Keine Angst: Das ist dann ein Astralwesen, welches gerne bald in eine höhere Ebene gehen will.

Manchmal können Menschen so etwas in einem Satsang spüren, vor allem an hochenergetischen Orten wie z.B. einem Yoga Vidya Ashram. Während der Meditation kann man das Gefühl bekommen, dass da Wesenheiten hinkommen. Während des Mantra-Singens spürt man ihre Erwartungshaltung und Vorfreude. Beim om tryambakam und beim Arati lösen sie sich dann in Licht auf, es entsteht eine große Leichtigkeit. Ich spüre das regelmäßig. Und eine Menge von Menschen haben mir Ähnliches berichtet.

Einmal kam eine Hellseherin in einen unserer Yoga Vidya Ashrams. Nach ein paar Tagen kam sie zu mir mit einer Frage. Sie sagte mir, sie würde nicht verstehen, dass sie an einem solchen Lichtplatz wie diesem Ashram hier ab und zu dunkle bzw. eher fahle, bleiche Wesen sehen würde. Ich habe ihr erklärt, dass dies Pretas seien, die hier Hilfe suchen. Ich bat sie, beim Arati genauer hinzuschauen. Sie hat das dann beim nächsten Arati genauer beobachtet. Am nächsten Tag sagte sie mir, sie hätte es tatsächlich gesehen, dass die grauen Wesen sich während des Aratis in Licht verwandelt und den Übergang zur höheren Welt geschafft hätten. So etwas geschieht in Ashrams regelmäßig. Vieles, was wir an Ritualen in den Yoga Vidya Ashrams machen, ist nicht nur gut für die Lebenden, sondern auch für die Verstorbenen. Das gilt natürlich nicht nur für die Yoga Vidya Ashrams. In den meisten Kulturen bzw. spirituellen Traditionen gibt es Rituale und Gebete für Verstorbene.

Bei den Tibetern wird den Verstorbenen häufig damit geholfen, dass das ganze tibetanische Totenbuch vorgelesen wird. Dadurch bekommt die Seele Kraft, um auf höhere Ebenen zu gehen. Auch ein rituelles Begräbnis wird der Seele die Kraft geben, sich zu lösen. Übermäßiger Schmerz hingegen oder übermäßige Trauer, wie sie in unseren Breiten üblich sind, ist nicht hilfreich, da die Seele dann ihre Kraft dazu braucht, zu trösten anstatt in die nächste Ebene zu gehen. Es ist daher wichtig, zu erkennen, dass hinter allem Gottes Wille steht. Auch dann, wenn der Tod plötzlich kam und grausam erscheint, liegt ein Sinn darin. Der Mensch hat sein Karma abgeschlossen. Wenn noch ein gemeinsames Karma verbleibt, wird man sich in einem künftigen Leben oder in der nächsten Ebene, Bhuvah Loka, wieder sehen.

Bhuvah Loka

Nachdem der Mensch nun etwa drei Tage (oder länger) in Bhur Loka verbracht hat, geht er weiter zu Bhuvah Loka. Bhuvah Loka ist die Ebene, zu der man normalerweise etwa drei Tage nach dem physischen Tod fortschreitet, wo man die meiste Zeit verbringt und von wo aus man sich dann wieder inkarniert. Bhuvah Loka gilt als die schöne Ebene für die Mehrheit der Menschen. Wenn man nach dem Tod ein paar Tage in Bhur Loka gewesen ist, erscheint irgendwann ein Lichttunnel, meist etwa drei Tage nach dem physischen Tod. Es kann aber auch länger dauern. Im alten Testament wird dieser Lichttunnel auch als Jakobsleiter bezeichnet. In diesem Lichttunnel bzw. auf dieser Jakobsleiter gibt es bestimmte Wesen, deren Aufgabe es ist, die Seelen bei ihrem Aufstieg zu begleiten. Manchmal sind es die Verwandten, die sich selbst bemühen, der Seele von oben entgegenzukommen und ihr zu helfen. Im Fall eines spirituellen Aspiranten, der einen großen Bezug zu seinem Meister, seiner Meisterin hat, kann es sein, dass der Meister, die Meisterin, ihn hochführt in die nächsten Ebenen. Auch ein Engelswesen kann das für einen tun. Und dann ist man in Bhuvah Loka angekommen. Es heißt, dass sich in Bhuvah Loka all das manifestiert, woran man denkt. Alle Wünsche manifestieren sich, alle Vorstellungen manifestieren sich. Alle Ängste manifestieren sich. Bhuvah Loka besteht aus den eigenen Gedanken, aus den Gedanken aller anderen Menschen und aller anderen Wesen. Dort sind fast unendliche sich durchdringende Ebenen in verschiedenen Dimensionen. Übrigens heißt es, wenn man auf der physischen Ebene lernt, seine Gedanken etwas zu steuern, dann ist das nicht nur gut in diesem physischen Leben, sondern es erleichtert einem auch das Leben auf der astralen Ebene. Man kann dort auch nicht lügen, weil man sich dort telepathisch verständigt, so dass Menschen, die es gewohnt sind, immer zu lügen, dort erst einmal Eingewöhnungsschwierigkeiten haben, währenddessen das wahrhaftigen Menschen relativ leicht fällt. Wenn man sehr viel Ausstrahlung hat, leuchtet man dort sehr. Wenn man wenig Ausstrahlung hat, ist man eher etwas eingeschrumpft. Den Astralkörper kann man so aussehen lassen, wie man will. Medien, die angeben, in dieser Ebene gewesen zu sein, sagen, dass die meisten Menschen, die dort sind, so aussehen, als seien sie 30-50 Jahre alt - auch wenn jemand mit 80 stirbt. Ab dem Alter von 50 identifizieren sich Menschen etwas weniger mit ihrem momentanen Aussehen. Wenn sie dann den physischen Körper verlassen, sehen sie sich wieder so, wie sie zwischen 30 und 50 waren. Die wenigsten denken an sich als Wesen mit einem Körper von 16 oder 22 Jahren sondern irgendwie zwischen 30 und 50. Anschließend wird die Identifikation mit dem sich veränderten Körper anscheinend etwas schwächer.

In vielerlei Hinsicht ähnelt die Bhuvah Loka dem Traum. Das, woran du denkst, wird Wirklichkeit. Und wie in einem Traum hast du auch nur beschränkten Einfluss auf das, was du denkst. Was du im Traum träumst, hängt zum großen Teil von dem ab, was du im Wachbewusstsein gedacht und erfahren hast. Daher ist es sehr wichtig, schon im jetzigen Leben an sich zu arbeiten und nicht bis nach dem Tod darauf zu warten.

Es gibt jedoch ein paar Unterschiede zum Traum:

- Es ist nicht nur dein eigener Traum. Vielmehr wird die ganze Bhuvah Loka von den Gedanken aller geschaffen. Du musst nicht alles selbst erschaffen. Du kannst die Gedankenbilder der anderen betreten, diese abwandeln oder in einer anderen Dimension deine eigenen Bilder schaffen.
- Du wachst aus Bhuvah Loka nicht zum Normalbewusstsein auf. Vielmehr geht es von hier weiter zur nächsten Inkarnation.
- Du hast etwas mehr Kontrolle über deine Gedanken und über das, was du schaffst.
- Du kannst auch in eine höhere Ebene, in Svah Loka, eingehen (siehe weiter unten).

Es gibt eine indische Geschichte, die man in diversen Schriften findet, welche die Erfahrung in Bhuvah Loka versinnbildlicht: Es war einmal ein Wanderer, der ging durch die Wüste. An einer Oase legte er sich unter einen Baum. Ohne dass er es wusste, war dies ein wunscherfüllender Baum. Er dachte: „Wäre doch toll, wenn ich etwas zu trinken hätte." Sofort sah er eine Wasserquelle sprudeln und er genoss herrliches Wasser. Dann dachte er: „Etwas zu essen wäre toll." Prompt kam jemand vorbei, der ihm etwas zu essen anbot. Dann dachte er: „Oh, was wäre, wenn jetzt ein Löwe käme und mich fressen würde?" Prompt kam ein Löwe und fraß ihn…

Der Vorteil von Bhuvah Loka ist natürlich, dass man nicht noch einmal sterben kann…

Die Erfahrung auf Bhuvah Loka ist also genau das, was du dir vorstellst. Da die meisten Menschen überwiegend positive Gedanken haben und erwarten, dass es ihnen nach dem Tod besser geht als vorher, ist ihre Erfahrung auf Bhuvah Loka überwiegend positiv.

Die meisten Menschen, die sterben, denken an ihre verstorbenen Verwandten. So ziehen sich die Verwandten gegenseitig an und treffen sich dann wieder in Bhuvah Loka. Die früheren Verstorbenen weisen einen dann auch ein bisschen ein, wie man seine Gedankenkraft benutzen kann, zeigen einem, wie man sich zurechtfindet, es gibt ein schönes Wiedersehen. Man erfährt, wo sich die anderen aus der Sippschaft wieder inkarniert haben.

Wer seine Familie nach seinem Tod nicht wiedersehen will, braucht jetzt keine Angst zu haben... Wenn du nach dem Tod nicht an deine Familie denkst, wirst du sie auch nicht wiedertreffen. Allerdings: Wenn du Zorn auf einzelne Familienmitglieder hegst, ist auch das Gedankenkraft, welche sich als Wiedersehen zwischen zwei Leben und im nächsten Leben manifestieren kann.

Der Mehrheit der Menschen, auch der spirituellen Aspiranten, ist vermutlich die Familie wichtig, im positiven wie auch im negativen Sinn. Sie werden sich daher zusammen mit anderen Familienmitgliedern wieder inkarnieren.

Aber es gibt spirituelle Aspiranten, denen die physische Familie nicht ganz so wichtig ist und sie nicht treffen wollen. Dann sollten sie nicht an die physische Familie denken, dann treffen sie diese auch nicht wieder. Wer jedoch denkt: „Hoffentlich treffe ich den und den nicht“, trifft ihn direkt, denn er hat ja an ihn gedacht.

Unterebenen von Bhuvah Loka

Bhuvah Loka hat verschiedene Unterebenen:

- Die Ebene, wo man seine Vorfahren trifft, wird als **Pitri Loka** bezeichnet.
- Eine zweite Ebene wird als **Sadhana Loka** bezeichnet. Angenommen, dir ist Meditation sehr wichtig und spirituelles Leben, Singen, Mantras, Gebete an Gott. Dann wirst du auch in Bhuvah Loka weiter meditieren und mit Menschen zusammen sein, die auch meditieren. Du verbringst da eine recht wonnevolle Zeit. Du kannst dort nämlich viel leichter meditieren: Keine Knieschmerzen, keine Hüftschmerzen. Keine Alltagspflichten, keine Ablenkungen – du kannst lange meditieren. Dennoch heißt es, dass auf dieser Ebene nur wenig echter Fortschritt möglich ist. Für den Durchschnittsaspiranten ist es einfach eine schöne Zeit, aber keine, wo man sehr viele Fortschritte macht. Wenn alles sehr leicht fällt, sind auch die Fortschritte sehr gering. Wie beim Fahrradfahren: Wenn du bergab fährst, ist das zwar sehr schön, aber die Muskelkraft wird dabei nicht entwickelt.
- Manche Menschen gehen zur Unterebene „**Paradies**“, auch Himmel genannt. Paradies ist der Ort, an den religiöse Menschen kommen,

die ein gutes Leben geführt haben, in welchen sie meinen, die religiösen Vorschriften mindestens im Wesentlichen erfüllt zu haben.

- Nach dem Tod gehen sie in ein Paradies ein, das so aussieht, wie sie es sich vorgestellt haben. Sie erwarten das vorher so ein bisschen.
- Das Paradies wird jetzt kommen, es wird so und so aussehen. Daher werden sie angezogen von dem Ort, der schon von anderen geschaffen wurde. Sie müssen es sich nicht selbst dort schaffen, sondern gehen an den Ort, der von der Vorstellung anderer geschaffen wurde und an den sie jetzt denken. Manche Christen stellen sich das Paradies vor mit Engeln und Harfen, wo Jesus und Gott auf ihrem Thron sitzen. Petrus, die Heiligen und Maria müssen da auch irgendwo sein. Jesus, Gott und Petrus sind vermutlich nicht wirklich so da, wie es sich diese Gläubigen vorstellen – Gott ist allgegenwärtig, allmächtig, allwissend und Jesus ist eins mit ihm. Aber wenn man sich Gott oder Jesus auf eine bestimmte Weise vorstellt, schafft man eine freudevolle Gedankengestalt, durch welche sich dann auch Gottes Segen manifestieren kann. Moslems stellen sich das Paradies wie ewigen Frühling mit schönen Jungfrauen etc. vor. Die Inder haben auch Vorstellungen von einem Himmel, allerdings nicht von einem ewigen Himmel, sondern von einem vorübergehenden Himmel. In diesem Himmel gibt es Indra auf einem Elefanten, mit Apsaras und Gandharvas, Sängern und Tänzern und so weiter.
- Die sogenannte **Hölle** ist eine weitere Unterebene von Bhuvah Loka. Die Hölle ist nicht notwendigerweise mit großem Ofen, Teufel und Dreizack etc. Vielmehr heißt es, dass Menschen, die sehr gewalttätig waren und sehr viel an Gewalt gedacht haben, sich gegenseitig anziehen. Diese Gedanken hören auch nach dem Tod nicht auf. Die Menschen, die dort zusammentreffen, bereiten sich gegenseitig die Hölle.

Ich will hier eine kleine Geschichte erzählen, die den Unterschied zwischen Himmel und Hölle verdeutlichen soll: Nachdem Hermann gestorben war, klopfte er an die Himmelstür, traf Petrus und fragte: „Ja, wo soll ich denn hingehen?“, worauf Petrus antwortete: „Nun, in deinem Leben gibt es zur Hälfte gute Taten, zur Hälfte schlechte Taten. Du kannst es dir also aussuchen. Du darfst entweder in den Himmel oder in die Hölle.“ Hermann fragte: „Kann ich mir beide mal anschauen?“ Petrus antwortete: „Gerne.“ So ging Hermann zuerst zur Hölle. Dort sah er Menschen, die gerade bei einem Bankett saßen, bei dem die wunderbarsten Speisen aufgetischt wurden. Hermann dachte: „Die Hölle ist anscheinend gar nicht so schlecht.“ Da sah er, dass die Höllenbewohner riesenlange Arme hatten. Ihre Unterarme waren extrem lang, die Oberarme sehr kurz. Die Unterarme waren sogar so lang, dass die Höllenbewohner sich ihr Essen nicht zum Mund führen konnten. Es gab die besten Speisen, aber sie bekamen sie nicht in den Mund. Die Höllenbewohner waren gezwungen, das Essen in die Luft zu werfen und mit dem Mund aufzufangen. Aber das ging meistens schief. Außerdem verbrannten sie sich. Sie litten große Qualen. Gut, dachte sich Hermann, die Hölle ist doch nicht so gut. Deshalb ging er in den Himmel. Dort sah er ähnliche Bankett-Tische, auf denen auch wieder wunderbare Speisen aufgetragen wurden. Und auch die Himmelsbewohner hatten diese riesenlangen Unterarme. Da dachte Hermann: „Das ist merkwürdig – Himmel und Hölle scheinen sich zu gleichen." Da sagte Petrus: „Schau mal genauer hin." Da sah Hermann, dass die Himmelsbewohner sich gegenseitig das Essen reichten und so wunderbar essen konnten. Deshalb war das der Himmel!

Diese Geschichte ist natürlich im übertragenen Sinne zu verstehen. Sie ist kein Bericht von einem Menschen, der in höhere Bewusstseinszustände gekommen ist.

Die Seelen werden also angezogen von der Astralwelt, die ihren Gedanken entspricht. Im Fall der Hölle sammeln sich Menschen mit gewaltsamen Gedanken und brutalen Fantasien. Sie treffen sich und erfahren die gewalttätigen Fantasien und Gedanken von allen. In der indischen Reinkarnationstheorie spricht man aber nicht von der ewigen Verdammnis sondern von einer vorübergehenden Hölle. Die Zeit in dieser Hölle ist irgendwann erschöpft. Wenn das Höllen-Karma erschöpft ist, kann die Seele entweder noch in andere Astralebenen gehen und dort eine Weile verharren. Oder sie kann sich auch gleich wieder inkarnieren, vielleicht mit dem Vorsatz, das nächste Leben anders anzugehen.

Anzahl von Seelen

An dieser Stelle wird mir oft die Frage gestellt, wie ich es mir bei dieser Theorie erkläre, dass mehr Menschen geboren werden als sterben und woher die ganzen Seelen kommen.

Dafür gibt es mehrere Erklärungen, die von den Meistern gegeben werden:

(1) Es inkarnieren sich vermehrt Seelen, die sich bisher in Tierkörpern inkarniert haben, erstmals in Menschengestalt. Die Seele fängt nicht im Menschenreich an. Die eine kosmische Seele (Atman) ist unsterblich. Sie reflektiert sich im Pflanzenreich und nimmt so vielfache Gestalt an. Die kosmische Seele individualisiert sich im Tierreich, manifestiert sich als unzählige Einzelseelen (Jivas). Der Mensch mag in den letzten Jahrhunderten immer mehr Tierarten zum Aussterben gebracht haben. Dennoch gibt es auch weiterhin erheblich mehr Tiere als Menschen. Vermutlich gibt es schon mehr Mäuse und Ratten als Menschen, ganz zu schweigen

von Ameisen, Läusen, Fliegen. Insgesamt gibt es sehr viel mehr Tiere als Menschen auf dieser Erde. Und die Jivas aus den Tierkörpern inkarnieren sich momentan vermehrt erstmals im Menschenkörper. Wiederum gibt es mehr Pflanzen als Tiere, also gibt es auch „Nachschub" für die Seelen, die momentan erstmals von Inkarnationen in Tierkörpern zur Inkarnation in einem Menschenkörper übergehen. Es gibt also noch genügend Einzelseelen für ein paar mehr Milliarden Menschen auf diesem Planeten. Das heißt natürlich auch, dass es mehr Menschen gibt, für welche die Befriedigung der typisch materiellen Grundbedürfnisse wie Essen, Trinken, Schlafen, Wohnung, materieller Komfort, Sex etc. besonders wichtig sind.

(2) Die Reinkarnationsgeschwindigkeit beschleunigt sich immer mehr: Viele Hellsichtige und auch Yoga-Meister berichten, dass die Seele weniger Zeit in der Astralwelt verbringt, bevor sie sich wieder inkarniert. Das hat zur Folge, dass Menschen sich weniger in der Astralwelt regenerieren und so schneller an ihren Problemen ihrer früheren Inkarnation arbeiten können. Insgesamt ist Beschleunigung eines der Hauptcharakteristika unserer Zeit.

(3) Menschen aus früheren fortgeschrittenen Zivilisationen inkarnieren sich jetzt wieder. Es heißt, dass es schon einmal auf diesem Planeten eine Zivilisation gegeben haben soll, die so fortgeschritten war wie unsere oder sogar noch fortgeschrittener. Dazu zählt z.B. die Zivilisation von Atlantis, die sich durch Missbrauch von irgendwelchen technischen, geistigen und parapsychologischen Fähigkeiten vernichtet haben soll. Wegen dieses Missbrauchs sind diese Zivilisationen in großen Katastrophen untergegangen. Heute hat die Menschheit wieder die Fähigkeit, sich selbst auszulöschen, durch Atomkrieg, Klimaveränderung, biologische Kampfstoffe etc. So inkarnieren sich jetzt viele wieder, die vor Tausenden von Jahren durch Missbrauch ihrer Fähigkeiten die damalige Zivilisation beendet haben. Diese Seelen sollen lernen, anders mit ihren Fähigkeiten umzugehen. Es wäre jetzt die Aufgabe, verantwortungsvoller mit der Erde umzugehen, die Errungenschaften unserer Zeit zum Positiven zu nutzen, eine wahrhaft friedvolle, mitfühlende Zivilisation ohne Hunger und Krieg zu schaffen. Hoffen wir, dass die Menschheit aus früheren Katastrophen gelernt hat und sich dieses Mal anders verhält![12]

(4) Es kann auch auf anderen Planeten außerhalb der Erde Leben

12 Das Vorhandensein früherer Hoch-Zivilisationen wird in spirituellen und esoterischen Kreisen kontrovers diskutiert. In indischen Schriften wie Ramayana und Mahabharata wird von solchen Kulturen gesprochen, die z.B. auch Flugmaschinen (Vimanas) kannten. In vielen anderen Kulturen wie im alten Griechenland und China wird von untergegangenen „Goldenen Zeitaltern" gesprochen. Die Theosophen haben daraus ein zentrales Element ihrer Lehre gemacht. Allerdings gibt es bis heute für frühere technische Hochkulturen auf der Erde kaum schlüssige archäologische Beweisstücke. Die Reinkarnationslehre würde auch ohne frühere Hochkulturen auf dieser Erde gut funktionieren…

geben. Heute weiß man, dass es im Kosmos eine Vielzahl von Planeten gibt, die unserer Erde ähneln. Es kann also durchaus menschenähnliches Leben auf anderen Planeten geben. Zwar scheinen diese Planeten sehr weit weg von unserer Erde zu sein – auf der Astralwelt haben Entfernungen aber nicht die gleiche Bedeutung wie auf der physischen Welt. Es ist also denkbar, dass Seelen von Planeten anderer Sonnensysteme und Galaxien sich auch auf der Erde inkarnieren. Vielleicht hat sich der eine oder andere schon mal irgendwie auf dem „falschen Planeten" gefühlt... Erich van Däniken hat sich ja auf Berichte von Leben Außerirdischer spezialisiert. Wie er recht beeindruckend zeigt, gibt es in den meisten Kulturen Berichte von Besuchen Außerirdischer. Und gerade die alten indischen Schriften sind voll von Hinweisen auf Leben auf anderen Planeten. Zwar inkarniert sich die Seele typischerweise immer wieder auf dem gleichen Planeten. Es ist jedoch auch denkbar, dass sie sich auf anderen Planeten weiterentwickelt. Auch wenn die Menschheit sich selbst auslöschen, ja sogar bisher bekanntes Leben durch einen Atomkrieg unmöglich machen würde, kann die spirituelle Evolution weitergehen: Die individuellen Seelen können sich auf anderen Planeten weiterentwickeln. So heißt es, dass sich hier auf der Erde momentan Seelen aus Planeten inkarnieren, auf denen durch nukleare Verseuchung höheres Leben nicht möglich ist. Hier ist wieder die Aufgabe, auf der Erde nicht den gleichen Fehler zu wiederholen, vielmehr verantwortungsvoll mit den technischen Möglichkeiten umzugehen.

Man hat auf dem Mars höchstwahrscheinlich Spuren von Leben entdeckt. Man weiß inzwischen, dass Leben nicht nur in der Sauerstoffatmosphäre möglich ist. Ich habe einmal einen Artikel „Leben in der Tiefsee" gelesen, in dem stand, dass dort auch ein Leben ohne Sauerstoff möglich ist, weil die Körperprozesse dieser Lebewesen anders als die der Lebewesen auf dem Land ablaufen. Jetzt gibt es Vermutungen, dass einer der Jupitermonde identische Lebensbedingungen hat wie hier bei uns in der Tiefsee. Es könnte dort Riesenkraken oder anderes Leben geben. Ob Leben auf anderen Planeten so aussieht wie hier, mit zwei Augen, einer Nase, zwei Ohren, sei dahin gestellt. Vom spirituellen Standpunkt aus ist Leben in ganz unterschiedlicher Form möglich. Welche physischen Sinne ausgebildet sind, ob die Körper auf Kohlenstoff-, Wasserstoff-, Sauerstoff-, Stickstoff-Basis oder auf ganz anderen Molekülen funktionieren, ist unerheblich. Letztlich ist der Körper nur ein Fahrzeug, um seine Wünsche auszuleben, seine Fähigkeiten zu entfalten, seine Mission zu erfüllen, Erfahrungen zu machen, an denen man wachsen kann, zur spirituellen Praxis, Entwicklung und Verwirklichung. Ob man mit einem Fahrrad oder einem Pferd reist, zu Fuß geht, ein Auto benutzt oder fliegt, ist letztlich nicht so erheblich. Auf einer Straße fährt man besser mit einem Fahrrad oder Auto. Auf Gebirgspfaden geht man besser zu Fuß oder reitet auf einem Maultier. Und auf dem Mond fährt man eben mit einem Mondfahrzeug. Ähnlich gilt: Auf der Erde hat sich der menschliche Körper gut bewährt. Auf anderen Planeten mag der Körper anders beschaffen sein. Vom Yoga-Standpunkt aus gilt: Atman kann sich in allem widerspiegeln. Und so wie Atman sich in einem *Upadhi*, einem begrenzenden Attribut, widerspiegelt, kann er sich mit diesem Attribut identifizieren. Es entsteht eine individuelle Seele. Diese strebt wieder danach, zurückzukehren zu ihrem Ursprung, ihre Einheit wieder zu verwirklichen. Dazu gibt es dann die Evolutionsschritte vom pflanzlichen zum tierischen zum menschlichen Leben. Diese Entwicklungsschritte sind auch in anderen Körpern[13] bzw. Lebensformen denkbar. Es geht um die aufeinanderfolgende Entwicklung von:

a. Annamaya: Mineralreich ohne Individualität
b. Pranamaya: Pflanzenreich mit Geburt, Wachstum, Fortpflanzung, Tod, also mit entwickelter Pranamaya Kosha, dem Energiekörper
c. Manomaya: Tierreich mit Sinneswahrnehmung, Emotionen, Be wegung, also mit entwickelter Manomaya Kosha, dem geistig-emotionalen Körper
d. Vijnanamaya Kosha: Menschenartiges Leben mit Ich-Bewusstsein (Ahamkara), Vernunft (Buddhi), mit Fähigkeit zu bewusstem Denken und Entscheiden
e. Anandamaya Kosha: Zugang zu höheren Ebenen des Seins

Diese Evolution des Lebens ist möglich auf verschiedenen Planeten in ganz unterschiedlichen Lebensformen.

Wir sollten alles tun, um auf dieser Erde Leben zu ermöglichen. Jeder Einzelne hat da eine besondere Verantwortung. Ökologisches Bewusstsein und Engagement, politisches Engagement im Sinne einer Kultur des Friedens gehören heutzutage zum spirituellen Leben dazu. Bei allem verantwortungsvollen Handeln kann man aber auch entspannt bleiben: Wenn alles Engagement nicht ausreicht, können wir uns in anderen Zeitaltern und auf anderen Planeten inkarnieren.

So gibt es also genügend Erklärungen dafür, dass es heute so viel mehr Menschen auf dieser Erde gibt als vor ein paar Hundert oder Tausend Jahren.

---

13 siehe Kapitel über die 3 Körper (Shariras) und 5 Hüllen (Koshas)

Schritte zur neuen Inkarnation

Wann und wo reinkarniert sich die Seele?

Die Länge der Zeit, die man in Bhuvah Loka verbringt, kann ganz unterschiedlich sein. Es können ein paar Tage, Jahre oder Jahrhunderte sein. Die Empfindung der Zeit auf der Bhuvah Loka Ebene ist eine andere als die Zeitempfindung auf der physischen Ebene. Es heißt sogar, dass man auch rückwärts in der Zeit wiedergeboren werden kann. Selbst das soll möglich sein.

Die Seele bleibt solange auf Bhuvah Loka, wie Karma für diese Zeit da ist. Wenn das Karma für dort erschöpft ist, geht man wieder zurück nach Bhur Loka. Von Bhur Loka aus wird die Seele dann von einem Embryo angezogen, der gerade neu gezeugt wird und der in der Lage ist, ihr das Karma zu ermöglichen, das für ihre Weiterentwicklung optimal ist.

Es gibt ein verbreitetes Missverständnis: Manchmal wird gesagt, dass sich die Seele ihren neuen Körper, die Eltern, die Umstände etc. aussucht, in die sie geboren wird. Es ist wichtig, diese Aussage richtig zu verstehen: Man kann sagen, das höhere Selbst „sucht" sich die Umstände aus. Das Karma mit allen künftigen Aufgaben ist im Kausalkörper gespeichert. Und auf der Kausalebene herrscht eine starke Verbundenheit. Das heißt, auf einer höheren Ebene ist man mit allem verbunden, was künftig geschehen wird. Das höhere Selbst „entscheidet" dann, wann und wo die Inkarnation am besten ist. Allerdings kommt diese „Wahl" von einer höheren Warte, nicht vom individuell bewussten Ich.

Ein falsches Verständnis des „Aussuchens" der Umstände wäre, sich das wie eine Art Internet-Shop oder Versandhauskatalog vorzustellen: Man schaut mal; was sind alles für Möglichkeiten da? Wen hätte ich denn gerne als Eltern, als Geschwister? Wie hätte ich denn gerne meine ersten Jahre? Wenn man sich das bewusst aussuchen könnte, würden sich vermutlich erheblich weniger Menschen in Zentralafrika, Afghanistan oder im Irak inkarnieren. Alkoholiker und Heroinsüchtige würden keine Kinder bekommen. So ist das also mit dem „Aussuchen" nicht zu verstehen. Am liebsten formuliere ich es daher so: Die Seele wird durch ihr Karma zu einer Familie, zu einem gerade gezeugten Embryo, zu den entsprechenden Umständen hingezogen.

Abtreibung und Fehlgeburt

Der erste Schritt der neuen Reinkarnation ist die Empfängnis. Der Moment der vollen Inkarnation nach dieser Theorie ist die Geburt. Es kann eine wichtige Frage sein, die Frauen sich stellen: Abtreibung ja oder nein? Vom yogischen Standpunkt aus ist ab dem Moment der Empfängnis tatsächlich schon ein Wesen da, die Seele ist mit dem Embryo verbunden. Deshalb ist Abtreibung normalerweise nicht richtig, sondern widerspricht dem

Yogaprinzip von Ahimsa, Nichtverletzen. Aber bis zur Geburt ist es auch noch keine Vollinkarnation. Abtreibung ist nicht gleichzustellen mit Mord, wie es manche Fundamentalisten behaupten. Abtreibung ist nicht dasselbe, als wenn man ein Neugeborenes erdrosseln würde. Leben im Mutterleib ist zwar schon Leben, aber noch eine Zwischenstufe bis zur Vollinkarnation. Hier hilft die yogische Reinkarnationstheorie zu einer differenzierten Betrachtungsweise. Abtreibung ist in gewisser Weise schon *Himsa.*[14] Allerdings wird der Seele, die sich inkarnieren wollte, kein dauerhafter Schaden zugefügt. Die Seele wird sich einen anderen Mutterleib suchen, durch den sie sich inkarnieren kann. Wenn also eine Leserin abgetrieben hat, kann sie daraus Trost schöpfen: Vermutlich hat die Seele inzwischen schon einen neuen Fötus gefunden, über den sie sich inkarnieren konnte. Manche Frauen haben nach einer Abtreibung lange Zeit ein schlechtes Gewissen. Ich hatte schon Frauen in einer Beratung, die vor 30 Jahren eine Abtreibung vornehmen ließen und bis zu der Beratung nicht mehr glücklich sein konnten, weil sie dachten, sie hätten ihr Kind umgebracht und einem Wesen das Leben genommen. Ein gewisses Karma ist damit vielleicht erzeugt worden. Die Mutter selbst wird eine karmische Reaktion erfahren. Aber der Seele, die sich inkarnieren wollte, ist kein bleibender Schaden zugefügt worden. Sie wird einen anderen Weg gefunden haben und vermutlich längst inkarniert sein. Vielleicht ist es das Nachbarkind, das so gerne zu einem kommt, vielleicht der Lausbub, der immer den Fußball in den Garten schießt.

Manche Frauen haben nach einer Abtreibung noch viele Jahre das Gefühl, dass die Seele ihnen immer noch nahe ist. Wenn das der Fall ist, empfehle ich, all das zutun, was ich beschrieben habe in den Kapiteln: „Wie kann man im Moment das Todes helfen?“ und „Wie hilft man Pretas?“ Insbesondere würde ich empfehlen, das Mantra „om tryambakam“ zu wiederholen und Licht und Kraft schicken. Wenn man das ein paar Wochen lang täglich macht, hat man seinen Fehler mehr als gut gemacht. Falls die Seele tatsächlich noch im Energiefeld der Mutter war, hat sie die Energie bekommen, sich einen neuen Körper zu suchen. Falls die Seele sich schon längst wieder inkarniert hat, erhält sie so einen Schub von Lichtenergie und Liebe, welcher ihr auf dem weiteren Lebensweg helfen kann.

Manchmal inkarniert sich eine Seele im Embryo des Mutterleibs und verlässt diesen Embryokörper nach ein paar Wochen oder Monaten wieder. Das kann dann zu einer Fehlgeburt führen. Manche Seelen brauchen ein paar Mal das Gefühl der Geborgenheit im Mutterleib, bevor sie sich voll inkarnieren. Daher ist es gerade nach einer Fehlgeburt besonders wichtig, ein kleines Totenritual zu zelebrieren und der Seele Lichtenergie zu schicken.

---

14 Himsa = „Schaden zufügen“, angefangen von kleineren Verletzungen in Gedanken, Wort und Tat bis zum Mord

Wenn eine Seele den Embryokörper verlässt, muss das nicht immer zu einer Fehlgeburt führen. Es gibt nämlich Seelen auf Bhuvah Loka, die es besonders eilig haben, sich zu reinkarnieren. Diese können dann den Embryokörper übernehmen, den die andere Seele gerade verlassen hat. In diesen Fällen kann die Zeit der Seele zwischen Tod und Geburt sehr kurz sein. Es kann sogar sein, dass eine Seele sich direkt aus Bhur Loka inkarniert, ohne zwischendurch in Bhuvah Loka verweilt zu haben. Das ist zwar selten, kann aber vorkommen. In diesen Fällen kann sich das Kind manchmal an seine frühere Inkarnation erinnern. Bei den meisten der von Ian Stevenson untersuchten Reinkarnationsfällen war die Zeit zwischen Tod und Geburt sehr kurz, häufig nur wenige Tage oder Wochen.

Vorgeburtliche Erziehung, Schwangerenyoga

Wenn man eine spirituelle Seele als sein Kind haben will, wird empfohlen, einige Wochen vor der Zeugung zusammen zu meditieren, zu Gott zu beten, eine geeignete Seele zu bitten, sich zu inkarnieren. Direkt vor dem Geschlechtsverkehr kann man zusammen meditieren, Mantras wiederholen, zu Gott beten, den Geschlechtsverkehr so zu einer heiligen Handlung machen. Wenn die Frau nicht sofort schwanger wird, hat man so einen wichtigen Teil des Lebens spiritualisiert. Falls die Frau schwanger wird, haben die Eltern ihr Energiefeld optimal auf den Empfang der Seele vorbereitet. Die sich inkarnierende Seele fühlt sich wirklich willkommen geheißen, die Inkarnation kann sehr harmonisch vonstatten gehen.

Nach yogischer Theorie ist die sich inkarnierende Seele während der Schwangerschaft voll bewusst. Sie bekommt mit, was die Eltern sprechen, was sie tun, was im Umfeld geschieht. Die Seele ist lose mit dem Embryo verbunden, ist bei der Entwicklung des Embryos mit beteiligt, kann aber auch mit ihrem Astralkörper außerhalb des Embryos verweilen. So kann das Elternpaar während der Schwangerschaft Einiges für die sich inkarnierende Seele tun. Als hilfreich für die spirituelle Entwicklung der sich inkarnierenden Seele - und für die Eltern natürlich auch – gilt z.B.:

- Lesen von spirituellen Büchern
- Meditation
- Singen, Rezitieren und Hören von Mantras und anderen spirituel len Gesängen und spiritueller Musik
- Besuch eines Ashrams oder eines anderen spirituellen Ortes

So verstärkt man in der sich inkarnierenden Seele die spirituellen Tendenzen. Es heißt, dass sich die Seele bis zur Geburt all ihrer vorigen Leben bewusst ist. Die Seele weiß, was ihre Aufgaben in diesem Leben sind. Sie weiß, dass die spirituelle Entwicklung das Wichtigste im Leben ist. Sie nimmt sich vor, im neuen Leben ganz besonders bewusst an der spirituellen

Evolution zu arbeiten und ihre Lebensaufgabe zum Wohl der Menschheit zu erfüllen. Mit einer guten vorgeburtlichen Erziehung bekommt die Seele besondere Kraft, ihre Entschlüsse in die Tat zu umzusetzen.

Als besonders hilfreich gilt auch Schwangerenyoga. Durch Hatha Yoga kann die Mutter besonders guten Kontakt zum Kind aufbauen und harmonisiert das Energiefeld zwischen sich und dem Kind. Sie aktiviert ihr eigenes Prana (Lebensenergie) und stärkt damit auch das Pranafeld des Kindes. Die Yogaübungen verhelfen zu einer angenehmeren Schwangerschaft und einer leichteren Geburt. Die sanften Dehnungen sind gleichzeitig eine angenehme Massage für das werdende Kind. Inzwischen weiß man, dass sportliche gymnastische Betätigung der Mutter die motorische und intellektuelle Entwicklung des Babys fördert. Schwangerenyoga ist ein weites Themengebiet. Ich würde jeder werdenden Mutter empfehlen, einen Schwangerenyogakurs zu besuchen. Wenn möglich, ist es sogar empfehlenswert, vor der Schwangerschaft regelmäßig Hatha Yoga zu üben und sich ein Grundwissen der Prinzipien des Schwangerenyoga anzueignen. Es gibt inzwischen viele gute Bücher über Schwangerenyoga[15]. Hier möchte ich nur ein paar Tipps geben. Vom Standpunkt des Schwangerenyoga kann man 3 Phasen der Schwangerschaft unterscheiden:

- In den ersten 3 Monaten ist von außen die Schwangerschaft nicht erkennbar, theoretisch sind alle Yogaübungen möglich. Aber gerade in den ersten 3 Monaten ist die Gefahr einer Fehlgeburt besonders hoch. Daher wird empfohlen, in den ersten 3 Schwangerschaftsmonaten keine Asanas zu üben, bei denen eine Sturzgefahr besteht. Die Hatha Yoga Praxis sollte nicht übertrieben werden. Anstrengende, schweißtreibende Hatha Yoga Formen sind zu unterlassen. Bei den Atemübungen sollte die Luft entweder gar nicht oder nur sehr kurz angehalten werden (bei Kapalabhati z.B. fünf bis zehn Sekunden, bei der Wechselatmung vier Sekunden lang). Wenn die Frau Extreme vermeidet, ist ansonsten normaler klassischer Hatha Yoga (z.B. nach dem Yoga Vidya System) ausgezeichnet. Durch eine sanfte, manchmal auch leicht fordernde Hatha Yoga Praxis werden die Umstellungsprozesse im Körper der Frau erleichtert, die Schwangerschaft wird angenehmer.
- Im zweiten Drittel der Schwangerschaft wird die Frau typischerweise flexibler und fühlt sich wohler. Die Hatha Yoga Übungen müssen langsam angepasst werden: Übungen für die geraden Bauchmuskeln werden ersetzt durch schräge Bauchmuskelübungen, Übungen mit Bauchlage werden so verändert, dass kein Gewicht auf den Bauch gelegt wird. Spezielle Übungen, die besonders für die Geburtsvorbereitung gut sind, werden stärker betont, wie Hockübungen, Ashwini Mudra, Anjaneyasana, Schmetterling, spezielle Rückenstärkungsübungen etc.

---

15 Auf den Yoga Vidya Internetseiten http://www.yoga-vidya.de findest du unter dem Stichwort „Schwangere“ viele Infos zum Thema.

- Im letzten Drittel der Schwangerschaft müssen die Vorwärtsbeugen dem wachsenden Bauch Rechnung tragen und abgewandelt werden. Die im zweiten Drittel gelernten geburtserleichternden Übungen werden mehr praktiziert. Wenn die Umkehrstellungen sich angenehm anfühlen, können sie weiter praktiziert werden, ansonsten werden sie weg gelassen bzw. durch andere Übungen ersetzt. Die Tiefenentspannung wird in der Seitenlage ausgeführt.

Wenn du all das im Rahmen deiner Möglichkeiten umsetzt, gibst du der sich inkarnierenden Seele die optimalen Startbedingungen für das Leben. Wenn du es bei deinen Kindern nicht umgesetzt hast, mache dir aber kein schlechtes Gewissen. Die Seele sucht sich, von einem höheren Standpunkt aus betrachtet, die Umstände aus, die für ihre Inkarnation am besten sind. Und wenn du dich auch mal über die Schwangerschaft beklagt hast, vielleicht sogar über Abtreibung nachgedacht oder darüber gesprochen hast, mache dir keine zu großen Gedanken. Zwar hat das die Seele mitbekommen, aber sie hatte, da sie gerade aus der Bhuvah Loka kam, auch noch Zugang zu einem höheren Wissen, hatte also auch ein mitfühlendes Verstehen für die äußerlich oder emotional schwierige Situation, in der du dich befunden hast.

Geburt

Im Moment der Geburt inkarniert sich die Seele dann voll. Und sie erleidet einen Gedächtnisschwund: Sie vergisst das Wissen um die früheren Geburten. Sie vergisst ihre Lebensaufgabe für diese Inkarnation. Sie vergisst ihre guten Vorsätze für die spirituelle Entwicklung. So kann sie sich relativ vorurteilsfrei auf alles einlassen, was das Leben ihr für Lernaufgaben geben wird.

Swami Vishnu-devananda[16] hatte eine Begründung, warum Menschenbabys im Unterschied zu allen Tierbabys bei der Geburt schreien: Im Moment der Geburt erinnert sich die Seele nochmals an ihre früheren Inkarnationen, macht sich die Aufgaben für dieses Leben bewusst, vergegenwärtigt sich alle guten Vorsätze für dieses Leben. Dann wird sich die Seele bewusst, dass sie gleich alles vergessen wird, dass sie fest mit dem Babykörper verbunden sein wird, recht ohnmächtig auf die Hilfe anderer angewiesen sein wird und als Erwachsener vermutlich wieder vieles anders machen wird, als sie es sich vorgenommen hat... Vor lauter Verzweiflung schreit das Baby dann bei der Geburt – und dann kommt der große Gedächtnisschwund... Ich weiß bis heute nicht, ob Swami Vishnu-devananda das wörtlich gemeint hatte oder mehr humorvoll...

Manche Babys und Kleinkinder haben noch eine Weile lang Zugang zu

16 Swami Vishnu-devananda, 1927-1993, Yoga-Meister, bei dem ich gelernt habe.

einem höheren Wissen, können z.B. auf Astralreise gehen, mit Engeln und Naturgeistern kommunizieren, Auras sehen. Meist vergeht das mit Beginn der Grundschule, spätestens mit Beginn der Pubertät.

Spirituelle Erziehung

Eine spirituelle Erziehung ist gerade in den ersten Jahren sehr wichtig. Zu diesem Thema gibt es auch viele gute Bücher. Hier ein paar Denkanstöße:

- Lebe selbst sehr gesund. Lebe ein spirituelles, ethisches Leben. Durch dein Beispiel lernt dein Kind am meisten.
- Höre spirituelle Musik, meditiere, übe spirituelle Praktiken. Be ziehe, soweit möglich, dein Baby mit ein. Nimm dir aber auch Zeit für dich selbst.
- Es ist nicht allein die Menge an Zeit, die du mit deinem Kind ver bringst, sondern die Qualität der Zeit
- Heute gibt es im Gegensatz zu früher viele Einzelkinder. Wenn irgendwie möglich, bringe schon in den ersten Lebensjahren dein Kind mit anderen Kindern zusammen.
- Schon im Vorschulalter kann dein Kind Kinderyoga üben. Dazu gibt es gute Bücher und Yogakurse für Kinder im Vorschulalter. Oder lass dein Kind einfach ein paar Übungen mit dir zusammen machen.
- Führe dein Kind sanft in deine spirituellen Überzeugungen mit ein. Eine „weltanschaulich neutrale“ Erziehung gibt es nicht. Wenn du mit deinem Kind nie über Gott sprichst, nicht mit ihm zusammen betest, es nicht in spirituelle Praktiken einführst, führst du dein Kind in eine materialistische Weltanschauung ein. Daher: Sprich mit deinem Kind über Gott, erzähle ihm spirituelle Geschichten, nimm es in Gottesdienste deiner Tradition mit, lehre es Achtung vor dem Leben, ziehe es vegetarisch auf, bestehe auch bei den Großeltern darauf. Lasse dein Kind in den Kindergottesdienst gehen, nimm es bei Ashrambesuchen mit, singe Mantras zusammen mit deinem Kind oder was auch immer zu deiner Tradition gehört. Lass dein Kind so in deine spirituelle Tradition hineinwachsen, hilf ihm aber auch, sich in einer Welt zurechtzufinden und durchzusetzen, welche nicht den gleichen spirituellen Idealen folgt.
- Die meisten Impulse kannst du in den ersten zwölf Lebensjahren setzen. Danach orientiert sich dein Kind mehr an seinen Kameraden als an dem, was die Eltern sagen.
- Wenn du in den ersten zwölf Jahren gute Samen gesät hast, können diese entweder in der Pubertät oder auch viel später Früchte tragen. Ich erlebe es häufig, dass spirituell erzogene Kinder sich in der Pubertät von den Idealen der Eltern entfernen, um dann in den Zwanzigern oder Dreißigern sich diesen wieder anzunähern.

- In der Pubertät wirst du loslassen müssen. Du kannst etwas Orientierung geben, deine Hilfe anbieten, Grenzen setzen. Aber ab der Pubertät wird die Seele ihren eigenen Weg finden.

Sei dir dabei stets bewusst: Als Elternteil hast du zwar eine besondere Verantwortung gegenüber deinem Kind. Du hast eine besondere Liebe zu deinem Kind. Letztlich wird sich aber das Karma deines Kindes so entfalten, wie es für die Entwicklung deines Kindes am besten ist. Auch Krankheiten, Unfälle, sogar vorzeitiger Tod, all das kann im Karma deines Kindes enthalten sein. Du hast zwar einen gewissen, aber letztlich doch beschränkten Einfluss. Und all deine Erziehungsbemühungen bleiben stets nur Bemühungen. Die Seele wird ihr Leben selbst gehen. Uneigennützige Liebe heißt, dass du das tust, was dir nach bestem Wissen und Gewissen möglich ist. Und dann gilt es loszulassen. Das ist ja bei allem so: Tue alles, so gut du kannst. Bringe alles Gott dar. Lasse dann los.[17]

Sei dir dabei bewusst: Du und deine Familienmitglieder haben sich schon millionenfach inkarniert. Ein Lehrgedicht des indischen Meisters Shankaracharya[18] enthält folgende Aussagen: „Wieder wurdest du geboren. Wieder wirst du sterben. Wieder wirst du dich verkörpern. Jeder Mensch, den du triffst, war schon einmal dein Kind, deine Mutter, dein Vater, dein Mann, deine Frau. Wann hast du genug davon? Wache auf und verwirkliche dein höchstes Selbst." Bei aller Verantwortung und Liebe zu deinem Kind sei dir also bewusst, dass es nicht wirklich **dein** Kind ist. Und dass du in anderen Inkarnationen schon viele andere Kinder gehabt hast.

Inkarnation in Gruppen

Normalerweise inkarnieren sich Seelen zusammen, die sich in früheren Leben schon kannten. Allerdings wechseln die Beziehungen und auch die Reihenfolge in jeder Inkarnation. Auch Geschlechtswandel ist von einer Inkarnation zur nächsten möglich: Dein jetziger Partner kann im früheren Leben deine Mutter gewesen sein. Dein Kind war vielleicht dein Chef. Dein Arbeitskollege war deine Dienstmagd und dein Vater dein Enkelkind.

Wenn dir jemand seltsam vertraut vorkommt, kann das durchaus eine Erinnerung an ein früheres Leben sein. Eine innere Vertrautheit muss nicht unbedingt darauf hinweisen, dass dies dein Lebenspartner sein muss. Es kann viele Gründe für mögliche Vertrautheit geben. Und auch dein Ehepartner oder Geliebter aus einem früheren Leben muss nicht unbedingt der ideale Partner in diesem Leben sein. Vielleicht habt ihr in diesem Leben ganz Anderes auszuarbeiten.

---

17 Über diese Karma Yoga Einstellung habe ich in meinen Büchern „Die Yoga-Weisheit der Bhagavad Gita", Band 1-3 sehr ausführlich geschrieben.

18 Shankaracharya lebte um 800 n.Chr., vermutlich 788-820 n.Chr. Er gilt als einer der größten Jnana Yoga Meister aller Zeiten, schrieb Kommentare zum Brahma Sutra, zur Bhagavad Gita und zu einigen Upanishaden.

Mindestens im klassischen Yoga spricht man nicht von „Dualseelen“, die sich über viele Inkarnationen immer wieder treffen. Vermutlich stammt das Konzept von „Dualseelen“, die sich über viele Inkarnationen immer wiederfinden, um sich gemeinsam spirituell zu entwickeln, bis sie zusammen die Verwirklichung erreichen, aus der westlichen Romantik. Mir ist zumindest kein Fall von einem Ehepaar bekannt, wo beide Partner gleichzeitig die Selbstverwirklichung erreicht haben. Ramakrishna und Sharada Devi[19] sollen zwar beide die Verwirklichung erreicht haben, aber nicht gleichzeitig sondern mit vielen Jahren dazwischen.

Wir werden in karmischen Zusammenhängen geboren. Wenn man im vergangenen Leben einen Menschen sehr geliebt hat und gestorben ist, ohne dass diese Liebe auf eine höhere Ebene gehoben wurde, können beide sich in einer neuen Inkarnation wieder finden. Auf diese Weise können Liebesbeziehungen über mehrere Leben fort laufen. Aber die Entwicklung einer Seele hängt nicht von der anderen Seele ab. Es liegt in der eigenen Verantwortung, sich spirituell zu entwickeln, an der Selbstverwirklichung zu arbeiten. Und wenn man die gemeinsamen Aufgaben gelöst hat, kann es zu einer Trennung kommen, sei es noch in diesem Leben, sei es mit dem Tod eines der Partner. Es wird also im Wesentlichen durch das Karma bestimmt, wie lange dieser gemeinsame Weg andauert.

Und letztlich gilt es, sich aus allen Verhaftungen zu lösen bzw. jede Liebesbeziehung als Ausdruck der Liebe Gottes zu begreifen, um schließlich das Höchste zu verwirklichen.

---

19 Ramakrishna war einer der wichtigsten Meister des 19. Jahrhunderts. Sein Schüler Swami Vivekananda leitete die Renaissance des Yoga ein und war der erste indische Yoga-Meister, der Yoga im Westen verbreitete. Seine Frau Sharada Devi wurde insbesondere nach dem physischen Tod ihres Mannes eine sehr bedeutende spirituelle Lehrerin, die hohe Verehrung unter den Swamis der Ramakrishna Mission genoss.

Svah Loka - Höhere Ebenen nach dem Tod

Wie oben dargelegt, geht die Entwicklung des Menschen über viele Inkarnationen über folgende Stadien:

1. Geburt
2. Wachstum
3. Veränderung
4. Alter
5. Tod
6. Bhur Loka – erdnahe Astralebene
7. Bhuvah Loka – Himmelswelten
8. Bhur Loka
9. Mutterleib
10. Geburt ...

Im Fall großer Meister und Meisterinnen kommt eine weitere Ebene dazu, nämlich die sogenannte Kausalebene, auch spirituelle Ebene genannt. Im 3-Ebenen-Modell wird diese höhere Ebene als Svah Loka[20] bezeichnet.

Nur der kommt zu Svah Loka, der schon im physischen Leben *Samadhi*, das Überbewusstsein, erreicht hat. *Samadhi* ist ein Zustand des Geistes jenseits von Zeit und Raum, jenseits von Ego und Ich-Gefühl, jenseits von Gedanken.

Es gibt, einfach gesprochen, 2 *Samadhi*stufen, *Savikalpa* und *Nirvikalpa*.[21] *Savikalpa*, auch *Samprajnata* genannt, ist *Samadhi* mit Dualität. *Nirvikalpa*, auch *Asamprajnata* genannt, ist *Samadhi* ohne Dualität. Die Yogis haben Hunderte von Ausdrücken für *Samadhi*. Jemand hat einmal einen Meister gefragt, warum die Yogis so viele Ausdrücke für *Samadhi* kennen. Dieser antwortete darauf: „Ein Mensch, der etwas besonders liebt, hat dafür viele Namen. Ein frisch Verliebter findet viele Kosenamen für seine Geliebte. Eine Mutter findet viele Kosenamen für ihr Kind. Yogis nennen Gott mit Hunderten von Namen. Weil Yogis *Samadhi* so sehr lieben, nennen sie diesen eigentlich unnennbaren Zustand auf so viele Weisen."

Savikalpa Samadhi, auch *Samprajnata Samadhi* genannt, ist also *Samadhi* mit Dualität. Es ist eine sehr hohe Ebene der Meditation. Der Gemütszustand ist sehr erhaben, jenseits von Zeit und Raum, jenseits von Vorstel-

---

20 Wie schon erwähnt, gibt es in den indischen Schriften verschiedene Einteilungen für die Erfahrungen nach dem Tod. Es gibt das 3-Ebenen-Modell, das 7-Ebenen-Modell und auch das 14-Ebenen-Modell. Hier werde ich weiter dem 3-Ebenen-Modell folgen.

21 In Yogaschriften findet man auch noch detailliertere Einteilungen von Samadhi. Patanjali z.B. nennt Savitarka, Nirvitarka, Savichara, Nirvichara, Sananda, Sasmita, Samprajnata und Asamprajnata Samadhi. Des weiteren erwähnt er Dharma Megha Samadhi, Sabija, Nirbija Samadhi und Kaivalya.

lung, Worten und Bildern. Es ist die Ebene der Verschmelzung, ohne jedoch vollständig eins zu werden.

Im Raja Yoga unterscheidet Patanjali verschiedene Stadien der Meditation[22]:

1. **Asana**: Einnehmen der Sitzposition
2. **Pranayama**: Bewusste Regulierung des Atems
3. **Pratyahara**: Hineinversetzen in einen meditativen Gemütszustand durch Affirmation, Gebet, Entspannung o.ä.
4. **Dharana**: Eigentliche Meditationstechnik
5. **Dhyana**: Tiefer Meditationszustand, auch als Absorption bezeichnet
6. **Samadhi**: Verschmelzung, Überbewusstsein

Ein Beispiel: Angenommen, du meditierst mit einem Mantra. Dazu setzt du dich erst hin (*Asana*). Dann regulierst du deinen Atem (*Pranayama*). Dann entspannst du dich innerlich, sprichst ein Gebet oder machst dir bewusst, warum du meditierst (*Pratyahara*). Jetzt wiederholst du bewusst dein Mantra (*Dharana*). Sehr häufig bleibt die Meditation auf dieser Ebene stehen: Dein Geist wandert, du holst ihn zurück zum Mantra. Du denkst an Vergangenheit und Zukunft, du bringst ihn zurück zur Mantra-Wiederholung. Irgendwann fällst du in *Dhyana*: Nicht mehr du wiederholst das Mantra, sondern die Mantra-Wiederholung geschieht. Du bist ganz absorbiert im Hier und Jetzt. Du spürst eine göttliche Gegenwart (*Sat*). Du bist ergriffen von einer Wonne (*Ananda*) und Bewusstseinserweiterung (*Chid*). Dein Ego wird durchlässig, Zeit und Raum verlieren ihre Bedeutung. Die ersten Male verweilst du nur sehr kurz in diesem *Dhyana* Zustand, vielleicht nur Sekunden. Aber diese Sekunden geben dir Energie und Freude für Stunden, vielleicht sogar für Tage. Manchmal ist es das Ego, welches dich aus diesem Zustand herausholt: „Jetzt habe **ich** die Meditation erreicht." Wenn du mit uneigennützigem Dienen und Öffnen für göttliche Gnade dein Ego immer durchlässiger gemacht hast, kannst du länger in *Dhyana* verweilen. Irgendwann fällst du durch göttliche Gnade in den Zustand von *Savikalpa Samadhi*: Dabei verschmilzt du mit der Essenz des Mantras, also mit Gott selbst. Du kannst spüren, dass du eins mit Gott bist. Es ist ein Zustand jenseits von Worten und Bildern. Dieser Zustand ist so erhaben und großartig, dass er nicht in Worte gefasst werden kann. Dennoch gibt es noch ein Ich, das sich irgendwie bewusst ist: „Ich bin eins mit Gott." Es gibt also noch ein „Ich" und damit eine Spur von Dualität. Wenn auch diese Dualität verschwunden ist und nur reines *Sat-Chid-Ananda* bleibt, dann ist das *Nirvikalpa* bzw. *Asamprajnata Samadhi*: Reines Sein, unendliche Bewusstheit,

22 In meinem Buch „Die Yoga-Weisheit des Patanjali" gehe ich detaillierter auf die 8 Stufen der Meditation und die verschiedenen Samadhi-Ebenen ein.

unendliche Wonne und Liebe. Keine Bewusstheit von etwas sondern reine Bewusstheit an sich.

Jesus sagte: „An ihren Früchten sollt ihr sie erkennen." Der Beweis für *Savikalpa Samadhi* ist Freude, Energie, uneigennützige Liebe im Alltag. Der Beweis für *Nirvikalpa Samadhi* ist Gleichmut in allen Lebensumständen und gegenüber allen Wesen.

Wer im physischen Leben *Savikalpa Samadhi* erreicht hat, kann nach dem physischen Tod bis zu *Svah Loka* aufsteigen. Die Erfahrung in Svah *Loka* ist, ähnlich wie die *Samadhi*-Zustände, äußerst schwer zu beschreiben. *Svah Loka* ist nämlich jenseits von normaler Zeit, normalem Raum, jenseits von Kausalität. *Svah Loka* wird nicht individuell erfahren. *Svah Loka* ist ein Ort transzendentaler Wonne, wo man sich Gott nahe oder mit Gott eins fühlt, aber noch nicht vollkommen verschmolzen ist. Das wird in manchen Religionen als „Himmel" bezeichnet. Nicht der Himmel mit Engeln, Harfen etc. (das wären Ebenen von *Bhuvah Loka*), sondern ein transzendenter Nicht-Ort von Wonne und Gottesnähe.

Stadien nach dem physischen Tod für einen Meister, der Savikalpa Samadhi erreicht hat

Bei einem Meister, der bereits *Savikalpa Samadhi* erreicht hat, geschieht der Todesprozess dann so:

1. Meister wissen normalerweise, dass sie sterben sollen und kündigen das oft auch an. Swami Sivananda hatte Monate vorher in Gegenwart eines Schülers auf den 14. Juli, seinen späteren Todestag, gezeigt. Swami Vishnu-devananda ist nach Indien geflogen, um dort seinen Körper aufzugeben. Ähnlich hatten Swami Vivekananda, Swami Satyananda und Swami Chidananda ihren Tod angekündigt.

2. Nach dem Tod geht der Meister/die Meisterin[23] in *Bhur Loka* ein. In vielen Fällen erscheint der Meister seinen engsten Schülern. Ich kenne mindestens eine Handvoll von Schülern von Swami Sivananda, die gesagt haben, dass sie Swami Sivananda nach dem Tod gesehen haben und zwar genauso klar, als ob er im physischen Körper gewesen wäre. Swami Vishnudevananda hat gerne und sehr bewegt von seiner Vision von Swami Sivananda ein paar Tage nach seinem physischen Tod erzählt.[24] Ramakrishna ist Vivekananda erschienen. Paramahamsa Yogananda ist einigen seiner Schüler erschienen, sogar bevor sie informiert wurden, dass er gestorben war. Manche Inder deuten die Wiederauferstehung Jesu als ein solches Phänomen der nachtodlichen Erscheinung eines Meisters im Astralkörper vor

---

23 Der Einfachheit halber schreibe ich nicht immer „er/sie", „der/die Meister/in". Aber natürlich gibt es Meisterinnen und Meister – die physische Form ist für die Verwirklichung unerheblich.

24 mehr dazu im Buch „Der Yogi" im Yoga Vidya Verlag

seinen Schülern, wie es bei Yoga-Meistern üblich ist. Das wird sicherlich in keinster Weise der christlichen Lehre vom Tod Jesu zur Vergebung der Sünden und der physischen Auferstehung gerecht, ist aber einer der Gründe, weshalb das Christentum in Indien unter spirituell Vorgebildeten so wenig Missionserfolge hat. Wenn der eigene Meister seinen Körper verlassen hat, ist es gut, die nächsten Tage viel zu meditieren, um sich zu öffnen für den Segen des Meisters. Es kann sein, dass der Meister einem noch einmal helfen will, richtig intensiv auf dem Weg voranzuschreiten. So hat Swami Vishnu-devananda gesagt, dass Meister Sivananda ihn in den Tagen nach seinem physischen Tod in hohe Ebenen des Bewusstseins geführt hat und ihm versichert hat: „Ich werde stets mit dir sein."

3. Nach Bhur Loka geht der Meister in Bhuvah Loka ein. Vielleicht hilft er dort einigen seiner vorher verstorbenen Schüler. Auf dieser Ebene sendet er sein „*Sankalpa*" aus, seine Gedankenkraft, mit der er seine Schüler auch nach dem Tod anleitet und sein Werk auf der Erdebene fortführt. Wenn Schüler noch Jahre (sogar Jahrhunderte und Jahrtausende) nach dem Tod eines Meisters Visionen von diesem Meister haben, seine/ihre Führung spüren, ist dafür dieses *Sankalpa* verantwortlich, welches die Grenzen von Zeit und Raum überschreitet. Der Meister schafft damit eine feinstoffliche Form, über welche Gott selbst wirksam werden kann.

4. Dann gibt der Meister auch den Astralkörper auf und geht in Svah Loka ein, in den Zustand transzendenter Wonne und Gottesnähe.

Nachdem der Meister/die Meisterin einige Zeit in *Svah Loka* gewesen ist, hat er/sie verschiedene Möglichkeiten:

1. Er/sie kann weitergehen bis zur Befreiung. Das nennt sich *Videha Mukti*, „Befreiung ohne den Körper". „Mukti" heißt „Befreiung", „Videha" heißt „ohne Körper". Der Meister verschmilzt schrittweise mit Brahman. Er kann sich auch wieder inkarnieren, um der Menschheit zu dienen und die letzten Schritte bis zur Befreiung gehen. Er kann sich auch als bestimmtes Engelswesen, als sogenannter „Deva" inkarnieren oder manifestieren. Dort kann er übergeordnete Funktionen übernehmen und ein Engel für ein ganzes Zeitalter sein. Wenn der Meister sich als ein Engelswesen inkarniert, ist er auf einer subtilen Ebene mit übergeordneten Funktionen tätig. Nach den Vorstellungen der indischen Mythologie waren alle Engelswesen irgendwann einmal Menschen. Aber als Engelswesen muss er sich danach wieder in einen physischen Körper inkarnieren, um so noch die letzten Schritte zu gehen. Deshalb heißt es auch immer wieder, dass die menschliche Geburt das wertvollste Gut ist: Nur im menschlichen bzw. menschenartigen Körper kann man zur vollen Verwirklichung kommen. Viele indische Schriften behaupten: „Die Engelswesen beneiden die Menschen um ihren

menschlichen Körper." Menschlicher Körper muss nicht notwendigerweise ein Erdenkörper sein, wie wir ihn kennen., wie ich im Kapitel über die Möglichkeit von Leben auf anderen Planeten geschrieben habe. „Menschliche Geburt" in diesem Sinne heißt, einen physischen Körper zu haben, mit dem das Karma erfahren und gestaltet werden kann und dabei alles bewusst zu erleben, also mit funktionierendem *Buddhi* (Verstand) und *Ahamkara* (Ich-Bewusstsein). Es ist also denkbar, dass sich ein Meister auch auf anderen Planeten wieder inkarniert.

2. Ein Meister kann sich dafür entscheiden, sich wieder und wieder zu inkarnieren und der Menschheit zu helfen, bis alle anderen Wesen die Befreiung erlangt haben. Bei den Buddhisten wird das als Bodhisattwa-Gelübde bezeichnet.

3. Ein Meister kann auch mit der *Prakriti*, also der Urnatur, verschmelzen. Er wird mit seiner Bewusstheit eins mit dem gesamten Universum. Aus diesem Zustand kann er dann jederzeit in *Nirvikalpa* ***Samadhi*** eingehen.

4. Ein Meister kann zum „Siddha"[25] werden: Der Meister gibt den physischen Körper auf, existiert aber in subtilen Ebenen weiter. Ein Siddha hat fast die Vollkommenheit erreicht. Er hat sich aber entschieden, sich zwar beständig Brahmans bewusst zu sein, aber noch nicht vollständig mit Brahman zu verschmelzen. Er existiert in einer subtilen Form ohne Körper, um den Suchenden immer wieder zu helfen, sie zu inspirieren und ihnen gegebenenfalls zu erscheinen, wenn dies für ihre spirituelle Entwicklung notwendig ist. In manchen Traditionen wird Hanuman als Siddha in diesem Sinne gesehen.[26] Hanuman, oft dargestellt als Affenmensch, war ein großer Bhakta, Verehrer von Rama. Er gilt als Beispiel dafür, wie man mit Hingabe und Gottesverehrung alles erreichen kann. Zunächst bekam er außergewöhnliche Kräfte. Wenn er Rama, Gott, verehrte, konnte er fliegen, riesengroß oder winzig klein werden. Später wurde er ein großer Jnani, Wissender. Er entschied sich dann aber, nicht vollständig mit Gott zu verschmelzen, sondern als Siddha Gott und der Menschheit weiterhin zu dienen. Daher heißt es: Wenn man Hanuman anruft, dann kommt er, manifestiert sich, hilft, wo immer notwendig. Ich selbst kenne gar nicht so wenige Menschen, die eine Vision von Hanuman hatten und in kritischen Lebenssituationen von Hanuman Hilfe erhielten. Andere bekannte Siddhas sind z.B. Dattatreya, Agastya sowie die großen Hatha Yoga Meister

25 Der Ausdruck „Siddha" kann in verschiedenen Kontexten Unterschiedliches bedeuten. „Siddha" heißt wörtlich „der es erreicht hat". In manchen Traditionen wird jeder Meister als „Siddha" bezeichnet. Manchmal wird jemand mit übernatürlichen Kräften („Siddhis") als Siddha bezeichnet. Hier folge ich der Verwendung in der Hatha Yoga Pradipika und der Yoga Vasishtha.

26 In anderen Traditionen wird Hanuman als Inkarnation (Avatar) von Shiva bezeichnet, in wieder anderen als ein Aspekt Brahmans, der Hingabe (Bhakti) verkörpert.

wie Gorakhnath, Gheranda und Swatmarama. Der bekannteste Siddha in unserer Zeit ist der sogenannte „Babaji", der von Paramahamsa Yogananda in seiner berühmten „Autobiographie eines Yogi" beschrieben wird. Der Ausdruck „Babaji" heißt übersetzt in etwa „verehrter Vater". So gibt es viele Lehrer in Indien, die als „Babaji" bezeichnet werden. Der Meister, der von Paramahamsa Yogananda als „Babaji" bezeichnet wurde, hat alle typischen Kennzeichen eines Siddhas. Siddhas können, wann immer sie wollen, *Moksha*, die volle Befreiung, erlangen. Sie können dazu wieder auf der Erde inkarnieren, um dort dann *Jivanmukti* zu erlangen, die lebendige Befreiung. Oder sie können *Videhamukti*, die Befreiung ohne Körper, erreichen.

Der Jivanmukta

Wer vollständigen *Nirvikalpa* bzw. *Asamprajnata Samadhi* erfahren hat, erreicht *Jivanmukti*. Wer *Jivanmukti*, die Befreiung im Körper, erreicht hat, wird als *Jivanmukta*, lebendig Befreiter, bezeichnet. Ein *Jivanmukta* hat vollständig erfahren: „Aham Brahmasmi" – „Ich bin Brahman, das universelle Bewusstsein." Ein *Jivanmukta* ist aufgewacht aus dem Traum der Unwissenheit. Ein *Jivanmukta* weiß dauerhaft, dass das Bewusstsein hinter allen Wesen, dass seine Essenz eins mit Gott ist. Im Alltag hat der *Jivanmukta* Doppelbewusstsein: Er sieht die Welt wie wir auch. Er ist sich aber gleichzeitig der Gegenwart Gottes vollständig bewusst. Ein *Jivanmukta* handelt nicht mehr, um irgendetwas zu erreichen. Ein *Jivanmukta* handelt spontan, um den Willen Gottes zu tun. Er identifiziert sich mit nichts, ist an nichts verhaftet. Er ist voll von *Ananda*, Freude. All seine Handlungen geschehen aus reiner Liebe.

Wenn ein *Jivanmukta* stirbt, wird das als *Mahasamadhi*, als „großartiger Samadhi" bezeichnet. In Indien werden Verstorbene normalerweise verbrannt. Es gibt zwei Ausnahmen: Ein Swami (Mönch/Nonne) wird nach dem Tod typischerweise in einen Fluss geworfen. Ein *Jivanmukta* wird beerdigt und es wird ein „Samadhi Shrine", also eine Art Mausoleum, über ihn gebaut. Man sagt auch nicht, dass ein *Jivanmukta* stirbt. Es gibt zwei Ausdrucksweisen dafür: „Der Meister ist in *Mahasamadhi* eingegangen". Oder: „Der Meister hat seinen Körper aufgegeben." Kleine Anmerkung: Ursprünglich wurde der Ausdruck *Mahasamadhi* nur bei wirklich selbstverwirklichten Meistern verwendet. Heutzutage werden manche früher sehr spezielle Begriffe etwas „inflationär" gebraucht. Heutzutage sprechen die Schüler bei fast jedem Meister, der seinen Körper verlassen hat, davon, dass der Meister *Mahasamadhi* erreicht habe.

Wenn ein selbstverwirklichter Meister in *Mahasamadhi* eingeht, durchläuft er zunächst die gleichen Stufen wie ein Meister, der *Samprajnata Samadhi* erreicht hat:

1. Er kündigt seinen physischen Tod an.

2. Er geht mit seinem Astralkörper in Bhur Loka ein. In den meisten Fällen erscheint er seinen engsten Schülern und führt sie in höhere Bewusstseinsebenen bzw. gibt ihnen auf subtile Weise wichtige Instruktionen.

3. Er schafft bzw. hinterlässt ein „Sankalpa[27]“ bzw. eine „Sukshma Svahupa[28]“, welche zum Kanal Gottes wird und auch künftig die Schüler anleiten kann.

4. Er löst den Astralkörper auf und geht in Svah Loka, die Kausalwelt, ein. Hier verbindet er sich mit den Urgründen des Universums, mit der Persönlichkeit Gottes, mit den Urwurzeln des Seins und hilft auf sehr subtile Weise dem Fortgang der Schöpfung.

5. Er löst auch den Kausalkörper auf, verlässt alles Relative und verschmilzt dauerhaft mit Brahman. Er geht so in die dauerhafte Befreiung, in Nirvana, in das reine Sein ein. Auch wenn er über sein *Sankalpa* bzw. *Sukshma Svahupa* weiterhin seine Schüler inspiriert und führt, hat er aufgehört, als Individuum zu existieren. Er ist jetzt dauerhaft und vollständig erwacht.

Der Zustand der Befreiung eines Verwirklichten nach seinem Tod ist schwer zu begreifen. Einerseits hört er auf, als Individuum zu existieren – er ist zu dem geworden, was er immer war: unendliches, ewiges Bewusstsein. Auf der anderen Seite haben zahllose Menschen Visionen ihres Meisters. Ich kenne zahlreiche Menschen, die z.B. Visionen von Swami Sivananda hatten und haben. Ich selbst gehöre auch dazu. Ich hatte einige Visionen, in denen Swami Sivananda fast physisch spürbar war, mir klare Anweisungen gegeben hat, welche u.a. zur Gründung von Yoga Vidya und immer wieder neuen Entwicklungen bei Yoga Vidya geführt haben. Ähnliche Erfahrungen haben Schüler so vieler Yoga-Meister. Das ist aber auch nicht auf Yoga-Meister beschränkt. Marien-Erscheinungen und Visionen vieler Heiliger sind z.B. bei Katholiken gar nicht so selten. Dieses Phänomen wird von den Yoga Meistern erklärt mit dem „Sankalpa“, der „Sukshma Svahupa“, die der Meister geschaffen hat und durch die Gott selbst wirken kann, wenn der Schüler sich dafür öffnet. Gott spricht also zum Menschen durch diese Gedankenform, er erscheint dem Menschen durch diese Form. Letztlich sagen das die Meister sogar, wenn sie noch leben: „Wenn du durch mich irgendetwas Positives erfahren hast, war es Gottes Gnade. Nicht ich habe ein Wunder bewirkt, sondern Gott selbst.“ Sogar Jesus hat gesagt: „Dein Glaube hat dir geholfen.“

Ich habe jetzt relativ sachlich über die Erfahrung der großen Meister geschrieben. Wir müssen uns vergegenwärtigen, dass deren Erfahrung unbeschreiblich ist. Sie haben Zugang zu anderen Ebenen und Dimensionen.

27 Gedankenform, aufgeladen mit der Kraft und der Willensenergie des Meisters
28 subtile Form

Wir können uns ihren Bewusstseinszustand nicht vorstellen. Meine Worte sind sicherlich ungenügend, über diese unglaublich hohen Erfahrungen zu schreiben. Sogar eine weltliche Erfahrung ist kaum zu beschreiben. Wie will ein Erwachsener einem Kind beschreiben, was Verliebtheit ist? Wie will ein Sehender einem blind Geborenen erläutern, was Farbe ist? Wie will ein Yogaübender jemandem erklären, wie sich Tiefenentspannung anfühlt? Wie will man schon eine etwas tiefere Meditation jemandem beschreiben, der noch nie meditiert hat? So ist es ganz und gar unmöglich, *Nirvikalpa Samadhi* bzw. die Erfahrung eines *Jivanmuktas* in Worte zu fassen. Es genügt zu erfahren: *Nirvikalpa Samadhi, Jivanmukti*, ist das Großartigste, was es auf dieser Welt geben kann. Bewusst oder unbewusst streben alle Wesen danach. Wir werden wieder und wieder wiedergeboren, bis wir diesen Zustand erreichen. So ist es gut, sich immer wieder zu vergegenwärtigen: Da möchte ich hin. Dafür möchte ich alles geben. Und es heißt: Wenn der Wunsch nach Befreiung (*Mumukshutwa*) größer ist als alle anderen Wünsche zusammen, dann können wir noch in diesem Leben die Befreiung erreichen.

Zusammenfassung: Leben nach dem Tod

Yogis sehen das Leben als einen Kreis bzw. eine Spirale, bei dem immer nur eine Hälfte sichtbar ist. Von unserem jetzigen Standpunkt aus ist der Halbkreis oberhalb des Horizonts das irdische Leben, welches aus Geburt, Wachstum, Veränderung, Alter und Tod besteht. Nach dem physischen Tod geht man über eine erdnahe Ebene, Bhur Loka, in Bhuvah Loka, die Astralwelt ein. Wenn die Zeit reif ist, zieht das Karma einen wieder über Bhur Loka, Empfängnis und Leben im Mutterleib zur Geburt in ein neues Leben.

Da man nie weiß, wann man stirbt, ist es gut, sich auf den Tod vorzubereiten. Regelmäßige Meditation hilft, dass man auch im Moment des Todes sein Mantra wiederholen und an Gott bzw. die Unendlichkeit denken kann. Das Prana, die Energie, die man in diesem Leben durch Yogaübungen aufbaut, nimmt man auch ins Leben danach mit. Wenn man lernt, seine Gedanken zu beherrschen, genießt man in Bhuvah Loka große Freiheit. Am besten ist es, in diesem Leben anhaftungslos und doch voller Liebe zu werden. Dann kann man vielleicht sogar schon in diesem Leben *Samadhi* erreichen und nach dem Tod mit dem Unendlichen verschmelzen.

Das Schöne am Yoga ist: Einerseits hilft es, das Erdenleben glücklich, aktiv und bewusst zu leben. Andererseits ist alles, was man im Yoga macht, auch die denkbar beste Vorbereitung auf die Erfahrung des Todes und das Leben danach.

Wenn du das Mantra „om tryambakam" kennst, dann wiederhole es jetzt 3, 9, 27 oder 108 Mal für kürzlich Verstorbene, die du gekannt hast. Oder wiederhole das Mantra für alle, die es jetzt gebrauchen können.

Wenn du das Mantra nicht kennst, dann gehe auf www.yoga-vidya.de . Wenn du in der Seitensuchmaschine „om tryambakam“ eingibst bzw. „om tryambakam mp3“ oder „om tryambakam Video“, findest du den Text und die Melodie.

Karma

Definition von Karma und populäre Missverständnisse

Karma wörtlich übersetzt heißt Handlung, Tat. Das Gesetz von Karma ist also das Gesetz von Handlungen. Das Wort „Karma“ beinhaltet aber nicht nur die „Handlung“ selbst sondern auch die Konsequenz der Handlung. So kann man auch sagen: Das Gesetz von Karma ist das Gesetz von Ursache und Wirkung.

Das Gesetz von Karma besagt:

- alles, was man jetzt tut, ist die Ursache für eine zukünftige Wirkung
- alles, was einem jetzt geschieht, ist die Wirkung einer früheren Ursache

Anders formuliert, alles was wir tun, hat eine Konsequenz, die auf uns zurückfällt. Alles, was uns geschieht, haben wir irgendwann selbst verursacht.

Grundlage des Karma ist, dass der Mensch einen freien Willen hat. Der Mensch kann durch sein jetziges Tun die Zukunft beeinflussen.

Das Gesetz des Karma ist aber sehr komplex, wie ich unten darlegen werde. Karma ist nicht einfach Lohn oder Strafe für frühere Handlungen. Karma hat auch einen tieferen Sinn: Schicksal ist das, was auf geschickte Weise die Lektionen gibt, die einem Menschen helfen, sich zu entwickeln. Schicksal ist also eine Chance. Leben ist eine Schule. Der Mensch wächst durch die Aufgaben, die ihm von seinem Karma gestellt werden. Was auch immer geschieht, ist genau das, was man braucht, um zu wachsen.

Karma und Reinkarnation gehören philosophisch zusammen: Was die Abläufe der verschiedenen Leben bestimmt, ist das Karma. Und Karma kann sich nur über verschiedene Leben entfalten.

Das Gesetz des Karma wurde in Indien immer wieder falsch bzw. ungenügend verstanden. In seiner populären simplifizierten Form wird unter Karma Belohnung und Bestrafung verstanden: Wenn du in diesem Leben leidest, musst du in einem früheren Leben etwas Schlechtes getan haben. Wenn du gute Lebensumstände hast, musst du in einem früheren Leben Gutes getan haben. Dieses vereinfachte Karma-Modell wurde besonders im sogenannten „Purva Mimamsa“-Philosophiesystem vertreten, welches die Grundlage des populären Hinduismus geworden ist: Nach diesem Philosophiesystem ist alles, was man tut, entweder Paapa, Sünde oder Punya, Verdienst. Paapas führen zu leidvollen Lebensumständen, in diesem Leben, im Leben nach dem Tod (verschiedene Höllenebenen) und/oder im nächsten Leben. Punyas führen zu glücklichen Lebensumständen in diesem Leben, im Leben nach dem Tod (Himmelsebenen) und im nächsten Leben. Es wird auch beschrieben, was Paapa und Punya ist. Paapa ist z.B. Diebstahl, die Unwahrheit sagen, einem Lebewesen Schaden zufügen, seine Pflichten nicht zu erfüllen. Punya ist, seine Pflichten zu erfüllen, Almosen geben, rituelle Handlungen ausführen. Die Grundlagen des Purva Mimamsa- Systems wurden im Laufe der Zeit von den Herrschenden zur Herrschaftssicherung missbraucht: Jemand aus einer niedrigen Kaste erreicht Punya, indem er den Höhergestellten dient – dann wird er vielleicht in einem nächsten Leben in einer höheren Kaste wiedergeboren. Sich dagegen zur Wehr zu setzen, ist angeblich Paapa – man wird auch im nächsten Leben wieder in einer niederen Kaste geboren. Wenn man Paapa begangen hat, kann man das auch sühnen: Durch Almosen, durch Tapas (Askese), durch Rituale, stellvertretend auch durch Bezahlung eines Priesters, der die Rituale ausführt.

Seit Jahrtausenden wehren sich Yoga-Meister gegen dieses zu eng interpretierte Karma- Verständnis. Swami Sivananda warnt in vielen seiner Bücher vor einer daraus resultierenden fatalistischen Lebenseinstellung. Im Buch „Sadhana“ sagt er z.B. im Kapitel „Sivananda Upadeshamritam“: „Sage niemals: Karma, Karma, Karma. Mein Karma hat mich so gemacht. Strenge dich an. Bemühe dich.“

In der Bhagavad Gita spricht Krishna recht polemisch über diejenigen, die gute Werke tun, um in Himmelswelten einzugehen oder um bessere Lebensumstände zu erreichen. An mehreren Stellen wettert er gegen solche „Pseudo-Veda-Kenner“. Er sagt, sie seien in Wunschdenken verhaftet und müssten daher immer wieder wiedergeboren werden.

Patanjali spricht im 2. Kapitel über Karma, über den Sinn des Lebens und wozu geschieht, was einem geschieht. Er sagt dazu:

1. „Die Früchte der Handlungen sind Vergnügen oder Leid, je nachdem ob die Ursache davon Tugend oder Laster ist.“ (II.14)
2. „Negative Gedanken und Handlungen führen zu endlosem Leid und Unwissenheit. Daher sollte man tugendhafte Gedanken und Handlungen entwickeln.“ (II.34)
   Tugendhafte Handlungen verhelfen also nicht nur zu glücklichen Lebensumständen, sondern auch zu höherer Erkenntnis.
3. „Das Universum … existiert für die Erfahrung und die Befreiung des Menschen.“ II.18) Mit anderen Worten: Das, was geschieht, gibt einem erstens wichtige Erfahrungen und hilft einem zweitens, zur Befreiung zu gelangen
4. „Der Sinn des Hineingehens der Seele in dieses Weltall ist, damit die Seele die Kräfte erfährt, die in ihr selbst und in der Natur stecken.“ (II.23)
   Mit anderen Worten: Das, was geschieht, ist eine Herausforderung, die Kräfte und Fähigkeiten zu entwickeln und zu wachsen.

Nach Patanjali ist Karma zwar auch das Gesetz von Ursache und Wirkung im Sinne von: Schlechte Handlungen führen zu Leid, tugendhafte

Handlungen führen zu Freude. Aber dieses Gesetz der Kompensation muss durch einen erweiterten Karma-Begriff ergänzt werden. Und vor allen Dingen: Es ist weniger wichtig herauszufinden, welche Gründe in der Vergangenheit zu den Ereignissen der Gegenwart geführt haben. Viel wichtiger ist, geschickt auf das zu reagieren, was einem jetzt geschieht. Am wichtigsten ist, aus den Ereignissen die Lektionen zu lernen, die man braucht, um daran zu wachsen.

7 Prinzipien spiritueller Philosophie

Man muss Karma im spirituellen Kontext verstehen. Erst wenn man weiß, was spirituelles Leben bedeutet, kann man auch mit dem Konzept des Karmas gut umgehen.

Ich beschreibe Spiritualität bzw. spirituelle Philosophie gerne in 7 Begriffen. Ich glaube, dass die meisten spirituellen Traditionen die gleichen Prinzipien kennen, sie nur anders benennen. In meiner Tradition von Yoga-Vedanta werden diese Prinzipien wie folgt bezeichnet:

1. Brahman, das Absolute
2. Maya, die getäuschte Wahrnehmung
3. Dukha, Leiden
4. Kaivalya bzw. Moksha, die Befreiung
5. Abhyasa, eigene Bemühung
6. Karma, das Schicksal
7. Kripa, die Gnade Gottes

Diese sieben Begriffe stehen für 7 Prinzipien spiritueller Philosophie, die ich wie folgt vereinfacht definieren will:

1. **Brahman**: Es gibt eine höhere Wirklichkeit, welche allem zugrunde liegt. Diese höhere Wirklichkeit kann man auf verschiedene Weisen benennen: Brahman, das Absolute, Gott, das Umgreifende, Göttliche Urmutter, Kosmische Intelligenz etc.

2. **Maya**: Die Welt, wie Menschen sie wahrnehmen, existiert so nicht. Dass der Mensch sich von Gott getrennt sieht, dass er sich als von allen getrenntes Einzelwesen wahrnimmt, ist eine Illusion. Zeit, Raum, Kausalität und die 5 Sinneswahrnehmungen sind Konstrukte des Geistes und so nicht wirklich.

3. **Dukha**: Wer in der Maya ist, unterliegt dem Leiden. Man leidet nicht, weil man nicht das bekommt, was man will oder braucht. Vielmehr ist die Ursache des Leidens die Unwissenheit, die Täuschung. Auch wenn der Mensch alles hätte, was er sich vorstellt, wäre er immer noch unglücklich. Intuitiv weiß der Mensch, dass er eins mit dem Göttlichen ist, dass er ewig ist. Deshalb leidet er an der Vergänglichkeit, an jeglicher Form von Mangel, an der Getrenntheit.

4. **Kaivalya**: Der Mensch kann die Befreiung, wahres Wissen, Unio Mystica, Nirwana, erreichen. Er kann sich von der Täuschung der Maya lösen und Brahman verwirklichen. Zu jeder Zeit haben Menschen in allen Kulturen *Kaivalya* erreicht – auch du kannst es erreichen. Und nur mit Kaivalya kann dem Leiden ein Ende bereitet werden, können die tiefsten Sehnsüchte des Menschen ihre Erfüllung finden.

5. **Abhyasa**: Eigene Bemühung (Abhyasa) ist einer der 3 Faktoren, die zur Befreiung führen. Zu Abhyasa gehören die eigenen spirituellen Praktiken (Sadhana wie Meditation, Schriftenstudium, Yoga-Übungen etc.), gemeinsame Praktiken in der spirituellen Gemeinschaft (*Satsang*), uneigennütziger Dienst (*Seva*), ein ethisch-reiner Lebensstil (*Sattwa*).

6. **Karma**: Das, was an Lebensumständen erfahren wird, ist genau das Richtige für die spirituelle Entwicklung. Das Annehmen der Lektionen des Alltags, die Erfüllung der Lebensaufgaben, spirituelles Leben im Alltag sind notwendig für spirituelle Entwicklung.

7. **Kripa**: Nicht alles macht der Mensch aus eigener Anstrengung. Jede spirituelle Entwicklung, jede spirituelle Erfahrung wird immer als Gnade erlebt. Der Mensch sollte sich selbst bemühen und dann öffnen und Gott um seine Gnade bitten. Letztlich beschreiben selbstverwirklichte Meister ihre Bewusstseinserweiterungserfahrungen fast immer als göttliche Gnade.

Wenn ich also über Karma schreibe, ist das in diesem erweiterten spirituellen Kontext zu verstehen. Es geht beim Verständnis von Karma letztlich darum: Wie kann ich durch die spirituellen Lektionen des Alltags am besten wachsen? Wie kann ich so handeln, dass ich mich spirituell am schnellsten entwickle?

Es geht nicht darum, zu beurteilen, warum jemand anderem oder einer ganzen Gruppe von Menschen etwas Schlimmes zugestoßen ist. Es geht auch nicht darum, vorherzusagen, was jemandem geschieht, der eine furchtbare Handlung ausgeführt hat. Bei diesen Themenkomplexen empfehle ich Demut und Bescheidenheit.

Wichtiger ist zu verstehen, wie man spirituell wachsen kann. Dafür will ich in den folgenden Kapiteln Denkanstöße geben. Wichtig ist auch, dass das unten Gesagte nur dann wirklich Sinn macht, wenn man selbst auf dem spirituellen Weg ist, wenn man auch spirituelle Praktiken übt, wenn man sich öffnet für eine höhere Wirklichkeit. Dann kann eine auf einem Verständnis von Karma aufbauende Lebensweise dazu beitragen, immer höhere Bewusstseinsebenen zu erreichen – und aus dem *Samsara Chakra*, dem Kreislauf von Geburt und Tod, auszusteigen, *Kaivalya*, die Befreiung, die Einheit mit Gott, zu erfahren.

Die Phasen von Karma

In den indischen Schriften werden 3 Phasen von Karma unterschieden:

1. **Agami Karma**: dies ist das Karma, das du jetzt gerade erzeugst.
2. **Sanchita Karma**: dies ist der Speicher des Karmas; er enthält alles Karma, das du erzeugt hast, dessen Wirkungen du aber noch nicht erfahren hast sowie alle Lernlektionen, die in Zukunft noch auf dich zukommen.
3. **Prarabdha Karma**: dies ist das Karma, das du jetzt erlebst.

Z.B. haben jetzt alle Menschen, die dieses Buch lesen, das Prarabdha Karma, dieses Buch zu lesen. Und je nachdem, wie sie das Gelesene verarbeiten und anwenden, erzeugen sie das eine oder andere Agami Karma. Oder sie erzeugen auch gar kein Karma.

Mein Prarabdha Karma ist es jetzt zum Beispiel, über Karma zu schreiben. Das kann ich auf verschiedene Weisen tun. Ich könnte mir zum Beispiel sagen: „Jetzt schreibe ich schon zehn Jahre an diesem Buch. Jetzt ist genug, ich schreibe jetzt einfach irgendetwas, damit ich endlich zum Ende komme, damit ich besser meditieren kann oder meine Ferien richtig genießen kann.“[1] Dann schaffe ich mit meiner Halbherzigkeit ein neues Karma, da ich meine Aufgabe nicht ernst nehme. Dieses Erzeugen von neuem Karma wird „Agami Karma“ genannt. Dieses wird dann zum Speicher des Karmas, zum Sanchita Karma, hinzugefügt. Und irgendwann später bekomme ich das als neues Prarabdha Karma zurück, z.B. indem ich in einem späteren Leben nochmals ein Buch über Karma schreiben muss…

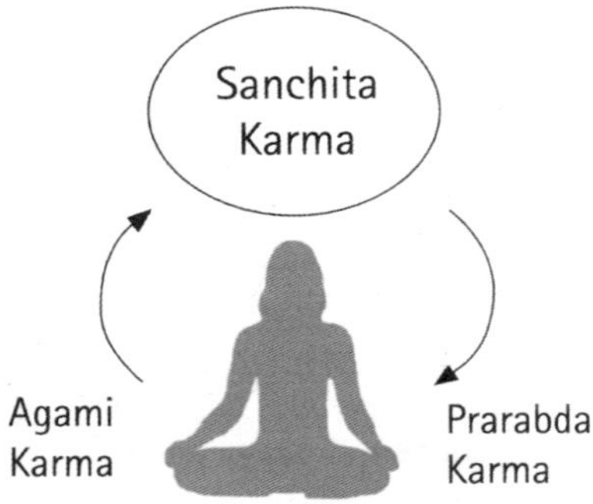

Man findet in den indischen Schriften verschiedene Analogien, um die Phasen des Karma besser zu verstehen:

- **Pfeil und Köcher**: Die Pfeile, die man im Köcher hat, sind das Sanchita Karma, der Speicher. Einen Pfeil herauszunehmen, an die Bogen-

1 Während ich dies schreibe, befinde ich mich gerade mit meiner Frau im Urlaub - und zwischendurch überarbeite ich dieses Buch…

sehne zu legen und zu spannen, ist Agami Karma. Wenn der Pfeil losgelassen wurde, sind die weitere Bahn des Pfeils und das Ziel, das er erreicht, Prarabdha Karma.

- **Getreidekörner und Feld**: Die Getreidekörner im Speicher sind das Sanchita Karma. Mit dem Pflügen, Säen, Unkrautjäten etc. bemüht man sich selbst, das ist Agami Karma. Was man am Ende erntet, das ist das Prarabdha Karma.

Es gibt 2 Ebenen des Verständnisses von Karma:

- Auf der einen Ebene geht es darum, gute Ursachen zu setzen, gute Samen zu sägen, um Gutes zu erfahren, eine gute Ernte zu erhalten.
- Auf der anderen Ebene gilt es, keine neuen Ursachen zu setzen, das Sanchita Karma zu reduzieren. Erst wenn ein großer Teil des Sanchita Karma erfahren worden ist, kann der Aspirant höhere Ebenen des Bewusstseins erfahren.

Vom Yoga-Standpunkt aus ist der zweite Punkt am wichtigsten.

Hier sind die Lehren des Karma Yoga, wie sie von Krishna in der Bhagavad Gita beschrieben werden, besonders wichtig.

Es geht darum: Wie kannst du handeln, damit du deine Aufgaben erfüllst, deine Lektionen lernst, ohne neue Ursachen für neues Karma zu schaffen?

Laut der Yoga Vedanta Philosophie und der Erfahrung der Mystiker der verschiedenen spirituellen Traditionen steht hinter dem gesamten Universum der Erscheinungen das eine Kosmische Bewusstsein, Brahman genannt. Shankaracharya[2] hat die Lehren der Vedanta Philosophie in drei Sätzen ausgedrückt:

1. Brahma Satyam – Brahman allein ist wirklich.
2. Jagan Mithya – Die Welt wie wir sie wahrnehmen, ist unwirklich.
3. Jivo Brahmaiva Napara – Das Individuum ist nichts anderes als Brahman.

Der deutsche Dichter Friedrich Rückert hat diese Sätze poetisch wie folgt übersetzt:

„In drei Sätzen sei es verkündet,
was man in Tausend Büchern findet:
Brahman ist wirklich. Die Welt ist Schein,
Das Selbst ist nichts als Brahman allein."

2 Shankaracharya lebte um 800 n.Chr., vermutlich 788-822 n. Chr. Er gilt als einer der größten Jnana Yoga Meister. Er hat die Vedanta Philosophie, die Philosophie der Einheit, in großartigen Werken wie Viveka Chudamani, Atma Bodha und Tattwa Bodha populär gemacht.

Eigentlich ist das Ziel des Lebens, nämlich die Einheit mit Brahman zu verwirklichen, sehr einfach: Man muss dafür nur sein, wer man schon ist. Wie es das Orakel von Delphi ausgedrückt hat: „Gnothi Seauton – Erkenne dich selbst." Man muss eigentlich nichts Besonderes tun, es bedarf keiner besonderen Hochleistungen – eigentlich kann man in dieser Sekunde die höchste Verwirklichung erreichen – die Erkenntnis, dass man reines Bewusstsein und damit eins mit Gott ist.

Die großen Meister geben verschiedene Begründungen, warum es doch nicht so einfach und schnell geht, die höchste Verwirklichung zu erreichen. Ich nenne gerne 3 Hauptfaktoren, welche den Fortschritt verlangsamen und welche erklären, warum alles, was man im ganzheitlichen Yoga macht, so wichtig ist. Diese 3 Faktoren sind *Chitta*, Mangel an *Ojas* und *Karma*.

1. **Chitta**, der menschliche Geist, im engeren Sinne das Unterbewusstsein: Die Identifikationen mit Körper, Persönlichkeit etc. sind tief im Unterbewusstsein verankert. Das erschwert das Transzendieren der Ego-Verhaftung. Es gilt daher, schlummernde innere Konflikte, verdrängte innere Spannungen, an die Oberfläche des Bewusstseins zu holen und sie aufzuarbeiten. Es gilt, durch uneigennützigen Dienst, über die Grenzen des Ego hinauszuwachsen. Auch durch Gottesverehrung und Aufbau einer Beziehung zu einem persönlichen Gott wird das Herz geöffnet. Durch verschiedene Raja Yoga[3] -Techniken erlangt man Konzentrationsfähigkeit des Geistes. So kann im Überbewusstsein (Samadhi) die Einheit mit dem Unendlichen erfahren werden bzw. wird der bewusste Geist so klar, dass er seine Einheit mit Brahman erkennen kann.

2. **Mangel an Ojas**: Ojas ist die spirituelle Energie, eine subtile Form von Prana (Lebensenergie). Solange Prana, die Lebensenergie bzw. die individuelle Shakti (Energie) sehr grobstofflich ist und nur in den unteren Chakras (Energiezentren) aktiv ist, identifiziert sich das Individuum mit Körper und Psyche. Erst wenn das Prana subtiler, also in Ojas verwandelt worden ist, die Kundalini Shakti erweckt und die höheren Chakras aktiviert worden sind, fällt *Samadhi*, das Überbewusstsein, leicht. Daher gilt es, regelmäßige spirituelle Praktiken zu üben, welche das grobstoffliche Prana in feinstoffliches Prana, Ojas, verwandeln. Dazu gehören z.B. Asanas (Yogastellungen), Pranayama (Atemübungen), Mantra-Singen, Meditation. Ein sattwiger („reiner") Lebensstil unter Verzicht auf Fleisch, Fisch, alkoholische Getränke, Tabak, Drogen ist dafür auch von großer Bedeutung. Und es ist wichtig, die spirituellen Praktiken über einen langen Zeitraum, ohne Unterbrechung (also täglich) und mit aufrichtiger Hingabe zu üben. Wenn man die Praktiken ein paar Tage oder gar Wochen unterbricht, ver-

---

3 Raja Yoga ist der psychologische Yoga-Weg, der Yoga der Geisteskontrolle, der Yoga der Konzentration und Meditation.

liert man einen großen Teil des Ojas, das so wichtig für den Zugang zu tieferen Ebenen der Meditation ist. Viele Suchende erfahren, dass sie jahrelang, manchmal sogar 20-30 Jahre, üben, dabei natürlich viel Nutzen erfahren wie Entspannung, Positivität, Gesundheit, spirituelle Kraft, aber nicht in *Samadhi* fallen. Und eines Tages, fast aus heiterem Himmel, kommt *Samadhi* fast von selbst. Wenn erst einmal ein gewisser Level an Ojas erreicht ist, Chitta harmonisch geworden ist (s.o.), Karma ausreichend ausgearbeitet worden ist (s.u.) und man sich für göttliche Gnade öffnet, kommt *Samadhi* ganz natürlich.

3. **Unausgearbeitetes Karma**: Solange man noch viel unausgearbeitetes Karma hat, versperrt es dem Suchenden den Zugang zu den höheren Ebenen des Bewusstseins. Dieses unausgearbeitete Karma ist wie eine Last, die auf einem liegt. Man kann sagen: Meditation und Samadhi sind wie eine Heißluftballonfahrt. Damit der Ballon sich erheben kann, muss Luft erhitzt werden, Leinen müssen losgelassen werden, das Gewicht im Ballon darf nicht zu schwer sein. Die Anhaftungen im Chitta sind wie die Leinen. Das unausgearbeitete Karma ist wie schweres Gewicht. Es gilt, die Leinen zu lösen, mehr Karma auszuarbeiten, um weniger Gewicht zu haben und mittels spiritueller Praktiken das Prana zu erhitzen, in Ojas umzuwandeln. Dann kann sich der spirituelle Ballon erheben, Samadhi kann erfahren werden.[4]

Was gibt es jetzt alles für unausgearbeitetes Karma, Sanchita Karma? Im Sanchita Karma gibt es 3 Arten von Karma-Bestandteilen:

1. **Allgemeine Lernaufgaben**: Leben ist vergleichbar mit einer Schule. Wer z.B. in einer Industrienation auf die Welt kommt, muss Lesen, Schreiben, Rechnen lernen, Grundkenntnisse in Geschichte, Erdkunde, etc. erwerben. Wenn ein Schüler die Lektionen alle gelernt hat, kann er die Schule verlassen. Manche Schüler brauchen dafür länger, manche weniger lang. Ähnlich heißt es, dass jedes Individuum im Laufe all seiner Leben jede wichtige menschliche Erfahrung machen muss. Erst wenn die individuelle Seele alle wichtigen menschlichen Erfahrungen gemacht hat, all ihre Fähigkeiten entfaltet hat, kann sie Zugang zu höheren Bewusstseinsebenen erlangen.

2. **Individuelles Karma**: Durch eigenes Handeln (Agami Karma) kann die individuelle Seele zusätzliches Karma erzeugen. Das ist vergleichbar mit Strafarbeiten, welche ein Schüler bekommt, wenn er/sie sich im Unterricht nicht gut verhalten hat oder Sonderaufgaben, wenn er/sie sich als besonders talentiert gezeigt hat.

3. **Lebensaufgabe/Pflichten/"Life's Mission"**: Ein Individuum kommt auf die Welt, um seinen besonderen Beitrag für die Menschheit zu leisten. Diesen Beitrag, diese Lebensaufgabe/n gilt es zu erkennen und zu erfüllen.

4 Man sollte diese Analogie nicht zu weit führen – sie hat ihre Grenzen.

Um Karma auszuarbeiten und die Menge an Sanchita Karma zu verringern, sind daher 3 Aspekte von Belang:

1. **Bereitschaft zu lernen**: Offenheit für Erfahrungen, Annehmen der Lektionen des Lebens, bewusstes Leben. Also kein Wegrennen, wenn es schwierig wird. Mit größerer Bewusstheit lernt man schneller. Auch dafür ist Meditation sehr wichtig.
2. **Annehmen der Konsequenzen eigenen Tuns**. Handeln ohne Anhaftung, um zu vermeiden, neues Karma zu erzeugen. Handeln aus Liebe und ohne egoistische Wünsche, Beachtung der Grundlagen einer aus Liebe geborenen Ethik.
3. **Tiefes Gebet mit der Bitte um Führung**: So findet man heraus, was die eigene Aufgabe ist. Diese Aufgabe gilt es, mit Mut, Herz und Engagement anzugehen.

Im Folgenden möchte ich auf die 5 Gesetze des Karmas eingehen. Anschließend werde ich Karma Yoga behandeln, den Yoga des anhaftungslosen, engagierten Handelns, mit dem man sich von den Banden des Karmas und damit von den Leid verursachenden Anhaftungen lösen kann.

Die Gesetze des Karmas

Es gibt 5 Gesetze des Karmas. Diese beschreiben verschiedene Ursache-Wirkungs-Zusammenhänge. Sie zeigen, wie du mit deinem Denken und Handeln neues Karma erzeugst. Da sich diese Gesetze überlagern, wirst du auch nach der Kenntnis dieser Gesetze nicht wissen, warum genau das geschieht, was geschieht. Du wirst aber sehr genaue Kriterien bekommen, wie du dich verhalten kannst, um entweder positives oder, noch besser, kein neues Karma zu erzeugen. Die Berücksichtigung dieser 5 Gesetze des Karmas gibt deinem Leben eine sehr tiefe und sinnvolle Dimension.

Diese 5 Gesetze bzw. Ursache-Wirkungs-Zusammenhänge sind:

1. **Die direkten Gesetze**: Dazu zählen unter anderem die Naturgesetze, Gesetze der Gesundheit, innere psychologische Gesetzmäßigkeiten, Grundsätze zwischenmenschlicher Kommunikation, Grundsätze des beruflichen Erfolgs und vieles mehr.
2. **Die Gesetze der Gedankenkraft**: Gedanken sind Kräfte, die auf die physische Welt wirken können.
3. **Gesetz der Kompensation**: „Was du nicht willst, das man dir tu´, das füg´ auch keinem andern zu." „Wie du in den Wald rufst, so hallt es auch heraus."
4. **Gesetz der Evolution**: Leben als Schule. Du erfährst das, was du brauchst, um spirituell zu wachsen. Es gilt, die dir gestellten Aufgaben anzunehmen.

5. **Gesetze der Gnade Gottes**: Nicht alles ist logisch erklärbar. Letztlich bleibt das Universum ein Mysterium. Und hinter allem steht die Gnade Gottes.

Die direkten Gesetze

Die direkten Gesetze sind die Gesetze, die von der modernen Wissenschaft am meisten erforscht sind. Die eingehende Erforschung und Kenntnis dieser direkten Gesetze sind die besondere Errungenschaft unserer Zeit. Die für die meisten Menschen wichtigsten direkten Gesetze sind:

- Naturgesetze
- Gesetze der Gesundheit
- innere psychologische Gesetzmäßigkeiten
- Grundsätze zwischenmenschlicher Kommunikation
- Grundsätze des beruflichen Erfolgs

Auch für diese Gesetze gelten die 3 Phasen des Karma. Wenn man z.B. einen Hammer in die Luft wirft, ist das Agami Karma. So lange der Hammer in der Luft ist, ist das Sanchita Karma. Wenn der Hammer dann herunter fällt, z.B. auf die eigenen Füße, dann ist das Prarabdha Karma.

Angenommen, jemand raucht täglich eine Schachtel Zigaretten. Das Rauchen der Zigaretten ist Agami Karma. Manches Prarabdha Karma kommt sofort, z.B. unmittelbares Husten bei der ersten Zigarette. Anderes Karma ist zunächst nicht sichtbar, kumuliert sich allmählich, ist also Sanchita Karma. Schließlich erfährt man es als Prarabdha Karma, z.B. in Form von chronischer Bronchitis, Kurzatmigkeit, Bluthochdruck oder gar Herzinfarkt oder Lungenkrebs.

Wer sich kaum bewegt, nur vor dem Computer arbeitet und abends fernsieht, schafft dadurch ein Agami Karma. Eine Weile merkt man die Konsequenzen nicht (Sanchita Karma). Irgendwann ist es in Form von Übergewicht, psychischem Ungleichgewicht, Diabetes oder Bluthochdruck als Prarabdha Karma spürbar.

Wer andere ausnutzt, ohne ihnen zurückzugeben, schafft dadurch Agami Karma, auch auf psychologische Weise. Eine Weile werden andere das tolerieren, man wird selbst keine Konsequenzen spüren (Sanchita Karma). Schließlich tun einem die Mitmenschen keine Gefallen mehr, man erfährt die Konsequenzen seiner Handlungen (Prarabdha).

Wer im Beruf nur Dienst nach Vorschrift macht, schafft dadurch Agami Karma. Eine Weile merkt er vielleicht keine Konsequenzen, aber die einzelnen Vorfälle akkumulieren sich (Sanchita). Irgendwann geschieht es, dass der Betreffende bei Beförderungen übersehen und auch von Kollegen gemieden wird (Prarabdha Karma).

Wenn man oft unfreundlich zu anderen ist, braucht man sich nicht zu wundern, wenn man seine Freunde verliert. Wenn man sich nie wehrt, wenn man immer zu allem ja und Amen sagt, dann wird man in eine Opferrolle gedrängt.

Wenn jemand das Gefühl hat, immer und überall wo er/sie hingeht, zu vereinsamen und keiner ihn/sie mag, dann sollte er überlegen, wie er mit Menschen anders umgehen kann. Wenn man das Gefühl hat, man wird überall ausgenutzt, dann sollte man nicht sein Karma beklagen, wie man in früheren Leben Menschen ausgenutzt haben muss, dass es in diesem Leben auch so geschieht. Man sollte vielmehr lernen, in Situationen anders zu handeln. Wenn man bei seinem sechsten Partner wieder an die gleichen Probleme kommt, sollte man nicht sagen: „Was muss ich doch für ein schlimmes Karma haben." Eventuell ist es gut, eine Therapie zu machen, um zu lernen, anders mit seinem Partner oder seiner Partnerin umzugehen. Vielleicht ist es auch schon hilfreich, ein oder mehrere Bücher über Partnerschaft zu lesen oder sich mit anderen, am besten mit seinem Partner, zu beraten. Grundsätzlich ist es gut, mit seinen Mitmenschen freundlich umzugehen. Sei also geschickt im Handeln, im Umgang mit dir selbst und mit anderen.

Eine Aspirantin beschwerte sich eines Tages bei Swami Sivananda darüber, dass ihr Mann sie nicht mehr beachte. Sie fragte ihn, ob sie vielleicht in einem früheren Leben etwas falsch gemacht habe. Der Meister empfahl ihr zu ihrer großen Verwunderung eine bessere Körperpflege und Körperhygiene und einen etwas geschmackvolleren Kleidungsstil.

Hier ein paar Beispiele aus dem Berufsleben: Wenn jemandem beispielsweise immer nach drei oder sechs Monaten zum Ende der Probezeit gekündigt wird oder er nach 26 Bewerbungen immer noch keine Anstellung bekommen hat, dann sollte er lernen, seine Arbeit anders anzugehen, geschicktere Bewerbungsunterlagen anzufertigen oder Bewerbungstrainings mitmachen.

Wer jeden Tag zu spät zur Arbeit kommt und dann die Kündigung kriegt, braucht nicht zu überlegen, was er in einem früheren Leben falsch gemacht hat. Wer halbherzig arbeitet, nur nach der Uhr schaut und fünf Minuten vor Feierabend schon seine Sachen gepackt hat, zwei Stunden vorher bereits innerlich im Feierabend ist, wird vermutlich nicht über die Probezeit hinaus kommen.

Es ist wichtig, im Berufsleben die normalen Aspekte des beruflichen Vorankommens mit zu beachten. Es spricht auch nichts dagegen, wenn man den Wunsch oder den Ehrgeiz hat, es auf beruflicher Ebene zu etwas bringen zu wollen. Das ist nichts Negatives. Man kann sich diesen Wunsch erfüllen, sollte ihn jedoch dann Gott opfern. Du gehst deinem inneren Wunsch nach, engagierst dich im Beruf und bringst dieses berufliche Streben Gott dar. So ist es nichts Egoistisches, sondern Teil deines spirituellen Weges. Ich sehe es auch als etwas durchaus Gutes an, wenn spirituelle Menschen in Führungsetagen kommen. Es ist gut, wenn Vorstandsmitglieder spirituelle Menschen sind, weil sie da wirklich etwas bewegen können. Es ist gut, wenn spirituelle Menschen Mitglieder im Bundestag, vielleicht sogar Minister, Bundeskanzler oder Bundespräsident/in werden.

Natürlich muss nicht jeder nach beruflichem Aufstieg und Erfolg streben. Menschen sind unterschiedlich. Manche wollen mit ihrer Arbeit einfach ihren Lebensunterhalt bestreiten. Nicht für jeden ist ein normaler Berufsalltag angemessen. Nach Möglichkeit sollte man sich seinen Lebensunterhalt selbst verdienen. Das geht auch als selbständige/r Yogalehrer/in. Wer geringe materielle Bedürfnisse hat, kann auch weniger arbeiten. Wer über eine Erbschaft oder eine Rente seinen Lebensunterhalt gesichert hat, kann vollständig ehrenamtlich tätig sein und sich in spirituellen, karitativen, ökologischen etc. Vereinen und Initiativen engagieren. Und wenn es jemandem trotz vieler Bemühungen nicht möglich ist, eine Arbeitsstelle zu finden, ist es auch in Ordnung, von sozialer Unterstützung zu leben. Auf Kosten der Solidargemeinschaft zu leben, wenn man seinen Lebensunterhalt selbst verdienen könnte, schafft allerdings neues Karma (siehe Gesetz Nr. 3, Gesetz der Kompensation) und ist der spirituellen Entwicklung nicht förderlich.

Ein spiritueller Aspirant sollte die direkten Gesetze beachten. Verliere nicht die Bodenhaftung. Nutze deinen gesunden Menschenverstand. Sei nicht zu „abgehoben", indem du hinter allem eine karmische Konsequenz oder ein Wirken von irgendwelchen Geistern oder negativen Gedanken anderer vermutest. Gehe zunächst davon aus, dass du durch den gesunden Menschenverstand und die Beachtung der direkten Gesetze sehr viel erreichen kannst. Gerade im ganzheitlichen Yoga spielt die Kenntnis der direkten Gesetze und daraus abgeleitetes Umsetzen in die Praxis eine besonders wichtige Rolle.

Hier ein paar allgemeine Tipps:

- **Gesundheit**: Übe täglich Asanas, Pranayama, Tiefenentspannung. Ernähre dich gesund: vegetarisch, vollwertig, ausgeglichen. Gehe täglich mindestens 20 Minuten an die frische Luft. Wenn du sanfte Hatha Yoga Formen übst, praktiziere auch etwas Konditions- und Krafttraining. Lerne Grundlagen der Naturheilkunde, ob Ayurveda, TCM (traditionelle chinesische Medizin), westliche Naturheilkunde oder was auch immer es sein mag. Lerne, was deinem Körper gut tut.

- **Psychologie**: Studiere das Raja Yoga-System. Erwirb auch ein paar Grundkenntnisse westlicher Psychologie. Lerne, wie du ein zufriedenes Leben führen kannst.
- **Zwischenmenschliche Kommunikation**: Lerne ein paar grundlegende Kommunikationsregeln. Versetze dich in andere hinein. Lerne, die Welt durch die Augen eines anderen zu sehen. Äußere deine eigenen Wünsche. Beziehe die Wünsche anderer mit ein. Suche nach „Win-Win"-Strategien, damit alle Seiten gewinnen können. Bilde dir aber nicht ein, die Gedanken anderer lesen zu können. Stelle die richtigen Fragen! Vermute nicht hinter allem Hintergedanken. Gehe davon aus, dass jeder Mensch normalerweise das von seinem Standpunkt aus Richtige tun möchte.
- **Beruflicher Erfolg**: Engagiere dich in deinem Beruf. Bilde dich fort. Lerne dein „Handwerk" gründlich. In gewinnzielorientierten Unternehmen gilt der Grundsatz: „Tue Gutes und sprich darüber." Interessant und kreativ wird ein Job ab dem Moment, wo das erledigt ist, was von dir erwartet wird. Ziehe aber auch die notwendigen Grenzen. Vermeide Über-Perfektionismus. Lerne es, auch einmal Nein zu sagen. Setze dich auch mal durch. Gib nicht immer nach, wenn es schwierig wird.

Das mag jetzt sehr banal klingen und ist natürlich recht oberflächlich. Wichtige Bereiche des menschlichen Lebens habe ich noch ausgeklammert, wie z.B. Partnerschaft und Kindererziehung etc. Ich möchte dich nur dazu ermutigen, geschickt im Alltag zu handeln.

Krishna sagt im 2. Kapitel der Bhagavad Gita[5] (II 50): „Yoga Karmasu Kaushalam - Yoga ist Geschick im Handeln."

Aber was unterscheidet jetzt einen spirituellen Menschen von „Otto-Normalverbraucher"? Ein spiritueller Aspirant beschränkt sich nicht nur auf die direkten Gesetze. Er beachtet auch die subtileren Aspekte des Karmas. Obwohl ein Aspirant die direkten Regeln von Gesundheit, Kommunikation und beruflichem Erfolg beachtet, reduziert er nicht alles auf diese Gesetze. Und selbst die direkten Gesetze stehen für ihn unter dem Thema der spirituellen Evolution bzw. des inneren Wachstums. Gesundheit, Partnerschaft, beruflicher Erfolg sind nicht reiner Selbstzweck. Durch alles, was du auf diesen Ebenen tust, lernst du, wächst du, entwickelst du dich.

Mahatma Gandhi hat gerne gesagt: „Gewaltlosigkeit (Ahimsa) ist eine Tugend für Starke. Von Schwachen kann sie nicht richtig ausgeführt werden."

---

5 Die Bhagavad Gita ist eine der wichtigsten indischen Heiligen Schriften. Sie ist ein Zwiegespräch zwischen Arjuna, dem Schüler und Krishna, dem Lehrer, einer Inkarnation Gottes. Die Bhagavad Gita ist gerade für Karma Yoga, den Weg des verhaftungslosen engagierten Handelns, von besonderer Bedeutung. Die Bhagavad Gita wurde nach klassischer indischer Chronologie vor über 5000 Jahren niedergeschrieben, nach westlicher Indologie vor über 2500 Jahren.

Es gibt in dem Zusammenhang eine kleine Geschichte von Ramakrishna Paramahamsa, einem der größten Yogameister des 19. Jahrhunderts, welcher die Renaissance des Yogas in Indien eingeleitet hat. Ramakrishnas Ashram war am Ufer des Ganges. Die meisten Schüler, die zu ihm kamen, mussten den Fluss überqueren, weil sie auf der anderen Seite in Kalkutta wohnten. Eines Tages kam ein Schüler zu Ramakrishna und sagte: „In dem Fährboot haben einige Menschen ganz schlecht über dich gesprochen. Sie haben gesagt, du seiest verrückt und ein Menschheitsverführer, du würdest so komische Sachen erzählen und seiest halb durchgedreht." Daraufhin fragte Ramakrishna: „Was hast du gemacht?" Der Schüler antwortete: „Ich habe nichts gesagt, ich weiß ja, dass dir das nichts ausmacht." Der Meister antwortete: „Bin ich dir so wenig Wert, dass du mich noch nicht einmal verteidigst? Mach´ das nächste Mal deinen Mund auf." Diese Aussage hatte ein anderer Schüler Ramakrishnas mitbekommen. Der erste Schüler war ein ganz schüchterner, schmächtiger. Der zweite Schüler war ein Ringer, richtig stämmig und stark und dabei auch etwas jähzornig. Er kam am nächsten Tag zu Ramakrishna und sagte zu ihm: „Die haben ja wieder über dich gelästert, aber denen habe ich es gegeben." „Was hast du gemacht?", fragte Ramakrishna. „Ich habe sie über Bord geworfen - aber ich habe darauf geachtet, dass sie nicht ertrinken." Daraufhin erwiderte Ramakrishna: „Du hast das nicht richtig verstanden. Der andere, der zu schüchtern ist, den Mund aufzumachen, muss erst einmal lernen, den Mund aufzumachen. Aber du, du musst lernen, deinen Ärger zu beherrschen und Gleichmut zu üben."

Die Gesetze der Gedankenkraft

Die zweite wichtige Karma-Gesetzesgruppe bezieht sich auf die Gesetze der Gedankenkraft. Gedanken sind Kräfte, die feinsten und stärksten Kräfte des Universums. Ich hatte im Kapitel „Wer bin ich? Was inkarniert?" über die verschiedenen Ebenen der Existenz gesprochen. Für Yogis besteht die Welt nicht nur aus der physischen Materie. Vielmehr ist alles im Universum Schwingung, Energie. Die physische Materie repräsentiert die grobstofflichste Schwingungsebene. Die Astralwelt besteht aus feinstofflicher Energie und repräsentiert die subtileren Schwingungsebenen. In der Astralwelt gibt es Prana, die Lebensenergie und die Gedankenebene, die feinstofflichste und machtvollste Ebene, auf die der Mensch Einfluss nehmen kann. Ein Schöpfungsmythos besagt sogar, dass die ganze Welt eine Gedankenschöpfung von Brahma, dem Schöpfer, sei. Letztlich ist sogar das physische Universum nichts anderes als ein Produkt von Gedanken. Der Mensch hat Teil an dieser schöpferischen Tätigkeit Gottes, da auch er mit seinen Gedanken Dinge Wirklichkeit werden lassen kann.

So sind Gedanken geistige Kräfte. Wenn du an etwas sehr stark denkst, kannst du es dadurch beeinflussen. Du kennst vermutlich aus deinem Alltag einige Beispiele von Gedankenkraft: Du denkst an einen Bekannten, den du Monate oder Jahre nicht gesehen hast und im nächsten Moment ruft er dich an. Du hast den Wunsch nach einer bestimmten Frucht und dein Partner bringt sie mit nach Hause. Du befürchtest, dass etwas Bestimmtes eintritt – und dann geschieht es auch.

Das Gesetz der Gedankenkraft besagt, dass du mit deinen Gedanken schöpferisch tätig wirst. Wenn du einen bestimmten Wunsch in dir sehr stark werden lässt, schaffst du damit Agami Karma. Eine Weile lang sieht es so aus, als ob nichts passiert – die Gedankenkraft reift als Sanchita Karma. Irgendwann, etwas später, manchmal auch sehr viel später, manifestiert sich dieser Wunsch, wird zum Prarabdha Karma.

Patanjali sagt im Yoga Sutra (II.18): „Das Universum existiert für die Erfahrung und die Befreiung der Seele." Das beinhaltet, dass sich jeder starke Wunsch erfüllen muss. Daher sollte man auf seine Wünsche aufpassen. Sie werden sich irgendwann manifestieren.

Glücklicherweise müssen sich nicht alle Wünsche auf der physischen Ebene manifestieren. Manche manifestieren sich einfach in einem Traum, andere in Bhuvah Loka zwischen zwei Welten. Manche können sich auf einfachere Weisen manifestieren. Ich kannte mal jemanden, der von Swami Vishnu-devananda aufgefordert wurde, in einem spirituellen Theaterstück die Rolle eines Königs zu spielen. Er erzählte mir später, dass er in seiner Kindheit immer daran gedacht hätte, dass er mal König sein wollte.

Mit deinen Gedanken kannst du dein Schicksal beeinflussen. Hier ein paar Tipps:

- Visualisiere dich selbst in guter Gesundheit. Bei Krankheiten schicke Gedanken von Licht zu den Organen, die Heilenergie brauchen. Besonders am Ende der Tiefenentspannung sind Gedanken sehr machtvoll. Eine mögliche Affirmation kann sein: „Ich freue mich darauf, morgen wieder vollkommen gesund zu sein." Oder: „Liebes Körperteil, ich schicke dir Licht und Liebe. Möge es dir gut gehen."
- Schicke den Menschen, die besonders wichtig für dich sind, positive Gedanken. Z.B. „Liebe Eva, ich schicke dir Licht und Liebe. Möge es dir gut gehen. Mögen wir uns gut verstehen. Ich freue mich auf gute Zusammenarbeit."
- Stelle dir vor, dass du beruflichen Erfolg bzw. Erfolg in deinem ehrenamtlichen Engagement hast. Du kannst zum Beispiel sagen und mit einer Visualisierung verbinden: „Ich freue mich darauf, dass viele Teilnehmer in mein Yoga-Center kommen. Mögen die Anfängerkurse voll belegt sein. Mögen die Teilnehmer Inspiration und Kraft erfahren."

- Schicke Gedanken des Friedens in alle Richtungen: „Möge Frieden auf Erden sein. Möge es den Menschen gut gehen. Mögen Menschen gut miteinander auskommen. Möge Gottes Kraft auf Erden stets spürbar sein."

Nutze deine Gedankenkraft positiv. Schicke positive Wünsche aus. Sprich Gebete für andere Menschen. Wiederhole Mantras wie das Om Tryambakam für andere. Visualisiere eine positive Zukunft.

Ich bin als Teenager ein paar Jahre geritten. Ich habe auch Springreiten gemacht, an Turnieren teilgenommen. Mein Reitlehrer hat gerne gesagt: „Wirf dein Herz voran, dann wird auch dein Pferd über das Hindernis springen." Wenn ein Reiter Angst vor dem Hindernis hat, merkt das das Pferd und scheut im letzten Moment und der Reiter landet auf dem Boden. Wenn man geistig selbst schon hinter dem Hindernis ist, springt das Pferd von selbst und gerne. Du kannst dein Herz voranwerfen, z.B. indem du im Alltag sagst: „Ich freue mich auf die nächste Woche. Ich freue mich, das und das anzugehen. Ich freue mich, das und das zu tun." Das führt zu einer starken inneren Kraft, einer Geisteskraft, die Vieles bewirken kann. Und natürlich hilft das auch deiner Selbstmotivation.

Swami Sivananda sagte gerne: „Ein liebevoller Gedanke ist dreifach gesegnet. (1) Der, der den Gedanken ausschickt, öffnet seinen Astralkörper und wird weit. (2) Für den dieser Gedanke geschickt worden ist, ist es eine positive Kraft. (3) Für die Gedankenatmosphäre des ganzen Planeten ist ein positiver Gedanke insgesamt etwas Gutes. Ich kann dir wärmstens empfehlen, Swami Sivanandas Buch „Die Kraft der Gedanken" zu lesen. Da findest du viele praktische Tipps zur Entwicklung der Gedankenkraft.

Wenn du einen bestimmten Gedanken über einen längeren Zeitraum besonders stark hast, wird er zu einer starken Kraft, die den Gedanken in die Realität umsetzt. Gedanken haben Auswirkung auf die physische Welt. Ein paar Beispiele für psychokinetische Phänomene: Es gibt Menschen, die in der Lage sind, Uhren zum Stillstand und Objekte zum Schweben zu bringen. Manche Menschen können Messinstrumente mit der Kraft ihrer Gedanken beeinflussen. Das sind Beispiele, wie Gedankenkraft direkt wirkt. Meistens jedoch wirkt Gedankenkraft mit zeitlicher Verzögerung, wirkt also erst nach einer Latenzphase im Rahmen des Sanchita Karma.

Dieses zweite Karma-Gesetz, das Gesetz der Gedankenkraft, ist im täglichen Leben von großer Bedeutung. Wenn du ständig an das Misslingen von Tätigkeiten glaubst, dann sind diese Gedanken Kräfte, die den Misserfolg begünstigen. Das Entsprechende gilt für Optimisten. Auch ihre Gedankenkraft beeinflusst das Schicksal. Man hat festgestellt, dass die meisten Menschen während ihres ganzen Lebens entweder Pessimisten oder Optimisten sind. Warum ist dies so? Da spielen drei Phänomene eine Rolle: Erstens gibt es eine Wahrnehmungsverschiebung: Der Optimist sieht das halbvolle Glas, der Pessimist das halbleere. Zweitens motiviert sich der Optimist selbst, auch tatsächlich tätig zu werden. Ein Pessimist, der nicht daran glaubt, dass er Erfolg haben wird, wird sich vielleicht gleich weniger anstrengen. Menschen werden natürlich von einem Optimisten stärker motiviert, sich mit zu engagieren. Drittens ist aber auch der Glaube an den Erfolg oder Misserfolg eine Kraft an sich, welche diesen Erfolg erleichtert oder erschwert.

Ich kannte vor fast 30 Jahren eine junge Aspirantin, die sehr gerne eine 4-wöchige Yogalehrerausbildung mitmachen wollte. Das war noch vor der Gründung der Yoga Vidya Zentren – 4-wöchige Yogalehrerausbildungen gab es damals nur in Amerika, Kanada oder Indien und man konnte die Ausbildung nur am Stück besuchen. Diese Aspirantin sagte mir: „Leider ist die Teilnahme an einer Yogalehrerausbildung für mich ganz und gar unmöglich." Ich fragte sie: „Warum denn?" Sie antwortete mir: „Erstens habe ich kein Geld. Ich bin alleinerziehende Mutter und habe nur einen Halbtagsjob. Zweitens hat mein Chef mir bei der Einstellung gesagt, dass ich nicht länger als 2 Wochen am Stück Urlaub nehmen könne. Drittens kann ich mein Kind nicht alleine lassen." Anscheinend hatte das Kind keinen Kontakt zum Vater und die Großeltern waren schon gestorben. Ich wusste, was Swami Vishnu-devananda in solchen Situationen üblicherweise antwortete. Und so riet ich ihr: „Denke einfach daran, dass du es willst. Es ist ja kein egoistischer Wunsch. Bete darum, glaube daran, dass es möglich ist, dann wird es passieren, wenn es sein soll." Eine Woche später kam eine andere Yoga-Aspirantin auf mich zu. Sie hätte eine Erbschaft gemacht und sie wolle nicht alles für sich verwenden. Sie fände es am sinnvollsten, wenn sie ein paar ernsthaften Aspirantinnen den Besuch einer Yogalehrer Ausbildung finanzieren würde. Sie fragt mich, ob ich nicht jemanden kennen würde. Das habe ich dann der alleinerziehenden Mutter erzählt. Sie sagte: „Das ist ja lustig. Heute als meine Tochter von der Schule kam, erzählte sie mir, dass eine Klassenkameradin mit ihren Eltern in den Urlaub fährt und dass sie von ihr eingeladen worden ist, mitzufahren. Sie sagte mir, sie wolle so gerne mitkommen. Und das passt genau in den Zeitraum der Yogalehrerausbildung." Ich habe ihr geraten, jetzt doch einfach ihren Chef zu fragen. Als der hörte, dass sie die Ausbildung finanziert bekommt, die Tochter gut unterbracht ist, wollte er ihren Plänen auch nicht mehr im Wege stehen und gab ihr ausnahmsweise einen Urlaub von 4 Wochen. So konnte sie die Yogalehrerausbildung machen und wurde eine Yogalehrerin, die mit viel Herz und Engagement unterrichtete und den spirituellen Weg mit großer Hingabe weiter ging.

Dieses kleine Beispiel zeigt, wie viel durch positives Denken möglich wird.

Es ist nicht nur wichtig, positiv zu denken, Affirmationen und Visualisierung zu nutzen. Anschließend gilt es auch loszulassen.

Ein amerikanischer Physiker machte einmal eine Versuchsreihe.[6] Er wollte ausprobieren, ob das mit der Gedankenkraft klappt. Mit der Kraft seiner Gedanken versuchte er, den Zeiger eines bestimmten Apparates in einem physikalischen Labor zu bewegen. Er hat das 4 Monate lang versucht, einmal die Woche, immer freitags. Er blieb nach Feierabend, wenn andere das Labor verlassen hatten, noch eine Stunde länger. Es hat nicht geklappt. Schließlich hat er es nochmals probiert und sich dann vorgenommen, es loszulassen. Er hat so getan, als ob es keine Rolle mehr spielt, ob es klappt oder nicht, und dann ist der Zeiger plötzlich hoch gegangen. Das hat er mehrmals ausprobiert. Solange er es bewusst gewollt hat, hat es nicht geklappt. Er musste es erst bewusst versuchen und dann sagen: „Es ist mir egal, ob das jetzt klappt." Und dann hat sich der Zeiger bewegt.

Eine Geschichte aus der indischen Mythologie verdeutlicht die Kraft der Gedanken sehr anschaulich.

Es war einmal ein Vogelpaar. Es hatte ein Nest auf einem Strauch am Meeresufer gebaut. Sie wechselten sich ab damit, die Eier auszubrüten. Eines Tages kam eine Sturmflut und die Meereswogen trugen das Vogelnest mit den Eiern mit sich. Unser Vogelpaar war natürlich sehr verzweifelt. Sie überlegten, was sie machen könnten. Sie beschlossen, den Ozean zu leeren, um das Nest mit den Eiern zurückzubekommen. Sie fassten diesen heroischen Entschluss. Sie flogen zum Meer, nahmen zwei, drei Tropfen Wasser in ihren Schnabel, flogen auf die andere Seite des Berges und leerten ihre Schnäbel mit dem Meerwasser. Dann flogen sie wieder zum Meer zurück, nahmen wieder zwei, drei Tropfen Wasser in den Schnabel, flogen wieder zur anderen Seite des Berges, ließen die zwei, drei Tropfen fallen. So flogen sie hin und her. Auf diesem Berg lebte ein Weiser namens Agastya. Dieser Agastya meditierte sehr viel. Als er aus seiner Meditation herauskam, sah er, wie die Vögel immer wieder nach links und rechts flogen. Er überlegte, was die Vögel da bloß trieben. So fragte er sie: „Was macht ihr hier?" Sie antworteten ihm: „Siehst du das nicht? Wir leeren den Ozean." „Warum denn das?", wollte der Weise wissen. Die Vögel antworteten: „Na, ganz einfach, der Ozean hat unser Nest weggenommen und unsere Eier mit dem Nest. Jetzt leeren wir den Ozean, um das Nest wieder zu finden." Agastya schaute sich das ein paar Minuten an. Schließlich hatte er Mitleid mit den Vögeln.

---

6 Leider kann ich hier keine genaue Quellenangabe machen. Ich habe diese Anekdote nämlich auf einem Parapsychologie Kongress in Amerika von dem Physiker selbst gehört. Leider ist mir sein Name entfallen…

Agastya hatte als großer Yogi große geistige Kräfte. Er ging zum Meeresufer. Er machte mit der Hand eine bestimmte Mudra (Geste) und wiederholte bestimmte Mantras. Da floss das Meerwasser in großer Geschwindigkeit in seinen Mund. Agastya verschlang den Ozean kubikkilometerweise... Der Meeresspiegel sank Zentimeter um Zentimeter. Schließlich kam der Meeresgott und fragte Agastya, was er da mache. „Ich schlucke dein Wasser, weil du diesen Vögeln ihr Nest weggenommen hast. Ich werde so lange dein Wasser trinken, bis das Nest wieder auftaucht." Der Ozeangott erwiderte: „Weißt du nicht, dass es in ihrem Karma liegt, ihr Nest und ihre Eier zu verlieren?" „Schön", meinte Agastya, „aber dann ist es jetzt dein Karma, alles Wasser zu verlieren." So blieb dem Meeresgott nichts anderes übrig, als das Nest mit den Eiern zurückzugeben. Daraufhin spuckte Agastya das Wasser wieder aus.[7] So konnten die Vögel ihre Eier weiter ausbrüten und ihre Kinder mit viel Liebe erziehen. Und das Meerwasser wurde durch die Berührung mit dem großen Heiligen gesegnet.[8]

Man kann diese kleine Geschichte auf verschiedene Weise interpretieren. Der Weise Agastya symbolisiert die Gedankenkraft. Objektiv gesehen ist es unmöglich, dass die Vögel den Ozean leeren können. Natürlich kann man mit dem Schnabel keinen Ozean leeren – und natürlich kann auch ein Yogi nicht den ganzen Ozean schlucken. Die Geschichte soll vielmehr zeigen: Durch Gedankenkraft ist vieles möglich, was unmöglich erscheint. Auch in der jüdisch-christlichen Tradition kennt man die Aussage: „Glaube kann Berge versetzen." Gedankenkraft kann eine sehr große Wirkung entfalten. Je stärker die Konzentration des Geistes und je mehr Prana, Lebensenergie, man hat, um so mehr können die Gedanken bewirken. Menschen mit großer Konzentrationsfähigkeit können viel bewirken. Letztlich hängt Erfolg im Leben wie auch auf dem spirituellen Weg von der Fähigkeit ab, die Strahlen des Geistes zu konzentrierter Wirksamkeit zu bündeln. Der große Psychologe Patanjali hat vor etwa 2000 Jahren im dritten Kapitel des Yoga Sutra beschrieben, was ein Yogi mit einem konzentrierten Geist alles bewirken kann.[9]

Mehrere Faktoren können die Gedankenkraft stärken:

- Tägliche Meditation stärkt die Konzentrationsfähigkeit.
- Regelmäßige Wiederholung eines Mantras verbindet die individu elle geistige Kraft mit göttlichem Segen.
- Yoga-Übungen wie Asanas, Pranayama sowie sattwige, reine Ernährung erhöhen das Prana, die Lebensenergie.

---

7 So soll übrigens die Hatha Yoga Kriya (Reinigungsübung) namens „Jala Dhauti", auch „Kunjar Kriya" oder „Gaja Kriya" genannt, entstanden sein.

8 Deshalb soll Meditation am Meer von besonderer Kraft sein.

9 Siehe mein Buch „Die Yoga-Weisheit des Patanjali für Menschen von Heute", in dem ich gerade das 3. Kapitel des Yoga Sutra recht ausführlich kommentiert habe.

Starkes Prana macht auch die Gedankenkraft stark.

- Klare Entschlusskraft konzentriert den Geist.
- Allgemein gilt: Konzentrationsfähigkeit entwickelt die Gedankenkraft. Ein Beispiel ist das Brennglas: Wenn man mit einem Brennglas/einer Lupe die Sonnenstrahlen bündelt, kann man Papier zum Brennen bringen. Genauso kannst du lernen, deinen Geist zu konzentrieren.

Allerdings möchte ich hier ein paar warnende Sätze einfügen: Manche Menschen denken, dass sie mit ein paar negativen Gedanken großen Schaden angerichtet hätten. Oder sie denken, jemand anderes habe ihnen mit seinen Gedanken viel Unglück zugefügt. Verfalle nicht in diesen Irrtum. Grundsätzlich kann nur das geschehen, was im Karma der betreffenden Person angelegt ist. Niemand kann dir etwas Negatives zufügen, was nicht in deinem Karma enthalten ist und an dem du nicht wachsen würdest. Umgekehrt kannst auch du niemandem etwas zufügen, was nicht in seinem/ihrem Karma ist. Allerdings gilt: Wenn jemand einem anderen bewusst Schaden zufügt, tritt das Gesetz der Kompensation in Kraft, wie ich unten darlegen werde.

Überschätze also weder deine eigene Gedankenkraft noch die Gedankenkraft anderer. Nutze deine Gedankenkraft auf positive Weise.

Ich will hier ein Beispiel geben: Vor vielen Jahren kam eine Frau zu mir zur Beratung. Sie sagte, sie hätte ein schlechtes Gewissen, weil sie jemanden umgebracht hätte. Ich war schon am Überlegen, ob das unter das Beichtgeheimnis fällt oder ob ich den Staatsanwalt informieren müsse… Dann führte sie das etwas näher aus: Sie hätte sich einige Tage lang furchtbar über ihren Chef geärgert. Eines Morgens sagte sie sich: „Ich wünschte, er baut einen Unfall und stirbt." Am gleichen Abend hatte der Chef tatsächlich einen Autounfall und kam dabei um. Seitdem glaubte sie, sie hätte ihn umgebracht. Es hat mich sehr viel

Überredungskunst gekostet, ihr beizubringen, dass sie ihn nicht umgebracht hat, sondern dass dieses Zusammentreffen von innerer Phantasie und äußerem Ereignis in diesem Fall nur zufällig war. Man kann niemanden mit ein paar Gedanken umbringen. Ich habe noch etwas mehr mit der Frau gesprochen. Sie hatte öfter solche Gedanken gehabt: Wenn sie sich über jemanden ärgerte, sagte sie sich fast automatisch: „Ich wünschte, er würde in einem Unfall sterben." Außer diesem Chef waren die anderen alle noch am Leben…

Gar nicht so wenige Menschen haben selbstzerstörerische Gedanken bis zum Selbstmord. Andere haben Gewaltphantasien. In der Jungschen Psychologie wird das als „Schatten" bezeichnet. Natürlich sollte man lernen, damit umzugehen und solche Gedanken nicht in die Tat umzusetzen.

Aber ein Aspirant sollte nicht glauben, dass er damit negativ auf die Welt einwirken würde.

Falle also bitte nicht in dieses magische Denken, dass ein falscher Gedanke schon große Katastrophen hervorruft. Entwickle kein schlechtes Gewissen, nur weil du einmal etwas Schlechtes gedacht hast.

Bemühe dich, deine Gedanken hauptsächlich positiv zu machen. Entwickle Selbstvertrauen und Gottvertrauen. Schicke Gedanken des Wohlwollens zu allen Wesen. Nutze Visualisierung und Affirmation, um anderen im Dienst Gottes zu helfen.

Ich schreibe betont „hauptsächlich positiv", da auch „negatives Denken" seinen Platz hat. Es ist gut, auch mit Fehlschlägen zu rechnen, sich worst-case-Szenarien auszumalen. So ist man auf die Wechselfälle des Lebens vorbereitet. Angst macht vorsichtig, Ärger aktiviert und kann zu positivem Engagement führen. Niedergeschlagenheit kann dazu führen, dass man sich Zeit gönnt, etwas zu verarbeiten. Positiv denken heißt auch, die verschiedenen Fähigkeiten des eigenen Geistes wertzuschätzen. Automatisches Durchspielen von Szenarien oder auch zwanghafte Gedanken haben auf die physische Wirklichkeit keine besondere Wirkung.

Bewusst hervorgerufene Gedanken dagegen können ihre positive Kraft entfalten und in vielerlei Hinsicht segensreich sein. 2 Arten von Affirmationen empfehle ich jedem Aspiranten für jeden Tag:

1. „Ich bin voller Kraft und Energie. Mir geht es gut. Ich freue mich auf den heutigen Tag."
2. „Mögen alle Wesen glücklich sein. Möge Friede auf Erden sein."

Das Gesetz der Kompensation

Das dritte Untergesetz des Karmas ist das Gesetz der Kompensation. Manche Autoren verstehen unter dem Gesetz des Karma nur dieses Gesetz der Kompensation. Ich fasse den Karma-Begriff bewusst sehr weit, so dass alle Ursache-Wirkungsbeziehungen damit abgedeckt sind.

Dieses Gesetz wird umgangssprachlich so formuliert: „Was du nicht willst, das man dir tut, das füg´ auch keinem anderen zu." Oder: „Wie du in den Wald rufst, so schallt es auch heraus."

Das Gesetz des Karma ist die höhere Gerechtigkeit. Wenn jemand einen anderen betrügt, wird der Betreffende irgendwann auch selbst betrogen werden. Wenn jemand einen anderen willentlich umbringt, um einen Vorteil zu erlangen, muss er damit rechnen, ebenfalls irgendwann umgebracht zu werden. Wenn man mit seinen Handlungen die finanzielle Existenz anderer ruiniert, kann dies ebenso mit einem selbst geschehen. Dieses Gesetz der Kompensation ist auf der einen Seite wie Belohnung und Bestrafung. Es wirkt über mehrere Inkarnationen. Für manche Handlungen kommt die

Konsequenz schon in diesem Leben. Für viele Handlungen kommt die Konsequenz erst in einem nächsten Leben. Das Gesetz der Kompensation ist aber nicht nur Belohnung/Bestrafung. Es hat auch einen höheren Sinn: Im Grunde sind alle Menschen miteinander verbunden, Ausdruck des einen unendlichen Gottes. Wenn man gegen diese Einheit verstößt und jemand anderem Leiden zufügt, muss man selbst erfahren, wie es ist, auf diese Weise zu leiden. Und wenn man selbst weiß, wie sich ein solches Leiden anfühlt, lernt man Mitgefühl und wird das nächste Mal hoffentlich anders handeln.

Für das Gesetz der Kompensation ist die Absicht entscheidend. Wer im Winter bei Glatteis einen Verkehrsunfall verursacht, obgleich er vorsichtig gefahren ist, wird wegen etwaiger Todesopfer kein neues schlechtes Karma ernten. Umgekehrt gilt: Wer einen Mordanschlag verübt hat, wird für sich selbst leidvolles Karma erzeugen, auch wenn der Betreffende überlebt hat.

Eine kleine, erfundene Geschichte: Peter lebte in Los Angeles und lud seinen Freund Michael zu einer Wüstenwanderung in der Umgebung von Los Angeles ein. Sie hatten vor, in der Wüste zu meditieren und die ganz besonderen Sonnenauf- und Untergänge zu erleben. Sie verliefen sich. Langsam gingen ihre Wasservorräte zur Neige. Peter, der schon wüstenerfahren war, hatte noch eine zusätzliche Wasserflasche, die er aber vor Michael geheim hielt und nur daraus trank, wenn Michael nicht hinschaute. So fiel Michael langsam zurück, bis er kaum mehr laufen konnte. Peter dagegen ging zügig weiter. Nehmen wir an, Peter fand ein kleines Restaurant in der Wüste, besorgte Wasser und konnte Michael vor dem Verdursten retten. Ist das Karma damit vorbei? Nein, Peter hatte Michael eingeladen. Als Gastgeber hatte er eine besondere Verpflichtung. Peter hätte es in Kauf genommen, dass Michael stirbt, nur damit Peter sich selbst retten konnte. Auch wenn Michael Peter für seine Rettung dankbar ist und nie erfährt, dass Peter geheime Wasservorräte hatte, wird das Karma wirken. Vielleicht wird Peter irgendwann eine Krankheit bekommen, bei der er nicht trinken kann oder ganz eigenartigerweise immer Durst hat. Oder er wird selbst in der Wüste einmal kein Wasser mehr haben.

Dieses Gesetz der Kompensation hat einige praktische Konsequenzen:

1. Man sollte selbst stets aus Mitgefühl handeln. Unethisches Verhalten mag kurzfristigen Gewinn bringen. Langfristig führt es zum Leiden. Die wichtigsten ethischen Prinzipien sind[10]:
   a. Ahimsa bzw. Maitri Bhavana: Nichtverletzen bzw. Liebe und Mitgefühl
   b. Satyam: Wahrhaftigkeit
   c. Asteya: Nichtstehlen
   d. Brahmacharya: Vermeidung von sexuellem Fehlverhalten

---

10 Laut Yoga Sutra von Patanjali, Kapitel 2 Bibel, Koran, Pali Kanon und die Schriften der meisten anderen Religionen kennen ähnliche Grundsätze.

e. Aparigraha: Unbestechlichkeit, was Nichtannehmen und Nichtausführen von Bestechung mit einschließt

2. Wenn man etwas Falsches oder etwas aus einer schlechten Einstellung heraus getan hat, kann man probieren, es wieder gutzumachen: Am besten gesteht man seinen Fehler ein und macht den Schaden wieder gut. Wenn es nicht möglich ist, es gegenüber dem Menschen, den es betrifft, wieder gut zu machen, sollte man vor Gott bereuen und eine Sühnehandlung vollziehen.

3. Rache ist vor dem Hintergrund des Gesetzes des Karmas unsinnig. Die Bibel drückt es so aus: „Mein ist die Rache, spricht der Herr." (5. Mose 32,35; Römer 12,19). Nicht ein menschliches Individuum muss sich rächen, sondern das Karma wird das Unrecht wieder gut machen.[11] Individuelle Rache schafft nur neues Karma für das betreffende Individuum.

4. Andere können einem nur etwas zufügen, was im eigenen Karma angelegt ist. In Wahrheit kann niemand einem etwas Schlechtes zufügen. Das scheinbar Schlechte ist in Wahrheit hilfreich für die eigene persönliche Entwicklung. Jesus hat es so ausgedrückt: „Es muss ja Schlimmes kommen, aber wehe dem, durch den es geschieht." (Lukas 17,1). Mit anderen Worten: Wer dir aus schlechter Motivation bzw. aus Egoismus Schaden zufügt, tut dir einen Gefallen, schafft sich selbst aber schlechtes Karma. Bete daher für diejenigen, die dir Leid zugefügt haben. Du wächst an diesem Leiden. Nimm dieses Leiden, soweit es dir menschlich möglich ist, an. Bete für den Täter, dass er seine Tat noch rechtzeitig bereut und Buße tun kann, damit er/sie nicht selbst negatives Karma erfahren muss.

5. Man sollte versuchen, andere davon abzuhalten, sich schlechtes Karma zuzufügen. So wird ein Yoga Aspirant sein Eigentum schützen, sein Geld wegschließen, sein Fahrrad sichern etc., nicht aus Angst um sein Eigentum (das wird er verlieren, wenn es im Karma so angelegt ist), sondern aus Mitgefühl, nämlich um andere nicht zu Dieben zu machen.

6. Wenn du anderen etwas Gutes tust und sie dir nicht dankbar sind, dann freue dich: So schaffst du gutes Karma.

7. Solange es dir gut geht, teile was du hast mit anderen. Tue anderen Gutes. Es heißt sogar: Die sicherste Investition ist, gute Werke zu tun, Spenden an karitative oder spirituelle Institutionen zu geben. Das wird noch nicht einmal mit dem Tod genommen. Was man freiwillig gibt, kann einem nicht genommen werden. Es kommt vielmehr wieder zurück.

Allerdings: Für einen Yoga-Aspiranten sollte die Aussicht auf gutes Karma nicht Hauptmotivation für ethisches Handeln sein. Ein Yoga-Aspirant sollte aus Liebe und Mitgefühl anderen helfen und dienen. Die Essenz von

11 Das schließt nicht aus, dass ein Staat bzw. ein Gemeinwesen Gesetze erlässt, die auch Strafen gegen Verstöße enthalten.

Karma Yoga laut Bhagavad Gita ist uneigennütziges Dienen ohne Anhaftung, ohne Wunsch nach Belohnung, ohne Erwartungen. Darauf will ich später etwas mehr eingehen.[12]

Das Gesetz der Evolution

Das vierte Gesetz des Karmas ist das Gesetz der Evolution. Ich persönlich halte dieses Gesetz für das Leben eines spirituellen Aspiranten für ganz besonders wichtig, vielleicht sogar für am Wichtigsten. Der Mensch ist auf dieser Erde, um sich spirituell zu entwickeln.

Damit ein Mensch sich entwickeln und entfalten kann, muss er bestimmte Erfahrungen machen. Man kann dies mit dem Abitur vergleichen: Um das Abitur zu schaffen, muss ein/e Schüler/in verschiedenste Wissensinhalte und Fertigkeiten lernen. Und wenn er/sie einen bestimmten Lernabschnitt nicht erfolgreich absolviert hat, muss er/sie vielleicht die Klasse wiederholen. Der/die Schülerin hat nichts falsch gemacht, dass er/sie all diese Aufgaben bekommt. Integral- und Differenzialrechnung, englische Grammatik und Sportunterricht sind keine Strafen für schlechtes Verhalten. Vielmehr gehört das alles zum Lehrplan dazu, wenn man das Abitur schaffen will.

So ist es auch im spirituellen Leben: Die individuelle Seele geht durch einen großen Lehrplan hindurch. Zunächst macht die Seele Erfahrungen im Mineralreich. Dann kommen Erfahrungen im Pflanzenreich. Dann geht sie durch 8.400.000 verschiedene Formen von Tierinkarnationen. Dann kommt sie erstmals in einen Menschenkörper. Um zur höchsten Verwirklichung zu kommen, muss sie dann (fast) jede menschliche Erfahrung mindestens einmal erleben: Vergnügen und Schmerz, Freude und Trauer, scheinbares Unrecht und großes Glück, Verliebtheit, reife Liebe, Trennung, Verlassenheit etc. Das Leben ist kunterbunt und bietet einem alles, was man braucht, um zu wachsen. Patanjali sagt (II.18): „Das Universum existiert zur Erfahrung und Befreiung der Seele (Purusha)." Und: „Der Zweck der Verbindung von Purusha (Seele) und Prakriti (Universum) ist, dass die Seele die Kräfte erfährt, die in ihr und in der Prakriti angelegt sind." (II.23)

Es gibt also einen ganzen Lehrplan, der in deinem Sanchita Karma schon angelegt ist. Und du wirst dich solange inkarnieren, bis du alle Lektionen dieses Lehrplans gelernt hast. Die Lebensschule ist dabei geduldig: Du kannst mit der gleichen Aufgabe wieder und wieder konfrontiert werden, bis du sie schließlich verstanden hast. Das ist anders als bei der „normalen" Schulbildung: Du kannst auf dem Gymnasium die gleiche Klasse nicht unbeschränkt wiederholen. Bei der „Lebensschule" ist das anders: Die gleiche Lektion kann wieder und wieder kommen.

---

12 Siehe auch mein Buch: „Die Yoga-Weisheit der Bhagavad Gita für Menschen von heute"

Bis zu einem gewissen Grad ist dieser Lehrplan des Lebens auch zeitlich schon bei der Geburt geplant. Daher können gute Astrologen gewisse Vorhersagen treffen, wann dem Menschen was zustößt. Gerade die sogenannte „karmische Astrologie“ sowie spirituell orientiertes „Jyotish“ (vedische Astrologie) will dem Menschen helfen zu erkennen, welche Lektionen wann dran sind. Ich persönlich meine allerdings, dass es nicht notwendig ist, die Astrologie zu Rate zu ziehen: Das Karma breitet sich auch so aus – du kannst an den Ereignissen erkennen, was wann dran ist. Dazu kommt: Wegen der direkten Gesetze, den Gesetzen der Gedankenkraft und den Gesetzen der Kompensation sowie der Gnade Gottes kann der Lehrplan auch modifiziert werden. Und der Mensch hat die Freiheit, Lektionen schneller zu lernen oder sie in die Zukunft zu verschieben. Man hat sogar die Möglichkeit, manche Lektionen vorzuziehen. All das kann ein Astrologe nicht unbedingt aus einem Horoskop erkennen. Ich sehe ebenfalls eine Gefahr, wenn man sich von einem Astrologen erzählen lässt, was die eigene Aufgabe ist: Auch der Astrologe ist nicht allwissend. Er kann einen auch auf die falsche Fährte führen. Aber selbst das wäre dann im Karma angelegt.

Hier will ich dir ein paar praktische Tipps geben:

- Was auch immer geschieht, sieh es als Aufgabe, an der du wachsen kannst.
- Wenn dir Leid zustößt, nimm es an – und sei froh, dass du diese Erfahrung dann hinter dir hast.
- Renne vor Schwierigkeiten nicht weg – irgendwann kommen diese Schwierigkeiten wieder. Wenn du dich dafür noch nicht bereit fühlst und es möglich ist, sie zu verschieben, ist das aber auch legitim.
- Wenn dir Schwieriges zustößt, frage nicht: „Warum ich?“ oder „Was habe ich falsch gemacht, dass es mir passiert?“ Frage vielmehr: „Was kann ich aus dieser Erfahrung lernen? Was bringt mir diese Situation an Erfahrungen, die in meiner Persönlichkeitsentwicklung hilfreich sein könnten?“ und „Was ist hier meine Aufgabe?“ Weitere mögliche Fragen, die in einer karmischen Lektion helfen können, sind: „Was erlebe ich gerade? Was geschieht gerade? Habe ich in meiner erinnerbaren Geschichte etwas getan, wofür das die direkte Konsequenz sein könnte?“ „Welche besonderen Kräfte und Fähigkeiten sind in mir jetzt gefordert? Welche besonderen Ressourcen, bekannte und verborgene, habe ich, um mit dieser Situation umgehen zu können?“ „Welches Erleben, das ich normalerweise in mir verdränge, will durch diese Situation zum Vorschein kommen?“ „Was kann ich tun, um in dieser Situation wieder glücklich zu sein?“ Und wenn du zunächst nicht weißt, was du in dieser Erfahrung lernen kannst und was deine Aufgabe ist, gehe davon aus, dass es deine Aufgabe ist, im Ungewissen hier zu erfahren und in der Unklarheit zu agieren.

- Gehe bewusst durchs Leben. Je achtsamer du bist, je mehr du die Gegenwart erlebst, je mehr Prana und Klarheit des Geistes du hast, um so schneller können sich die Lektionen des Lebens entfalten. Bedaure nicht zu sehr die Vergangenheit. Träume nicht zu sehr in die Zukunft. Lebe jetzt. Nicht umsonst heißt es: Für einen spirituellen Aspiranten beschleunigt sich das Karma. Beschleunigung des Karmas heißt auch, dass dir mehr zustößt. Für einen spirituellen Aspiranten wird es im Leben nicht mehr langweilig.
- Spirituelles Leben heißt normalerweise nicht Rückzug oder Trägheit. Vielmehr gilt es, seine Fähigkeiten und Kräfte zu entfalten. Entfalte deine Talente, engagiere dich, erledige deine Aufgaben und Verantwortlichkeiten, bemühe dich, zum Wohl anderer tätig zu sein. Die Entfaltung der eigenen Fähigkeiten gehört zum spirituellen Lehrplan dazu.
- Bete, bitte um Führung, widme alles Gott. Letztlich gehört zum Gesetz der Evolution auch Leben in der menschlichen Ungewissheit. Tue daher alles, was du machst, so gut du kannst, bringe es Gott dar und lasse los.

Um es noch klarer zu machen, will ich hier ein paar Beispiele geben. Denn nicht immer ist klar, was in einer konkreten Situation die Aufgabe ist.

Erstes Beispiel: Angenommen, eine Aspirantin bekommt ein Kündigungsschreiben von ihrem Arbeitgeber. Welche Aufgabe könnte darin liegen? Zunächst einmal ist der Verlust eines Arbeitsplatzes eine allgemein menschliche Situation, an der man reifen kann. Gefühle von Ohnmacht, Wut, Ausgenutztsein, Hilflosigkeit, Depression, Befreiung, Zukunftsängste, Verzweiflung, Hoffnung etc. können alle damit verbunden sein. Vom Standpunkt des Karmas als Aufgabe zur Entwicklung könnte man sagen: Die Erfahrung des Verlustes eines Arbeitsplatzes ist eine wichtige menschliche Erfahrung, woran man wachsen kann. Auch die Konfrontation mit allen damit verbundenen Emotionen und Gedanken ist etwas Wertvolles für die psychische, persönliche und spirituelle Entwicklung. Gerade über solche außergewöhnlichen Erfahrungen, durch welche man aus der „normalen" Bahn geworfen wird, wächst man. Die erste Aufgabe ist also zunächst einmal, diese Situation mit all ihren Aspekten einschließlich der eigenen psychischen Reaktion anzunehmen. Es geht also nicht darum, seine Emotionen und Gefühle zu unterdrücken oder sich ihrer zu schämen. Vielmehr gilt es, sich ihrer bewusst zu werden, sie bewusst zu erleben und dann damit umzugehen. In einem zweiten Schritt ist die Aufgabe, was man in dieser Situation macht, wie man geschickt auch und gerade im Äußeren reagiert. Folgende Lernaufgaben könnten in diesem zweiten (oder dritten oder vierten) Schritt für unsere Aspirantin stecken, je nach individueller Veranlagung und je nach Situation:

- Sie muss lernen, ihre Bescheidenheit zu überwinden und dem Chef klarmachen, was sie alles für die Firma geleistet hat – vielleicht ist so die Kündigung rückgängig zu machen.
- Sie muss lernen, ihren Stolz zu überwinden und auch mal von Ar beitslosengeld zu leben.
- Sie muss das Talent der Selbstdarstellung besser üben und deshalb viele Bewerbungsgespräche führen.
- Diese Art von Arbeit ist vorbei – neue Abenteuer warten auf sie.

Diese und andere Aufgaben können sich aus dieser karmischen Situation ergeben. Wie man in solchen und anderen Situationen Entscheidungen fällt, ist Hauptthema der Bhagavad Gita.

Zweites Beispiel: Petra hat drei kleine Kinder und findet heraus, dass ihr Mann fremd gegangen ist. So etwas ist für viele Menschen eines der schlimmsten Erlebnisse. Es ist sicherlich eine ganz besonders schwierige Situation. Was ist hier die Aufgabe? Zunächst einmal ist das Erleben dieser Situation selbst die Aufgabe. Diese Erfahrung an sich ist offensichtlich im Lehrplan ihres Lebens enthalten. Die Konfrontation mit allen damit verbundenen Emotionen und Gedanken wie Wut, Verzweiflung, Ängste, Hoffnungslosigkeit, Sinnlosigkeit, Trauer, Verratenheit, Minderwertigkeitskomplexe, Zukunftsängste, Mordlust, Selbstmordgedanken, Zerstörungswut, Befreiung, weil jetzt Gewissheit herrscht, Liebe, schlechtes Gewissen, ist an sich wertvoll. Vieles, was ich über den Trauerprozess geschrieben habe, als es um Umgang mit dem Tod ging, ist auch in einer solchen Situation anwendbar. Und natürlich muss Petra anschließend entscheiden, wie sie mit der Situation umgeht. Sie hat verschiedene Möglichkeiten. Einige der Möglichkeiten scheiden für einen spirituellen Menschen aus, wie Mord, Selbstmord, Rache etc. Aber Petra hat eine Reihe von anderen Möglichkeiten:

- Gespräch, Konfrontation, Aussprache, Neuanfang, Verzeihen, Versöhnen, Paarberatung, neue Absprache/Versprechen
- Nebenherleben im gleichen Haus, um den Kindern eine Art Familienleben zu ermöglichen
- Trennung mit Vereinbarungen zum Wohl der Kinder, nach Mög lichkeit einvernehmlich, unter Zurateziehen eines Mediators
- …

Auch hier gilt: Wie Petra sich verhalten soll, kann man vom Karma-Standpunkt aus nicht sagen. Es kann für Petra sogar zur karmischen Lernaufgabe dazugehören, eine ganze Weile lang nicht zu wissen, was das Richtige ist.

Drittes Beispiel: Karl-Dieter erfährt, dass er Multiple Sklerose hat. Er erfährt, dass es möglich ist, dass er in den nächsten Jahren schrittweise die

Kontrolle über seine Muskeln verlieren wird. Es kann aber auch sein, dass durch die Einnahme von neuen Medikamenten mit vielen Nebenwirkungen der Fortgang der Krankheit verlangsamt oder gar angehalten werden kann. Was könnten da für Lernaufgaben drin stecken? Ich schreibe hier bewusst im Konjunktiv: Von außen betrachtet kann man das nämlich nie so genau wissen. Und selbst wer in der Situation ist, weiß höchstens einige Jahre später, was er/sie gelernt hat. Also: Was KÖNNTEN die Lernlektionen sein? Eine solche Krankheit kann ganz besonders die Vergänglichkeit des Lebens vor Augen führen. Es ist immer möglich, dass einem durch einen Unfall/Krankheit körperliche und geistige Fähigkeiten genommen werden. MS macht das um so deutlicher. Vielleicht war Karl-Dieter jemand, der bisher sein Leben immer gut in der Hand hatte – jetzt ist es damit vorbei: Jederzeit kann ein Krankheitsschub kommen, immer wieder kann Müdigkeit auftauchen, Gemütsschwankungen können scheinbar ganz grundlos kommen. Vielleicht war Karl-Dieter sehr stark in einer Abwehrhaltung gegen moderne Schulmedizin – jetzt muss er vielleicht lernen, auch schwere Medikamente zu nehmen. Vielleicht hat er bisher vielen Menschen geholfen, war der Starke, an denen andere sich festhalten konnten – jetzt ist er hilfsbedürftig. Vielleicht war Karl-Dieter auch medizin- und fortschrittsgläubig – jetzt erkennt er, dass auch Medizin und technischer Fortschritt ihre Grenzen haben. Ich hoffe, das klingt jetzt nicht herzlos, wenn ich solche Möglichkeiten aufzähle. Jemand, der mit einer solchen Diagnose konfrontiert ist, verdient natürlich volles Mitgefühl. Und jeder momentan Gesunde kann von einem Moment auf den anderen mit einer schweren Krankheit konfrontiert sein. Karl-Dieter hat jetzt viele Möglichkeiten, die er größtenteils sogar parallel, neben- oder nacheinander angehen kann:

- Er kann sich umfassend über Multiple Sklerose informieren, über Bücher, Internet, Selbsthilfegruppen etc.
- Er kann einen sehr guten Arzt suchen, der sich damit auskennt.
- Er kann einen guten Yogatherapeuten suchen, der ihm geeignete Yoga Asanas empfiehlt.
- Er kann seine spirituellen Übungen vertiefen – Meditation wird die Praxis sein, die er am längsten üben kann.
- Er kann sich mit Vedanta Philosophie auseinandersetzen und sich bewusst machen: „Ich bin das unsterbliche Selbst. Was auch immer mit dem Körper passiert und wie sehr auch mein Denken und Fühlen durch die Krankheit beeinflusst wird: Meine wahre Natur bleibt Satchidananda – reines Sein, Wissen, Glückseligkeit.“

Viertes Beispiel: Lea kommt nach Hause und stellt fest, dass in die Wohnung eingebrochen wurde. Einiges wurde gestohlen. Vielleicht hat sie vor zehn Jahren selbst etwas geklaut – dann kann sie sich jetzt darüber freuen, dass ihr Karma sich damit ausgeglichen hat. Angenommen aber, sie hat in diesem Leben niemals geklaut, dann könnte es auch eine Konsequenz aus einem früheren Leben sein. Es ist aber müßig, über frühere Leben nachzudenken. Besser wäre es, Lea überlegt, was diese Situation für sie bedeutet: Vielleicht verdrängt sie etwas, vielleicht ihre Fähigkeit zu geben, vielleicht war sie geizig. Vielleicht sollte sie aber auch lernen, etwas achtsamer zu sein und die Haustür abzuschließen. Vielleicht hat sie sich bisher vor Behördengängen gescheut; sie muss jetzt zur Polizei und zur Versicherung gehen, muss sich neue Ausweise besorgen, etc. Vielleicht sind all das wichtige Erfahrungen. Vielleicht hatte sie sich Einiges vorgenommen, was karmisch nicht dran war und was jetzt durch die Verluste von Materiellem und Zeit nicht geht.

Es ist nicht immer leicht, das Positive gerade in schrecklichen Erlebnissen und Erfahrungen zu sehen. Tröstlich kann hier sein, dass auch das Erleben von leidvollen Emotionen Teil der karmischen Lernaufgabe sein kann. Wenn du also etwas Schweres erlebst und dadurch aus deinem inneren Gleichgewicht geworfen wirst, mache dir deshalb kein schlechtes Gewissen. Erlebe die Situation bewusst – und schaue, wann der Zeitpunkt gekommen ist, zur nächsten Erfahrung überzugehen.

Drei große Hilfen, diese Einstellung des Annehmens und bewussten Lernens der karmischen Lektionen zu kultivieren, sind das Aufschreiben der eigenen Lebensgeschichte, das Erzählen der eigenen Lebensgeschichte, das Führen eines spirituellen Tagebuchs sowie die Tageserlebnisse in der abendlichen Meditation Revue passieren zu lassen.

- **Lebensgeschichte aufschreiben**: Wenn du das noch nicht gemacht hast, nimm dir 1-2 Stunden Zeit und schreibe für dich selbst dein Leben auf, entweder „altmodisch" in ein Heft (das nur für dich gedacht ist) oder in eine passwortgeschützte Computer- oder Internetdatei. Du kannst das einfach unstrukturiert tun, wie es dir in den Sinn kommt.

Oder du kannst die folgenden Tipps als Leitfaden nehmen:

o Teile dein Leben in fünf bis acht Kapitel ein. Schreibe zu jedem Kapitel (1) eine Überschrift (2) das Wichtigste, was dieses Lebenskapitel ausmacht (3) das, was du in diesem Kapitel persönlich und spirituell gelernt hast.

o Schreibe die ein bis drei schwierigsten Erlebnisse deines Lebens auf. Schreibe auch dazu, was du dadurch gelernt hast und welche positiven, wertvollen Entwicklungen dadurch überhaupt erst ermöglicht wurden.

o Schreibe die ein bis fünf schönsten Erlebnisse deines Lebens auf.

Schreibe insbesondere auch darüber, wo du die besondere Gnade Gottes erfahren konntest.

o Schreibe die großen Lebenshilfen in deinem Leben auf: Finde so eine Art „persönlichen Werkzeugkasten“ von Hilfen, auf den du in schwierigen Situationen zugreifen kannst.

So kannst du dir bewusst machen, dass dein bisheriges Leben im Nachhinein betrachtet durchaus Sinn macht. Du wirst dabei auch erkennen, dass du in der Situation selbst oft nicht wusstest, wozu sie gut sein sollte. Diese Erkenntnis kommt meist erst Jahre später. Wenn du dir das bewusst machst, bekommst du auch das Vertrauen, dass du auch für jetzige und künftige Herausforderungen später wissen wirst, wozu sie gut sind.

- **Lebensgeschichte erzählen**: Auch über das Erzählen deiner Lebensgeschichte kannst du dir den Sinn, die Sinnkontexte deines Lebens bewusst machen. Wenn du erwachsene Kinder hast, erzähle ihnen doch einmal deine Lebensgeschichte. Erzähle deine Lebensgeschichte deinen Eltern, vielleicht auch nochmals deinem Partner. Oder bezahle dafür einen Psychotherapeuten. Das Erzählen der eigenen Lebensgeschichte hilft, sich der Sinnhaftigkeit bewusst zu werden.
- **Spirituelles Tagebuch führen**: Das Führen eines spirituellen Tagebuchs hilft, das Leben bewusst zu leben. Du kannst jeden Abend oder einmal pro Woche aufschreiben, was du am Tag bzw. in der Woche erlebt oder gelernt hast.
- **Die Ereignisse des Tages in der abendlichen Meditation Revue passieren lassen**: Zu Beginn der abendlichen Meditation nutze die ersten fünf Minuten, um die Ereignisse des Tages Revue passieren zu lassen. So wirst du ihrer besonders bewusst – du kannst ihre Botschaft intuitiv verstehen. Anschließend übergib alle Lektionen des Tages an Gott – und meditiere in der Stille weiter.

Ein kleines Wort der Warnung: Nutze diese Ratschläge vor allem für dich. Wenn du von einem anderen hörst, dem es schlecht geht, der Schlimmes erlebt hat, dann enthalte dich voreiliger Ratschläge und Interpretationen. Manche Menschen haben Schlimmstes erlebt. Kindesmissbrauch, Kindesmisshandlung, Vergewaltigung, andere Gewalt, schlimme Unfälle und Krankheit sind leider auch in Mitteleuropa gar nicht so selten, ganz zu schweigen von den Erfahrungen von Menschen, die als Bürgerkriegsflüchtlinge hierher kommen. Oft steht man gerade als spiritueller Aspirant bei solchen Erzählungen nur ohnmächtig da und kann einfach nur Mitgefühl empfinden, innerlich demütig Gebete sprechen und schauen, ob man irgendwie praktisch Hilfe anbieten kann. Letztlich kann und muss man nicht alles verstehen oder interpretieren – und ganz tief im Herzen Gott vertrauen, dass vom Standpunkt der Ewigkeit, vom Standpunkt des Ablaufs von Millionen Inkarnationen, letztlich alles seinen Sinn hat. Und dass diese Welt letztlich Maya, Illusion und göttliches Spiel ist und Atman, das Höchste Selbst, unberührt von allem.

Das Gesetz der Gnade Gottes

Das fünfte Gesetz des Karma ist die Gnade Gottes. Wenn du Gott darum bittest, etwas für dich zu tun, dann wirkt da mehr als die eigene Gedankenkraft: Du öffnest dich für göttliche Gnade. Wenn du z.B. Gott um Demut bittest, kannst du vielleicht am nächsten Tag eine Erkältung bekommen – das ist sehr wirkungsvoll für die Erzeugung von Demut. Oder es kann sein, dass irgendetwas, auf das du sehr stolz bist, durch deinen eigenen Fehler schief geht – auch dies erzeugt Demut.

Um das mit einer kleinen mythologischen Geschichte zu verdeutlichen:

Krishna und Arjuna gingen einst auf Pilgerreise. Beide waren machtvolle Kämpfer. Krishna war ein König und eine Inkarnation Gottes und Arjuna ein Prinz. Sie waren befreundet. Ab und zu gingen sie gemeinsam auf Pilgerfahrt. Eine Pilgerreise hilft, vom normalen Leben Abstand zu gewinnen. Man kommt an spirituelle Kraftorte, zu Weisen, die einem Rat geben können und man lernt, ob man tatsächlich an den Dingen hängt oder nicht. Es gibt verschiedene Arten von Pilgerreisen. Bei der strengsten Form nimmt man kein Geld mit, sondern lebt allein von Bettelgaben. Und da ist es in Indien genauso wie überall: Manche Menschen geben etwas und manche beschimpfen einen. Krishna und Arjuna hatten sich einmal für die asketischste Form der Pilgerreise entschieden. Sie nahmen keine Vorräte und kein Geld mit und gingen inkognito als arme Pilger.

Die beiden waren nun schon einige Tage unterwegs. Und am Ende eines anstrengenden Wandertages waren sie müde und hungrig. Sie kamen in ein kleines Städtchen. Da sahen sie, dass in einem großen Haus ein besonderes Fest im Gang war. Große Mengen an Nahrungsmitteln waren übrig geblieben, und so gingen sie durch die Gartentür hinein. Sie klopften an die Haustür und sagten: „Wir sind hungrige Pilger. Können wir etwas zu essen bekommen?“ „Verschwindet!“, rief ihnen der reiche Hauseigentümer zu. „Was wollt ihr hier überhaupt? Wenn ihr Essen wollt, dann arbeitet doch.“ „Es ist aber doch so viel übrig. Wir sind auch mit Resten zufrieden.“ „Verschwindet“, rief der Reiche erneut. Und da die beiden ihn nochmals nach Essen fragten, rief er seine Leibwächter. Diese warfen Krishna und Arjuna in hohem Bogen heraus. Krishna und Arjuna wären natürlich stark genug gewesen, mit einer Hand die Leibwächter zu besiegen. Aber sie befanden sich auf Pilgerfahrt und da übten sie sich in Ahimsa (Gewaltlosigkeit). Mit Prellungen und Schürfwunden gingen sie also weiter. Nach hundert Metern drehte sich Krishna herum und sagte: „Möge sich der Reichtum des reichen Mannes vervielfältigen. Möge sein Gold sich verzehnfachen, seine Getreideernte sich verzwanzigfachen und möge er dreißigmal so viel Kühe haben." Arjuna, der wusste, dass solche Segenswünsche Krishnas sich für gewöhnlich manifestierten, wunderte sich sehr.

Dann kamen sie in einen anderen, ärmeren Teil des Städtchens. Da lebte ein armer Bauer und Tagelöhner. Dieser hatte nur einen Besitz, nämlich seine Kuh. Die Kuh gab Milch. Und der Bauer machte daraus nach einem Familienrezept eine besondere Art von Käse. Diesen verkaufte er und bestritt davon sowie von einfachen Gelegenheitsarbeiten seinen dürftigen Lebensunterhalt. Darüber hinaus war dieser arme Bauer auch ein großer Gottesverehrer und spiritueller Aspirant, der sehr regelmäßig in seinen spirituellen Praktiken war. Krishna ging zielstrebig auf die Hütte dieses Mannes zu. Arjuna versuchte ihn aufzuhalten. „Aber Krishna", sagte er, „hier sieht es doch so arm aus, hier können wir nicht hineingehen." Krishna scherte sich nicht um Arjunas Einwände und klopfte an. Der Mann öffnete und fragte: „Was kann ich für euch tun?" Krishna antwortete: „Wir sind arme Pilger. Bitte, können wir etwas zu essen haben?" „Ich habe zwar nicht viel, aber was ich habe, teile ich gerne mit euch. Ich habe gerade alles zum Abendessen fertig." So bat er seine Gäste, sich hinzusetzen und teilte sein karges Abendmahl in drei Teile. Arjuna war zwar hungrig, aber er traute sich nicht, etwas zu essen. Krishna aß seine Portion und sagte: „Arjuna, iss doch!"

Währenddessen hielt sich der Gastgeber zurück und als er sah, dass Krishna mit seinem Teller fertig war, gab er ihm auch noch seinen Teil. Krishna aß alles auf, so dass der Gastgeber nichts zu Abend essen hatte. Arjuna schämte sich in Grund und Boden. Krishna sagte: „Ich bin noch hungrig. Hast du noch etwas?"

Der Mann hatte noch etwas Mehl, was er aufbewahrt hatte, um am nächsten Morgen seinen Frühstücksbrei zu machen. Er machte aus diesem Mehl Fladenbrot. Krishna aß alles auf. Dann gab der Gastgeber ihm auch noch den Käse, den er eigentlich am nächsten Morgen verkaufen wollte, um sich für den nächsten Abend etwas zu essen kaufen zu können. Auch die Milch, aus der er am nächsten Tag neuen Käse hatte machen wollen, gab er ihm.

Schließlich, als es nichts Essbares mehr im Haus gab, bedankte sich Krishna und die beiden gingen. Nach hundert Metern drehte sich Krishna um und sagte: „Möge die Kuh dieses Mannes heute Nacht sterben!" „Mit dir will ich nichts mehr zu tun haben!", rief Arjuna da. „Du bist keine Inkarnation Gottes, du bist ein Dämon!" Denn Arjuna wusste, was Krishna sagte, das würde auch eintreffen. Da lächelte Krishna. „Du verstehst die Gnade Gottes nicht, Arjuna. Beide Menschen haben um etwas gebetet. Der reiche Mann geht regelmäßig in den Tempel. Dann bereut er seinen Geiz. Er bittet Gott darum, ein besserer Mensch zu werden. Und da gibt es für ihn nur eine Möglichkeit: Er muss ganz deutlich erkennen, dass Reichtum wirklich nicht glücklich macht. Er hat sowieso schon mehr als er braucht. Mit jeder zusätzlichen Goldmünze steigen seine Sorgen ins Unendliche. Er wird niemanden mehr in der Familie haben, dem er trauen kann. In reichen Familien gibt es ständig Streit um die Erbschaft. Und er wird merken, dass er keine echten Freunde hat. Alle sind nur hinter seinem Geld her. So wird er tief im Innern erkennen, dass Geld nicht glücklich macht. Erst dann kann er wirklich auf den spirituellen Weg kommen. Dieser reiche Mann braucht also noch mehr Geld, um wirklich auf den spirituellen Weg zu kommen. Aber dieser arme Mann hier meditiert seit vielen Jahren. Er ist ein gottesfürchtiger Mensch mit hohen Idealen, verankert in einer Ethik des Mitgefühls und des Dienens. Er sagt jeden Morgen und Abend: „Gott, du bist mein Ein und Alles. Dein Wille geschehe. Lass' mich dich erkennen." Aber im Hintergrund seines Geistes denkt er, dass seine Kuh seine Sicherheit ist. In dem Moment, in dem er die Kuh verliert, bekommt er die Gelegenheit, sich Gott wirklich ganz, ohne Vorbehalt, ohne Rückversicherung, vollständig hinzugeben: „Gott, jetzt habe ich nur noch dich." Wenn er diese Prüfung so bewältigt, dann erreicht er vielleicht schon morgen die volle Gottverwirklichung. Und dann werde ich dafür sorgen, dass er alles hat, was er zum Leben braucht."

So kann die Gnade Gottes sein. Die Menschen erwarten die Gnade Gottes auf großartige, mysteriöse Weise, aber sie kann eben auch ganz anders kommen, handfest, als praktische Lektion. Wenn du also Gott um etwas bittest, sei darauf gefasst, dass die Antwort auf deine Gebete in anderer Gestalt kommt, als du das denkst.

Hier eine weitere Geschichte, die ich etwas modernisiere[13]:

Es war einmal vor nicht allzu langer Zeit ein spiritueller Aspirant. Dieser hatte gerade in der Bhagavad Gita im 6. Kapitel gelesen (VI.40) : „Wahrlich, niemand, der Gutes tut, wird je Schaden erleiden." So entschloss er sich, bei allen Schwierigkeiten nur auf Gott zu vertrauen. Eines Tages kam ein Bote ins Dorf und sagte: „Es gab ein Unwetter in den Bergen. Riesige Regenfälle sind herabgekommen. Innerhalb der nächsten Stunden wird das ganze Dorf überschwemmt sein, alle müssen evakuiert werden. Alle aus dem Dorf packten ihre Sachen und verließen das Dorf. Unser junger Aspirant aber blieb und sagte sich: „Gott hat gesagt, wer an mich glaubt, kommt nicht zu Schaden. Gott wird mir helfen." Kurz danach kam ein Polizeiauto.

---

13 Ich nehme mir gerne eine gewisse erzählerische Freiheit bei der Wiedergabe von mythologischen Geschichten. So machte es schon mein Meister, Swami Vishnu-devananda, und so ist es alte indische Tradition: Die Erzählungen sollen spirituelle Inspiration schenken.

Es wurde nochmals per Lautsprecher angesagt, dass, falls noch jemand da sei, er schnell das Dorf verlassen solle. Unser Aspirant blieb. Der Fluss trat über die Ufer, die Straße wurde überflutet, das Wasser drang in die Häuser. Unser Aspirant ging in den ersten Stock. Da kam ein Motorboot vorbei. Der Bootsfahrer rief durch das Megafon: „Ist noch jemand da? Jetzt ist die letzte Gelegenheit zur Rettung." Unser Aspirant rührte sich nicht. Er sagte sich: „Gott wird mich retten. Ich brauche kein Boot." Das Wasser stieg weiter, auch der erste Stock wurde überflutet. Unser Aspirant stieg auf das Dach. Dann kam ein Hubschrauber, der Pilot ließ eine Strickleiter herunter. Unser Aspirant rührte sie nicht an. Er rief dem Piloten zu: „Ich brauche deine Hilfe nicht. Gott wird mich retten." Der Hubschrauber drehte ab. Das Wasser stieg bis zum Dach. Der Aspirant kletterte auf den Dachfirst. Dann kam ein Flugzeug. Der Pilot ließ ein Seil herunter und rief: „Halte dich fest, ich rette dich." Der Aspirant rief zurück: „Gott wird mich retten, ich brauche dich nicht." Der Pilot drehte ab. Das Wasser stieg weiter. Der Aspirant ertrank. Nach dem Tod beschwerte er sich bei Krishna: „Du hast gesagt, wer auf dich vertraut, dem wird nichts Schlechtes geschehen." Krishna antwortete: Ich habe dir nacheinander einen Boten, ein Polizeiauto, ein Motorboot, einen Helikopter und ein Flugzeug geschickt – was willst du mehr?"

So kann Gottes Gnade vielerlei Gestalt annehmen.

Welches der Gesetze ist wann wirksam?

Es gibt also 5 karmische Gesetze, 5 Ursache-Wirkungs-Zusammenhänge, die bestimmen, was dem Individuum geschieht. Woher weiß man nun, welches der Gesetze für die aktuelle Situation verantwortlich ist? Manchmal ist es klar, denn manchmal laufen die Ursache-Wirkungs-Mechanismen schnell ab: Z.B. hat man am Morgen seinen Chef beleidigt und die Arbeit verweigert und bekommt am Nachmittag die Kündigung (direktes Gesetz). Man hatte am Vormittag den intensiven Wunsch nach einer Mango. Am Abend bringt der Partner eine Mango mit (Gesetz der Gedankenkraft). Um die Mittagszeit hat man Klatschgeschichten über einen Kollegen verbreitet. Am Nachmittag hört man, wie jemand schlecht über einen selbst spricht (Gesetz der Kompensation). Man spürt irgendwie, dass man langsam seine Schüchternheit überwinden sollte. Die Chefin fordert einen auf, beim nächsten Meeting eine Präsentation zu halten (Gesetz der Evolution). Man bittet Gott um Anhaftungslosigkeit – prompt wird das geliebte Fahrrad geklaut (Gesetz der Gnade Gottes).

Nicht immer ist das so einfach herauszufinden. Angenommen, Karla bekommt eine Erkältung. Alle 5 Gesetze könnten einen Grund dafür geben:

- Vielleicht hat Karla einige Nächte nicht ausreichend lang geschlafen. Die Widerstandskraft ist geschwächt und so können sich die Erkältungsviren gut manifestieren. Karla wird krank. (Direkte Gesetze)

- Vielleicht hat Karla Kranke in ihrer Umgebung gesehen und gedacht: „Oje, ich werde mich sicher anstecken." (Gesetz der Gedankenkraft)
- Vielleicht gab es in der Umgebung von Karla jemanden mit einer Erkältung. Karla hat sich geweigert, ihm zu helfen und stattdessen gesagt: „Stell' dich nicht so an. So ein bisschen Erkältung kann doch nicht so schlimm sein." Jetzt ist sie selbst krank. (Gesetz der Kompensation)
- Vielleicht wollte Karla gerade etwas tun, was nicht in ihrem Karma ist. Die Erkältung hält sie davon ab. (Gesetz der Evolution)
- Vielleicht hat Karla Gott um mehr Mitgefühl mit Kranken gebeten – jetzt hat sie Gelegenheit dazu, es zu entwickeln.

Meistens weißt du nicht, welches der Gesetze gerade wirkt. Es ist letztlich auch unerheblich. Im Zweifelsfall gehe davon aus, dass das Gesetz der Evolution bzw. der Gnade Gottes wirksam ist – die beiden sind immer mit beteiligt. Gehe davon aus, dass du aus allen Erfahrungen lernen kannst und dass Gott dich auf mannigfaltige Weise in deiner spirituellen Entwicklung stützt.

In deiner Reaktion auf die Ereignisse beachte alle 5 karmischen Gesetze:

- Handle klug von einer bodenständigen Perspektive aus. Im Fall der Erkältung kannst du z.B. Nasenspülung anwenden, viel trinken und länger schlafen. (direkte Gesetze)
- Denke dabei positiv, nutze die Gedankenkraft. Sage dir z.B.: „Ich freue mich darauf, ganz gesund zu sein." (Gesetz der Gedankenkraft)
- Tue Gutes, beachte die Ethik. Und wenn sich ein schwieriges Karma manifestiert, hilf anderen. (Gesetz der Kompensation)
- Ziehe spirituelle Lehren aus der Situation. (Gesetz der Evolution)
- Sei Gott dankbar für alles. (Gesetz der Gnade Gottes)

Karma Yoga: Abbau von Karma für Zugang zum Höheren Bewusstsein

Das Ziel des Lebens ist nach den Yogalehren nicht, gutes Karma zu erzeugen. Für einen weltlichen Menschen mag es gutes, schlechtes und gemischtes Karma geben. Für einen Aspiranten gibt es nur Aufgaben.

Du könntest insbesondere die ersten drei Gesetze des Karmas nutzen, um in diesem und im nächsten Leben gesünder und wohlhabender zu werden und deine Wünsche zu erfüllen. Du könntest diese Gesetze nutzen, um zwischen zwei Leben in Himmelswelten Vergnügen zu genießen. Du müsstest dich geschickt verhalten, positive Gedanken aussenden und anderen

Gutes tun, deine Gaben mit anderen teilen. Aber zur Befreiung würde dich all das nicht führen. Gutes oder schlechtes Karma sind letztlich nur relativ. Alles unerledigte Karma ist eine Last auf dir, welche verhindert, dass du Zugang zum Überbewusstsein hast. Ob eiserne oder goldene Ketten, sie halten dich gefangen. Und jede vergnügliche Erfahrung kann neue Begierden und Ängste wecken, die dich dann doch zum unethischen Handeln oder negativen Denken veranlassen – so setzt sich das Rad von Geburt und Tod immer weiter fort.

Stattdessen gilt es, Karma abzubauen, Lektionen zu lernen und dabei kein neues Karma zu schaffen. Wie das geht, beschreibt Krishna in der Bhagavad Gita. Ich habe zur Bhagavad Gita einen recht umfangreichen Kommentar geschrieben.[14] Hier will ich nur in Kürze darauf eingehen.

Der Schlüssel für das Erzeugen von neuem Karma ist zum einen *Buddhi*, die Vernunft, freier Wille und Motivation, zum anderen *Ahamkara*, das Ego, die Identifikation. Aus diesem Grunde kann auch nur der Mensch neues Karma schaffen. Tieren fehlen Buddhi und Ahamkara. Bei ihnen läuft Karma nur im Sinne des Gesetzes der Evolution ab: Sie machen die Erfahrungen, die nötig sind, damit sich das Bewusstsein entwickelt, ohne dass sie selbstbestimmt Einfluss auf das Karma nehmen können. Im Punkt „Buddhi" folgt die irdische Gerechtigkeit in Gestalt des modernen Strafrechts den spirituellen Grundsätzen des Karma: Ob jemand zu bestrafen ist oder nicht hängt von der Zurechnungsfähigkeit und den Motiven ab. Ein geistig Gestörter, der ein Verbrechen begeht, wird dafür nicht bestraft (aber vermutlich in eine Anstalt gesperrt). Jemand, der in einem Autounfall, an dessen Zustandekommen er keine Schuld hat, einen anderen tötet, wird dafür weder von der irdischen noch von der karmischen Gerichtsbarkeit belangt. Wer allerdings unter Alkoholeinfluss einen Autounfall verursacht, mag nur eingeschränkt schuldfähig sein – aber er hat sich bewusst betrunken ans Steuer gesetzt. Das führt zu irdischen und karmischen Konsequenzen.

Wie wichtig die Motivation ist, wird aus einem weiteren Beispiel klar: Ein Räuber wie auch ein Chirurg können mit einem Messer jemandem die Haut aufschneiden – der eine um Geld zu rauben, der andere, um den Patienten zu retten. Es ist also immer das Motiv, das zählt.

Für einen spirituellen Aspiranten spielt das Ego eine wichtige Rolle. Damit eine Handlung eine karmische Konsequenz hat, muss sich der Handelnde damit identifizieren. Wenn der Aspirant sich nicht identifiziert, schafft er kein neues Karma. Krishna gibt in der Bhagavad Gita verschiedenste Tipps, wie du es vermeiden kannst, dich zu identifizieren:

- Erkenne, dass das Karma abläuft. Nicht du tust, sondern das Karma läuft ab.

14 „Die Yoga-Weisheit der Bhagavad Gita für Menschen von heute"

- Erkenne, dass du reines Bewusstsein bist: Gunas, also die Eigenschaften der Natur, wirken, aber du als reines Bewusstsein tust letztlich nichts.
- Erkenne, dass das ganze Universum Körper Gottes ist. Letztlich macht Gott alles, du als Individuum bist nur eine Zelle im Körper Gottes.
- Siehe alles als Lektion Gottes an. Nicht andere tun dir etwas Böses – Gott gibt dir Aufgaben.
- Hänge nicht an der Handlung – jedes Anhaften an sich kann Karma schaffen.
- Sei gleichmütig in Erfolg und Misserfolg. Das Ergebnis einer Handlung hängt nicht nur von dem ab, was du jetzt machst.
- Handle dabei so gut, wie du kannst. Nachlässigkeit in seinen Pflichten und Aufgaben erzeugt auch neues Karma.
- Handle um der Handlung willen, lass' nicht die Früchte der Handlung deinen Antrieb sein. Das ist auch ein Rezept für Freude beim Tun und für bewusstes Leben.
- Hänge nicht an den Früchten der Handlung: Wenn du handelst, um etwas für dich selbst zu bekommen, schafft das Karma. Wenn du dagegen das, was du tust, tust, weil es nötig ist, als Aufgabe oder für andere, befreist du dich von den Banden des Karma.
- Die einfachste Weise, die Bande des Karmas zu lösen, ist die Hingabe an Gott (Bhakti Yoga): Sieh alles, was kommt, als Lektion Gottes an. Tue das, was du tust, für Gott. Sieh jedes Wesen als Geschöpf Gottes. Widme auch die Früchte der Handlung Gott. Sieh dich selbst als Instrument Gottes.
- Letztlich übst nicht **du** Sadhana (spirituelle Praktiken), um zu Gott zu kommen. Vielmehr ist es Gott, der in dir „Sadhana Lila", das Spiel der spirituellen Praxis, veranstaltet. Letztlich wächst Gott als du zu sich selbst.

Das sind sicherlich hohe Ideale. Nur ein Selbstverwirklichter kann dem ganz gerecht werden. Als kleiner Aspirant kannst du dich darum bemühen. Wenn du engagiert und bewusst auf diese Weise lebst, wirst du viel Karma ausarbeiten, viel Neues lernen, spirituell wachsen und nur wenig neues Karma schaffen. So erleichterst du das Gewicht deines Karmas. Und wenn das Gewicht deines Karmas ausreichend geringer geworden ist, kannst du in der Meditation *Nirvikalpa Samadhi* und damit die Selbstverwirklichung erreichen.

Ein Selbstverwirklichter tritt aus dem Kreislauf des Karmas und dem Kreislauf von Geburt und Tod aus. Da ein Selbstverwirklichter nichts mehr zu lernen hat, wird der größte Teil des Sanchita Karmas (des Karmaspeichers) verbrannt. Da er sich nicht mehr als Individuum identifiziert, schafft er kein neues Agami Karma. Er lebt so lange weiter, wie sein Prarabdha Karma weiter geht und wie lange der Teil des Sanchita Karmas noch reicht, der die Mission seines Lebens bestimmt. Ein Selbstverwirklichter lebt also nicht wie normale Lebewesen weiter, um spirituell zu wachsen. Er lebt, um zu dienen, als Instrument Gottes, zum Wohl anderer.

Ich möchte hier eine kleine Begebenheit aus meiner Schülerzeit erzählen. Als ich etwa zwanzig Jahr alt war, bat mich Swami Vishnu, im Hauptashram einen Vortrag vor etwa 300 Teilnehmern zu halten. Ich antwortete ihm: „Swamij, erstens weiß ich zu wenig über das Thema. Zweitens habe ich noch zu wenig Erfahrung und drittens weiß ich überhaupt nicht, was ich sagen soll." Da schaute er mir in die Augen und sagte: „**Du** sollst ja auch nichts sagen. Solange du denkst, du gibst Vorträge, hast du vom Yoga noch gar nichts verstanden. Bereite dich vor, setze dich auf die Bühne und mache den Mund auf. Dann bitte **Gott**, durch dich zu sprechen." Diese Worte vergegenwärtige ich mir bis heute, wann immer ich einen Vortrag halte. Das darf man nicht missverstehen, in dem Sinn: „Swami Vishnu hat Sukadev gesagt, dass Gott durch ihn spricht..." Letztlich hat Swami Vishnu das nämlich zu jedem gesagt: Gott ist allmächtig, allgegenwärtig, allwissend. Gott spricht sowieso durch jeden Mund. Man muss sich das bewusst machen – dann schafft man kein neues Karma; und fühlt sich mit Gott verbunden, ein großartiges Gefühl. Und wenn man dann Komplimente bekommt, dankt man und gibt innerlich den Dank an Gott weiter. Und wenn etwas schief geht, gibt man auch das an Gott weiter.

Wenn du aus dem Ego, aus der Identifikation heraus, handelst, schaffst du neues Karma. Wenn du alles, was du tust, Gott darbringst, schaffst du kein Agami Karma, hast aber ein unglaublich großartiges Gefühl von Freude, Verbundenheit und Liebe.

Ego kann tamasig (träge, dunkel, traurig), rajasig (unruhig, wettbewerbsorientiert) und sattwig (rein, lichtvoll) sein.

Ein tamasiges Ego wird sagen: „Ich kann nichts, ich weiß nichts, ich bin zu dick, zu dünn, ich habe keine Stimme, ich habe kein Wissen, ich habe keine Erfahrung." Oder auch: „Es ist alles sinnlos, ich mache gar nichts mehr." Oder: „Ist mir alles zu anstrengend. Warum sollte ich mich bemühen?"

Das rajasige Ego formuliert in etwa so: „Ich bin besser als alle anderen, ich bin klüger als alle anderen, ich werde es denen schon zeigen." Oder: „Ich muss es noch besser machen. Das ist nicht ausreichend gut." Das sattwige Ego in Reinstform würde sagen: „Oh Gott, bitte wirke durch mich." Sattwiges Ego kann sich aber auch mit Tamas verbinden, die Verantwortlichkeiten halbherzig erfüllen und sagen: „Soll sich doch Gott darum kümmern. Mir ist es zu anstrengend." Sattwiges Ego kann sich auch mit Rajas verbinden und sagen: „Ich bin so demütig, keiner ist so demütig wie ich. Ich bin so ein toller Diener Gottes. Ich mache so toll Asanas und Pranayama, in der Meditation ist immer eine so schöne Wonne. Ja, ich öffne mich so sehr. Gott spricht durch mich, ich bin schon etwas Besonderes." So kann sich das rajasige Ego auf sattwige Eigenschaften etwas einbilden.

Das Ego kann sich überall einmischen. Es gibt keine einfache Weise, wie man das Ego überwinden kann. Überall klebt sich das Ego dran. Ich fragte daher einmal einen Schüler von Swami Sivananda, wie man das Ego transzendieren könne. Er meinte: „Jeder in diesem Universum muss seine Aufgabe machen. Deine Aufgabe ist es, dein Karma zu erfüllen, deine Pflichten zu erledigen, selbstlosen Dienst zu tun, alles Gott darzubringen und zu Gott zu beten. Gottes Aufgabe ist es, dich von deinem Ego zu befreien. Daher mach dir nicht zu viele Sorgen, Gott wird schon dafür sorgen. Ab und zu kannst du Gott darum bitten, dich von deinem Ego zu befreien." Er warnte mich aber auch: „Wenn Gott an deinem Ego arbeitet, ist das nicht immer leicht." Swami Sivananda nannte das „Egodectomy". Swami Sivananda war Arzt und Chirurg. Auf Englisch heißt „Blinddarmoperation" „Appendectomy". Ego-Operation ist dann „Egodectomy". Egodectomy wird allerdings ohne Narkose ausgeführt. Wenn man einen lebenden Meister hat, ist es die Aufgabe des Meisters, am Ego des Schülers zu arbeiten. Ansonsten macht Gott das direkt – oft sind die unangenehmen Ereignisse des Lebens Segen Gottes, damit man sich von den Identifikationen und Wünschen des Ego löst.

Kollektives Karma

Manchmal liest man über sogenanntes „kollektives Karma". Da wird dann darüber gesprochen, dass z.B. ein Volk, eine Nation, ein kollektives Karma hat. Manchmal wird sogar behauptet, dass ein bestimmtes Volk ein Unrecht verdient haben muss, weil es selbst vorher vielleicht Verbrechen begangen hat.

Ich halte diese Interpretation von „kollektivem Karma" für großen Unsinn. Karma heißt, dass jemand lernen und wachsen soll, zur Befreiung kommen soll. Kein „Volk" wird als Ganzes die Erleuchtung erlangen. Es sind Individuen, die spirituell wachsen. Und Menschen inkarnieren sich in unterschiedlichen Völkern. Wer in diesem Leben Deutscher ist, war vielleicht in einem früheren Leben Gujarati (in Indien), in einem noch früheren Leben Suaheli (Afrika) und davor Lakota-Indianer. Das ist ja eine der schönen Aussagen der Reinkarnationslehre, dass sie uns hilft, über Identifikation mit Volk, Familie, Geschlecht, sozialer Schicht, Rolle etc. hinauszuwachsen. Wenn 10.000 Menschen gemeinsam in einem Erdbeben umkommen, hat nicht die Stadt früher etwas Falsches gemacht. Vielmehr haben sich 10.000 individuelle Seelen so inkarniert, dass ihr physisches Leben an einem bestimmten Tag zu Ende ist. Und es ist unsere Aufgabe zu helfen, soweit es in unseren Möglichkeiten steht.

Kollektives Karma ist etwas anderes: Menschen inkarnieren sich oft über mehrere Inkarnationen zusammen. In diesem Sinn kann eine Gruppe von Menschen, die in einem früheren Leben gemeinsam in einem Dorf in Namibia gelebt hat, in diesem Leben gemeinsam eine Firma aufbauen. Oder eine frühere Familie in Australien inkarniert sich jetzt als Familie in Südamerika. Der frühere Großvater wird zum Enkel, die Mutter zur Tante etc. Wenn sie dann gemeinsam eine Herausforderung zu bewältigen haben, ernten sie nicht das Karma ihrer südamerikanischen Familie, sondern ihr eigenes Karma aus einem früheren Leben.

Ebenso inkarnieren sich auch die Schüler eines Lehrers über mehrere Inkarnationen zusammen mit ihrem Meister. Swami Vishnu-devananda sagte einmal in einem kleinen Kreis seiner engsten Schüler, dass er uns in einem früheren Leben allein gelassen hätte, um sein Leben ganz der Meditation zu widmen. Deshalb hätte er sich nochmals inkarnieren müssen, um uns alles sehr gründlich beizubringen. In diesem Leben wolle er den gleichen Fehler nicht nochmals machen. In diesem Sinne haben Schüler und Meister ein kollektives Karma.

Manchmal trifft man einen Menschen, mit dem man sich gut versteht und von dem man glaubt, ihn/sie schon einmal gesehen zu haben. Vielleicht hatte man in einem früheren Leben etwas miteinander zu tun. Es muss aber nicht sein, dass das Karma auch für dieses Leben ein Zusammenleben vorsieht. Man sollte sich bemühen herauszufinden, was das Dharma (Aufgabe) in diesem Leben ist: Sieht dieses Dharma ein Zusammensein vor? Oder fühlt man sich einfach vertraut, aber in diesem Leben ist da kein besonderes Karma mehr zusammen auszuarbeiten?

Schuld, Unrecht, Leid und Sühne

Die Karmalehre kann wie kaum eine andere philosophische oder spirituelle Lehre ewige Menschheitsfragen beantworten wie: „Warum gibt es Unrecht auf dieser Welt?“ „Wenn Gott Liebe ist, warum gibt es so viel Leid?“ „Wie soll ich mit meiner Schuld umgehen?“ „Wie soll ich mit jemandem umgehen, der mir so viel Leid zugefügt hat?“

- „Warum gibt es Unrecht auf dieser Welt?“ Antwort: Es gibt nicht wirklich Unrecht auf dieser Welt. Von einem höheren Standpunkt aus kommt genau das auf uns zu, was wir brauchen. Wir wachsen an unseren Erfahrungen. Der Einzelne sollte sein Handeln an hoher Ethik ausrichten.

Ein Gemeinschaftswesen muss ethische Grundsätze in Regeln bzw. Gesetze fassen. Aber vom kosmischen Standpunkt geschieht das, was geschehen soll. Wenn jemand, der geistig zurechnungsfähig ist, bewusst Leiden für andere erzeugt oder in Kauf nimmt, wird er/sie die Konsequenzen in diesem oder im nächsten Leben zu tragen haben.

- „Wenn Gott Liebe ist, warum gibt es so viel Leid?“ Antwort: Auch hier ist die Antwort ähnlich: Mensch (und Tier) ist auf dieser Welt, um durch Erfahrungen zu wachsen. Leider gehören auch leidvolle Erfahrungen zum Wachstum dazu. Vom Standpunkt eines Lebens aus gibt es manche Menschen, die von Kindheit an Grausamstes erfahren, Leid, das kaum ermesslich ist. Vom Standpunkt von Millionen Inkarnationen ist ein Leben nur ein kurzer Moment. Und jemand muss noch nicht einmal selbst etwas falsch gemacht haben, um Leiden „zu verdienen“: Zum Lehrplan des Lebens gehört Leiden dazu. Manche schaffen sich durch unethisches Handeln zusätzliches Leiden als „Strafarbeiten“. Aber am besten gehst du davon aus, dass jemand, dem Unrecht geschieht, selbst nichts Falsches gemacht hat, sondern jetzt gerade die menschliche Erfahrung des Schmerzes erleidet. Und du bemühst dich, sein/ihr Leiden so gut es geht zu mildern.
- „Wie soll ich mit meiner Schuld umgehen?“ Antwort: Leben auf der Erde ist unvollkommen. Ein „vollkommenes“ Leben zu führen ist als Mensch, von einem Standpunkt aus betrachtet, nicht möglich. Selbst ein Heiliger verursacht Leid, z.B. indem er über die Wiese geht und dabei auf Insekten tritt. Manche Menschen verursachen Leid, ohne es zu wollen: Z.B. läuft jemandem in der Kurve ein Kind vor das Auto.
- Manche Menschen haben aus Wut etwas getan, was sie nachher bereuen. Manche Menschen waren viele Jahre richtige Egoisten und haben anderen bewusst Leid zugefügt, kommen dann auf den spirituellen Weg und bereuen, was sie vorher getan haben. Grundsätzlich gilt vom Karma-Standpunkt aus: Niemand kann jemand anderem etwas zufügen, das nicht irgendwie in seinem Karma ist. Wenn du also jemandem Schlimmes zugefügt hast, brauchst du dir kein schlechtes Gewissen zu machen, dass du einem anderen dauerhaft sein Leben verbaut hast. Karma ist abgelaufen. Bewusst oder unbewusst warst du Instrument im Karma dieses Menschen. Wenn es möglich ist, mache den zugefügten Schaden wieder gut. Wenn es nicht möglich ist, es an dem betroffenem Menschen gutzumachen, dann suche dir jemand anderes, dem du Gutes tun kannst. Gib eine Spende, engagiere dich in einem karitativen Werk oder einer spirituellen Gemeinschaft. Des weiteren hilft dir vielleicht die Vorstellung, dass das Karma deine Schuld auch wieder bereinigen wird, vielleicht indem du eine Konsequenz deiner Handlung erfährst. Eine weitere Möglichkeit wäre: Bereue es innerlich. Finde eventuell jemanden, dem du deine Schuld gestehen kannst und

der mitfühlend mit dir sein wird. Bringe deine Tat Gott dar. Bitte Gott um Vergebung und bitte Gott darum, dass er alles wieder in Ordnung bringt. Wenn du mit christlicher Theologie vertraut bist, weißt du, dass die christliche Vergebungs-/Rechtfertigungslehre auch so ähnlich geht. Ein gläubiger evangelischer oder katholischer Christ könnte so vorgehen: Der Gläubige beichtet Gott oder einem Priester seine Sünden. Er drückt seine Reue aus. Er bittet um Vergebung. Er weiß, dass Jesus für die Vergebung seiner Sünden gestorben ist. Der Priester erteilt die Absolution und gibt ein Bußopfer auf (katholisch) – oder der Gläubige spürt die Liebe und Vergebung Gottes (evangelisch). Anschließend nimmt man sich vor, sich künftig besser zu verhalten.

- „Wie soll ich mit jemandem umgehen, der mir so viel Leid zugefügt hat?" Hier ist die Antwort nicht ganz so leicht. Was manche Menschen erfahren haben, ist unermesslich. Wenn mir Erwachsene erzählen, wie sie von ihrem Vater über Jahre vergewaltigt wurden oder wenn Bürgerkriegsflüchtlinge mir erzählen, was sie erlebt haben, dann stockt mir nur der Atem und mein Herz blutet. Wenn einem jemand sein Leid anvertraut, kann man zunächst nur Mitgefühl ausdrücken und Gottes Segen erbitten. In der westlichen Psychologie gibt es inzwischen eine Reihe von Therapien zum Umgang mit traumatischen Erfahrungen. Manchmal ist es sicherlich am besten, zu einem Traumatherapeuten zu gehen.
- Nach diesen Vorbemerkungen doch noch ein paar Sätze vom Karma-Standpunkt aus, wobei ich im Wesentlichen das oben Gesagte wiederhole: Grundsätzlich kann niemand einem anderen etwas zufügen, was nicht irgendwie in dessen Karma enthalten ist. Wenn jemand einem Schlimmes zufügt, war er, von einer höheren Warte aus, Instrument in den Händen der Lebensschule. Man hat die Erfahrungen bekommen, die für die eigene Entwicklung in diesem Leben wichtig waren. Wenn der andere einem mutwillig Schlimmes zugefügt hat, muss er selbst dafür büßen. So wie es Jesus ausgedrückt hat: „Es muss ja Übles kommen. Aber weh dem, durch den es geschieht." Von dieser Warte aus hat Jesus seinen Peinigern bei der Kreuzigung vergeben und sogar gesagt: „Vater vergib ihnen. Denn sie wissen nicht was sie tun." Jesus wusste vorher, dass er am Ende seines Lebens Furchtbares würde erleiden müssen. Und er wusste, dass es für Menschen nur einen Ausweg gibt, für furchtbare Taten keine karmische Strafe zu erhalten, nämlich wenn sie aus Unwissenheit handeln. Der beste Umgang mit Menschen, die einem Schlimmes zugefügt haben, wäre sicherlich Mitgefühl und Gebet. Aber nach der Karmalehre kann es auch für die persönliche Entwicklung wichtig sein, Gefühle von Wut, von Verzweiflung etc. zuzulassen und sich dessen nicht zu schämen. Irgendwann kommt dann die Kraft der Vergebung.

Um andere zu schützen, kann es angemessen sein, jemanden der irdischen Gerichtsbarkeit zuzuführen und verschiedene rechtlich und ethisch verantwortbare Mittel zu nutzen, um den Täter von weiteren Taten abzuhalten. Rachegedanken sollte man langfristig in Liebe und Vergebung umwandeln. Rachehandlungen sollte man grundsätzlich unterlassen. Gebet zu Gott ist meist am wirkungsvollsten.

Richtige/falsche Entscheidungen

Der Mensch hat, im Unterschied zu den (meisten?) Tieren, einen gewissen freien Willen. Diese Freiheit ergibt sich aus der „Buddhi". Buddhi enthält Vernunft, Unterscheidungskraft, Urteilskraft und damit den freien Willen. Über die Frage der Willensfreiheit werde ich im nächsten Kapitel noch mehr schreiben. Aus dieser Willensfreiheit ergibt sich aber nicht nur eine gewisse Entscheidungsfreiheit, sondern auch eine gewisse Entscheidungsnotwendigkeit. Und so steht jeder Mensch immer wieder vor der Frage: Wie soll ich mich entscheiden? Was geschieht, wenn ich mich falsch entscheide?

Aus der Philosophie des Karma ergeben sich 2 Grundsätze:

1. Richtig bzw. falsch ergibt sich aus der Motivation und damit aus der Ethik. Etwas zu tun, um anderen zu helfen, unter Beachtung ethischer Grundsätze, ist gut. Etwas zu tun, um anderen zu schaden, ist falsch. Etwas zu tun, um anderen zu helfen und dabei ethische Grundsätze zu missachten, ist normalerweise falsch (z.B. jemanden zu betrügen, um Geld für ein soziales Projekt zu bekommen). Dabei gibt es Grenzfragen: Ist es richtig, einen Geiselnehmer mit einem Todesschuss davon abzuhalten, all seine Geiseln umzubringen? Gibt es so etwas wie einen gerechten Krieg? Ist es richtig, einen Menschheitsverführer durch gezielte Fehlinformationen politisch zum Straucheln zu bringen? Das sind Fragen, die sicherlich eine ausführliche Erörterung verdienen, was ich in meiner Buchreihe „Die Yoga-Weisheit der Bhagavad Gita für Menschen von Heute" ausführlicher mache. Vom Standpunkt des Karma ist hier die Motivation am wichtigsten: Wenn ich nach bestem Wissen etwas zum Wohl anderer tue und dabei die Befolgung allgemein gültiger ethischer Prinzipien beachte, ist meine Entscheidung grundsätzlich karmisch richtig. Seiner Bestimmung nachzugehen, seine Kräfte zu entwickeln, berechtigte Bedürfnisse zu befriedigen, seinen Lebensunterhalt zu verdienen etc., all das ist vom karmischen Gesichtspunkt in Ordnung. Heute würde man noch hinzufügen: Zu den ethischen Grundsätzen gehört auch die Beachtung von ökologischen Prinzipien.

2. Wenn man sich an ethische Grundsätze hält, kann man sich nicht falsch entscheiden. Grundsätzlich kann man sich für nichts entscheiden,

für das kein Karma da ist. Angenommen, eine junge Frau entscheidet sich dafür, einen bestimmten Mann zu heiraten. Wenn die beiden kein gemeinsames Karma haben, wird das nicht gelingen. Allerdings kann es das Karma sein, dass die beiden erst viele Hindernisse überwinden müssen, um zusammen glücklich zu werden. Es ist also nicht so leicht herauszufinden, wofür Karma vorhanden ist... Allerdings gilt grundsätzlich: Man kann sich nicht für etwas entscheiden, für das kein Karma da ist. Deshalb kann der Mensch relativ entspannt an Entscheidungen herangehen. Und man braucht frühere Entscheidungen nicht zu bedauern: Man hat aus den daraus resultierenden Ereignissen das gelernt, was zu lernen war.

3. Da der Mensch recht häufig in der Unsicherheit entscheidet, sollte er um göttliche Führung bitten. Er sollte die verschiedenen in der Bhagavad Gita (oder einer vergleichbaren Schrift) genannten Entscheidungskriterien beachten. Anschließend sollte er die Entscheidung Gott darbringen, zum Wohl aller Wesen die Entscheidung umsetzen und die Handlung Gott darbringen. So kann der Mensch in Frieden mit sich selbst, mit seiner Umwelt, mit Gott leben und immer mehr die Einheit erfahren.

Gesetz des Karma: Freiheit oder Determinismus?

Schon immer haben Menschen die Frage diskutiert: Hat der Mensch einen freien Willen oder ist alles vorherbestimmt? Die verschiedensten Philosophen und auch Religionen haben die unterschiedlichsten Aussagen getroffen.

Die Karma-Philosophie nimmt einen mittleren Standpunkt ein.

Zunächst ein paar Aussagen für Determiniertheit, also Vorherbestimmtheit:

- Der Mensch hat ein Ziel, das es zu erreichen gilt, nämlich die Selbstverwirklichung, die Verwirklichung der Einheit mit der Weltenseele. Er hat des Weiteren einen grundsätzlichen Lehrplan, was er dafür alles lernen muss. Er wird solange wiedergeboren, bis er alle Lektionen gelernt und die Einheit erfahren hat.
- Wie Dinge ausgehen, was andere einem antun, ob ein Unternehmen gelingt, hängt nicht nur von einem selbst ab. Da ist eine Menge vorherbestimmt.
- Der Mensch hat ein Sanchita und ein Prarabdha Karma. Alles, was da aufgespeichert ist, muss der Mensch irgendwann erfahren. Manches dieses Karmas ist auch zeitlich festgelegt, manches nicht.

Und hier ein paar Gebiete, auf denen der Mensch Freiheiten hat:

- Der Mensch hat eine gewisse Freiheit, wie er auf ein bestimmtes Ereignis reagiert. Ein Ereignis, z.B. ein Autounfall, mag vorherbestimmt sein. Was er daraus macht und wie er darauf reagiert, liegt in seiner Hand.

- Der Mensch kann neue Ursachen setzen. Mit neuen Ursachen kann er auch neue Situationen schaffen. Z.B. mag es in seinem Karma sein, zu verarmen. Durch rechtes Denken und Handeln kann er aber neue Ursachen setzen, so dass er es wieder zu einem gewissen Wohlstand bringen kann.
- Ein Aspirant kann durch bewussteres Leben und Erleben Lektionen schneller lernen. So brauchen sich manche Lektionen nicht so grobstofflich zu manifestieren. Angenommen, ein Mensch muss lernen, auf Hilfe angewiesen zu sein. Ein bewusster Aspirant wird das vielleicht spüren und andere um Gefallen bitten und sich bewusst machen, dass er nicht alles selbst tun kann. Ein anderer braucht für diese Lektion vielleicht einen Krankenhausaufenthalt. Ein spiritueller Aspirant spürt vielleicht, dass er sich von Materiellem befreien soll und gibt eine großzügige Spende. Ein Nicht-Aspirant braucht dazu einen Dieb, der ihn von Materiellem befreit.
- Ein Aspirant kann sogar im Traum einiges an Karma verbrennen: Durch gesteigerte Bewusstheit können auch Traumerlebnisse zu innerer Transformation führen. Auch zwischen zwei Leben, in der Astralwelt, kann ein bewusster Aspirant Lernlektionen erhalten.
- Ein Aspirant kann sein Karma beschleunigen und durch intensive spirituelle Praktiken abbauen. Wer z.B. an einer Meditations-Schweigewoche oder einer Kundalini Yoga Intensivwoche teilnimmt, geht manchmal durch Himmel und Hölle. Er wird konfrontiert mit allen möglichen inneren Widerständen und Erfahrungen. Er kann lernen, mit diesen umzugehen und daran zu wachsen. Daher heißt es, dass intensive spirituelle Praktiken helfen, Karma zu verbrennen.
- Ein Aspirant kann sich ganz einem Meister anvertrauen. Durch das Zusammensein mit dem Meister kann einem Aspiranten Vieles klar werden, er kann Vieles lernen, wofür er sonst heftigste äußere Situationen bräuchte. So kann er z.B. durch das intensive Leben in einem Ashram viele äußere Karma-Situationen vermeiden. Daher wird manchmal gesagt, dass ein Meister einem Schüler Karma wegnehmen kann. Natürlich wäre es unsinnig, wenn ein Meister einem Schüler Lernlektionen wegnehmen würde. Das wäre so unsinnig, wie wenn ein Schullehrer die Hausaufgaben und die Klassenarbeiten für seine Schüler schreiben würde. Aber wenn ein Meister einem Schüler hilft, spirituell zu wachsen, werden manche karmischen Lektionen überflüssig.
- Man kann sich auch ganz Gott darbringen. Im Christentum heißt es, dass Jesus für die Vergebung der Sünden gestorben sei. Und wer an Jesus glaubt, dem werden allein dadurch die Sünden vergeben. Auch in der Bhagavad Gita finden wir das Gleiche: In XVIII. 66 sagt die Gott-Inkarnation

Krishna: „Wer alles mir darbringt, dem nehme ich alle Sünden." Wenn man sich ganz Gott darbringt, können viele Lektionen innerlich über die Verbindung mit Gott, aus dem alle Lektionen kommen, erfahren werden. Manches äußere Erlebnis ist damit nicht mehr nötig.

Insgesamt kann man sein Karma beschleunigen, indem man sein Prana (Lebensenergie) und seine Bewusstheit steigert. So können mehr Ereignisse in kürzerer Zeit geschehen, man lernt schneller. So kann Sanchita Karma schneller in Prarabdha Karma umgewandelt werden – man kann in einem Leben die Lektionen von vielen Leben zusammenfassen.

Wenn man die Selbstverwirklichung erreicht hat, werden die Samen des Karmas verbrannt. Der Teil des Sanchita Karmas, der noch nicht begonnen hat zu keimen, braucht nicht mehr geerntet zu werden. Zwar kann man die Verwirklichung nicht erreichen, wenn noch zuviel Karma unerledigt ist. Aber wenn man durch Bemühung, uneigennütziges Dienen, Hingabe, rechte Erkenntnis und Gnade die Verwirklichung erreicht hat, erübrigt sich ein großer Teil des eigentlich noch wartenden Karmas. Ein Selbstverwirklichter hat alles erkannt, alles erreicht, alles verwirklicht, das Ziel des Lebens erreicht.

Swami Sivananda hat gerne betont, dass der Mensch aktiv werden solle, dass er sich bemühen sollte. Er hat sich, wie viele andere Meister vor ihm, gegen die Neigung zu Fatalismus und Lethargie, die es in Indien und anderswo zweifellos immer wieder gegeben hat, gewandt. Ich möchte nochmals die Stelle aus Swami Sivanandas Buch „Sadhana" zitieren: „Sage niemals Karma, Karma, Karma. Mein Karma hat mich so gemacht. Bemühe dich. Übe Purushartha, eigene Anstrengung." Eigenes Bemühen, eigenes Entscheiden ist zunächst wichtig.

Von einem höheren Standpunkt, den Swami Sivananda an anderer Stelle betont, gilt jedoch: Letztlich geschieht alles so, wie Gott es vorgesehen hat… Und vom höchsten Standpunkt, der in der Vedanta-Philosophie immer wieder betont wird, gilt: In Wahrheit passiert nichts – es gibt nur ein universelles Bewusstsein, Brahman, welches sich scheinbar durch Raum und Zeit in Einzelteile aufteilt und Evolution spielt, in Wahrheit aber stets Eins ohne ein Zweites bleibt.

Ich will dieses Kapitel abschließen, indem ich dir nochmals die 7 Worte spiritueller Philosophie bzw. die 7 Prinzipien spirituellen Lebens nahelege:

Sei dir bewusst: Es gibt ein höchstes Bewusstsein, welches hinter allem steht (Brahman). Erkenne, dass die Alltagswahrnehmung eine Täuschung (Maya) bzw. ein Traum Gottes (Lila) ist. Sei dir bewusst, dass Leben in Begrenzung, in Ego-Identifikation letztlich Leiden ist (Dukha). Vergegenwärtige dir: Es gibt Kaivalya, die Befreiung. Diese zu erreichen ist Ziel des Lebens bzw. aller Leben. Bemühe dich selbst, an deiner Verwirklichung zu arbeiten (Abhyasa). Übe regelmäßig spirituelle Praktiken (Sadhana). Führe ein reines, ethisches Leben (Sattwa). Übe uneigennützigen Dienst (Seva). Suche die Gemeinschaft mit anderen spirituell Suchenden bzw. einem spirituellen Lehrer (Satsang). Gehe davon aus, dass im Alltag geschieht, was geschehen soll (Karma). Ziehe die Lektionen aus der Schule des Lebens und lebe nach bestem Wissen und Gewissen. Bringe dann alles Gott dar und vertraue auf seine Gnade (Kripa). Wenn du so über viele Leben an dir gearbeitet hast bzw. Gott an dir hast arbeiten lassen, erfährst du schließlich Nirvikalpa Samadhi, Unio Mystica, Nirwana, Kaivalya (Befreiung). Bemühe dich. Und entspanne dich: Du wirst das Ziel irgendwann erreichen…

Schlusswort

Ich habe in diesem Buch die Grundsätze von Reinkarnation und Karma dargestellt. Ich beziehe mich dabei auf die klassische Yogalehre, wie ich sie von meinem Meister Swami Vishnu-devananda gelernt und wie ich sie in zahlreichen Büchern gefunden habe. Meine Darstellungen sind sicherlich auch von meinen eigenen Erfahrungen geprägt.

Dieses Buch ist aus einer Vortragsreihe entstanden, die ich stark ausgearbeitet und erweitert habe. Dieses Buch ist weniger philosophisch als vielmehr praktisch ausgerichtet. Mir geht es in diesem Buch darum, spirituellen Aspiranten praktische Hilfen auf ihrem Weg zu geben. Wie geht man mit dem Tod um? Wie hilft man Sterbenden? Wie hilft man Verstorbenen? Was haben einem die Wechselfälle eines Lebens zu sagen? Wie lernt man die Lektionen des Lebens? Wie führt man ein spirituelles Leben? Wie erreicht man letztlich das Ziel des Lebens, die Selbstverwirklichung?

Letztlich ist dieses Buch das Resultat aus dreißigjähriger eigener spiritueller Praxis, Erfahrung und spiritueller Unterweisung von Schülern. Mögen viele Aspiranten daraus Nutzen ziehen.

Literaturverzeichnis

Elisabeth Kübler-Ross: „Erfülltes Leben - würdiges Sterben", Gütersloher Verlagshaus 2004
Hubert Knoblauch und Hans-Georg Soeffner: „Todesnähe – interdisziplinäre Zugänge zu einem außergewöhnlichen Phänomen", Konstanz 1999
Ian Stevenson: Reinkarnation
Raymond A. Moody: Leben nach dem Tod
Ronald Zürrer: Reinkarnation
Sogyal Rinpoche: Das tibetische Buch vom Leben und vom Sterben
Swami Sivananda: Göttliche Erkenntnis
Swami Sivananda: Japa Yoga
Swami Sivananda: What Becomes of the Soul after Death
Swami Vishnu-devananda: Das Große Illustrierte Yoga-Buch
Swami Vishnu-devananda: Meditation und Mantras
Sukadev Volker Bretz: Die Yoga-Weisheit des Patanjali für Menschen von Heute
Sukadev Volker Bretz: Die Yoga-Weisheit der Bhagavad Gita für Menschen von Heute
Sukadev Volker Bretz: Yoga-Geschichten
Sukadev Volker Bretz: Die Kundalini Energie erwecken

Yoga Vidya Center und Seminarhäuser

In den über 70 Yoga-Vidya-Centern in ganz Deutschland kannst du Yoga systematisch lernen, praktizieren und vertiefen: *www.yoga-vidya.de/center*

Seminare, Ausbildungen und Erholung in idyllischer Natur:

Yoga und Meditation * Yoga-Ferien * Familie und Kinder * Wellness und Erholung * Kundalini * Yogalehrer-Ausbildungen * Weiterbildungen Ayurveda-Ausbildungen * Massage-Ausbildungen * Therapie * Heilpraktiker Kunst und Musik * Spiritualität * Events * Yoga- und Ayurveda-Kongress und mehr...

... gibt es in den Yoga-Vidya Seminarhäusern in Bad Meinberg/Teutoburger Wald, Oberlahr/Westerwald sowie an der Nordsee. Informationen unter: *www.yoga-vidya.de*

Yoga Vidya Bad Meinberg
Wällenweg 42, 32805 Horn-Bad Meinberg, Tel. 05234/87-0

Yoga Vidya Westerwald
Gut Hoffnungstal, 57641 Oberlahr, Tel. 02685/8002-0

Yoga Vidya Nordsee
Wiarder Altendeich 10, 26434 Horumersiel, Tel. 04426/9041610

Yoga Vidya Zentren und Yogaschulen

Yoga Vidya Zentren mit einem umfassenden Angebot von Yogakursen und Workshops findest Du ganz in Deiner Nähe, in mittlerweile 70 Städten (Adressen siehe unten).
50 davon sind Yoga Schulen, die auch Yogalehrer-, oder Ayurveda Ausbildungen anbieten. Ferner haben wir noch viele kompetente Yogalehrer ausgebildet. Eine internationale Auswahl dieser Yogalehrer findest du in unserem Verzeichnis des Yogalehrer/innen Verbandes (BYV).

Yoga Vidya Zentren und Yogaschulen in alphabethischer Reihenfolge:
Stadtcentren mit einem * bieten die 2 jährige Yogalehrerausbildung an.

Aachen
Aachen UG, Heinrichsallee 41, 52062 Aachen
Tel.: (0)241 - 46 821 716 - Fax.: (0)241 - 46 821 717 - aachen@yoga-vidya.de

Altenburg*
Ursula Krause, Geraer Straße 45, 04600 Altenburg
Tel.: (0)3447 - 895333 - mobil: 0174 - 9699233 - altenburg@yoga-vidya.de

Augsburg*
Annette Amrita Gaupp, Maximilanstr. 85, 86150 Augsburg
Tel.: (0)821 - 605926 - augsburg@yoga-vidya.de

Aschaffenburg*
Michael Krahl, Müllerstraße 29, 63741 Aschaffenburg
Tel. (0)6021 / 5816001 - aschaffenburg@yoga-vidya.de

Bad Neustadt a. d. Saale
Patricia Domador, Sport- und Freizeitzentrum Kurhausstraße, 97616 Bad Neustadt an der Saale - Tel: (0)9733 - 78 32 44 - badneustadt@yoga-vidya.de

Bamberg
Petra Langenbach, Nürnberger Str. 112, 96050 Bamberg
Tel: (0)951 - 301638-2 - bamberg@yoga-vidya.de

Bayreuth*
Alex Shambunath Spitzl, Maximilianstr. 65, 95444 Bayreuth
Tel.: (0)921 - 1509091 oder (0)921 - 1507738 - bayreuth@yoga-vidya.de

Berlin*
Malahat Dizaji, Mehringdamm 57 (2. Hinterhof/3.OG), 10961 Berlin
Tel: (0)30 / 97005990 - berlin.mitte@yoga-vidya.de

Bielefeld
Savitri Susanne Suda-Wedel, Mühlenstr. 54, 33607 Bielefeld
mobil: 0173 9585440 - bielefeld@yoga-vidya.de

Blieskastel
Astrid Schomers, Von-der-Leyenstraße 5, 66440 Blieskastel
Tel.: (0)6842 - 960654 - mobil: 0178 - 7615354 - blieskastel@yoga-vidya.de

Bremen*
Heilkunde und Yoga - Yoga Vidya Zentrum Bremen - Sigrid Küttner
Bahnhofstraße 3/4 - 28195 Bremen - Tel.: 0421 - 2239472
Mobil: 0177 - 3936396 - bremen@yoga-vidya.de

Bochum*
Robert Aulinger, Kemnaderstr. 1, 44797 Bochum
Tel.: (0)234 - 890389 89 - Fax: (0)234 - 890389 90 - bochum@yoga-vidya.de

Bonn*
Jutta Ruhne , Benesisstr. 33, 50672 Köln
Tel.: (0)221 - 5739618 - bonn@yoga-vidya.de

Coesfeld*
Ina Jyoti Nußmann, Schüppenstraße 15, 48653 Coesfeld - coesfeld@yoga-vidya.de
Tel.: (0)2541- 926907, Mobil 01 75 -1 25 93 67 - http://www.yoga-zentrum-coesfeld.de

Darmstadt/Arheiligen*
Anna Amba Popiel-Hoffmann, Tulpenweg 18, 64291 Darmstadt - darmstadt@yoga-vidya.de
Tel.: (0)6151 - 599302 - Fax: (0)6151 - 599300 - mobil: 0176 63057575

Diepholz*
Sarah & Atmamitra O. Mack, Lange Str. 44, 49356 Diepholz
Tel.: (0)5441 - 592035 - diepholz@yoga-vidya.de

Dortmund*
Raghu Günter Bucksteeg, Reinoldistr. 8, 44135 Dortmund - Tel.: (0)231 - 5844114
mobil: 0163 - 5423655 - Fax: 0049 (0)231 - 5423655 - dortmund@yoga-vidya.de

Dresden
Yoga Zentrum Dresden, Jordanstrasse 8, 01099 Dresden
Tel.: (0)351 - 8 106 351 - Fax: (0)351 - 8 106 672 - dresden@yoga-vidya.de

Düsseldorf
Padmakshi Berger, An der Garather Motte 16, 40595 Düsseldorf
Tel.: (0)211-17 808 878 - Fax: (0)211-17 808 878 - duesseldorf@yoga-vidya.de

Erfurt
Renate Narayanai Weidemann, Eichenstrasse 8, 99084 Erfurt
Tel.: (0)361 - 2620902 - Fax: (0)361 - 55064149 - erfurt@yoga-vidya.de

Essen
Edith Schuhmann, Limbecker Platz 5 -6, 45127 Essen
Tel.: (0)201 - 36546 87 - Fax: (0)201 - 36546 88 - essen@yoga-vidya.de

Fichtelgebirge
Ursula Vetter-Mohr, Pfälzer Gäßchen 12, 95632 Wunsiedel - Tel.: (0)9232 - 919884 & (0)9251 - 91661 (AB) - Fax: (0)9281/960284 - fichtelgebirge@yoga-vidya.de

Frankfurt*
Maryia Drahavets, Niddastr. 76, 60329 Frankfurt
Tel.: (0)69 - 4440 47 - Fax: (0)69 - 4440 71 - frankfurt@yoga-vidya.de

Freudenstadt
Shivani Ingrid Reutter, Maienstraße 19, 72250 Freudenstadt-Wittlensweiler
Tel.: (0)74 41 - 86 30 39 - freudenstadt@yoga-vidya.de

Gelsenkirchen*
Wolfgang-Roman Ravidas Horst - Luitpoldstr.39 im Hof, 45881 Gelsenkirchen
Tel.: (0)209 - 1205456 oder (0)152 - 6864845 - mobil: 0178 - 4744358
gelsenkirchen@yoga-vidya.de

Hamburg*
Haridas Fred Henkel, Winterhuder Marktplatz 6-7, 22299 Hamburg
Tel.: (0)40 - 46961984 - Fax: (0)40 - 46961985 - hamburg@yoga-vidya.de

Hamburg-Harburg
Björn Henkel, Bremer Straße 14, 21073 Hamburg-Harburg
Tel.: (0)40 328 708 73 - hamburg-harburg@yoga-vidya.de

Hamburg Mitte
Harald N. Zörner, Reimerstwiete 13, 20457 Hamburg
Tel.: (0)40 - 18202290 - hamburgmitte@yoga-vidya.de

Hannover
Open Heart Zentrum Oeltzenstr. 13 30169 Hannover
Tel.: (0)511 - 43 72 514 - hannover@yoga-vidya.de

Heidelberg*
Alexander Schmitt, Alte Eppelheimer Straße 40/1, 69115 Heidelberg
Tel: (0)6221 -32 82 347 - heidelberg@yoga-vidya.de

Karlsruhe*
Susanne Shanti Devi Weiler, Rheinstr. 44, 76185 Karlsruhe
Tel.: (0)721 - 451428 - Fax: (0)721/2019546 - karlsruhe@yoga-vidya.de

Kassel*
Corinna Hanke und Andreas Keller, Königsplatz 36, 34117 Kassel
Tel: (0)561 - 7082405 - kassel@yoga-vidya.de

Koblenz*
Narayan Böhm, Schloßstr. 31, 56068 Koblenz
Tel./Fax: (0)261/34020 - koblenz@yoga-vidya.de

Köln*
Vedamurti Schönert, Lübecker Str. 8-10, 50668 Köln
Tel.: (0)221 - 13943 08 - Fax: (0)221 - 13943 09 - koeln@yoga-vidya.de

Konstanz
Angela Hauber, Rheingutstraße 15, 78462 Konstanz - Tel.: (0)7531 - 362 39 93
Fax: (0)7531 - 362 39 93 - konstanz@yoga-vidya.de

Leipzig*
Gert Manohara Wahl, Thomaskirchhof 20 04109 Leipzig
Tel.: (0)341 - 14917 52 - Fax: (0)341 - 14917 53 - leipzig@yoga-vidya.de

Ludwigshafen
Eva-Marie Antarjyoti Blacher Schillerstr. 31, 67071 Ludwigshafen
Tel.: (0)621 - 6858414 - ludwigshafen@yoga-vidya.de

Lüdenscheid
Olaf Zander, Winkhauser Str. 29, 58509 Lüdenscheid
Tel.: 0176/43055150 - luedenscheid@yoga-vidya.de

Lüneburg*
Venu Andreas Katins, Barckhausenstr. 36, 21335 Lüneburg
Tel: 04131 / 85 52 099 - lueneburg@yoga-vidya.de

Magdeburg
Bastian und Nicole Gajetzki, Leibnizstraße 33, 39104 Magdeburg
Tel.: (0)391 - 5069275 - mobil: (0)179 - 7597306 - magdeburg@yoga-vidya.de

Mainz*
Friedhelm Heinrich Neubrunnenstr. 8, 55116 Mainz
Tel.: (0)6131 - 27760 33 - mainz@yoga-vidya.de

Mannheim*
Britta Sita-Devi Gottschalk, R7, 40 (Quadrate), 68161 Mannheim
Tel.: (0)621/1225698 (abends) - Tel.: (0)6327/975350 (tagsüber) - moksha.yoga@t-online.de

München Unterhaching*
Dr. Elisabeth Kaiser, Kapellenstr. 22, 82008 Unterhaching
Tel.: (0)89 - 66077868 - unterhaching@yoga-vidya.de

Neumarkt
Elisabeth Hollweck, Mussinanstr. 63,92318 Neumarkt
Tel: (0) 09186/17109 - neumarkt@yoga-vidya.de

Neustadt
Annette Schneider, Dr. Siebenpfeifferstr. 62,67434 Neustadt
Tel: (0) 06321- 385960 - neustadt@yoga-vidya.de

Nürnberg*
Petra Volkert - Karin Gumler, Kraußstraße 6, 90443 Nürnberg
Tel.: (0)911 - 9288886 - nuernberg@yoga-vidya.de

Oldenburg*
Simone Mana Mohini Hug-Breitkopf, Breslauerstr. 74, 26135 Oldenburg
Tel.: (0)441 - 5706528 - oldenburg@yoga-vidya.de

Ostrhauderfehn*
Michael Büchel, Schifferstraße 353, 26842 Ostrhauderfehn / Ostfriesland
Tel.: (0)4952 - 942954 - ostrhauderfehn@yoga-vidya.de

Rastatt*
Susanne Shanti Devi Weiler, Kaiserstraße 17, 76437 Rastatt - Tel.: (0)7222 - 929808
Fax: (0)7222 - 929809 - rastatt@yoga-vidya.de

Rheinberg *
Dattatreya Axel Jenk, Fährstr. 14, 47495 Rheinberg
Tel: (0)2844 / 90 02 47 Fax: (0)2844 / 90 03 29 - rheinberg@yoga-vidya.de

Rödermark
Claudia Walentin-Sternberg, Senefelder Straße 3, 63322 Rödermark
Tel.: (0)6074 - 629547 - roedermark@yoga-vidya.de

Rostock
Nicole Wilken, Dethardingstrasse 2, 18057 Rostock
Tel.: (0)381 200 66 43 - mobil: 0173 267 88 11 - rostock@yoga-vidya.de

Rotterdam
Rmahashakti Janin Brall, Vijverhofstraat 47, 3032 SB Rotterdam, Niederlande
Tel.: 0031 (0)6 251 004 20 - rotterdam@yoga-vidya.de

Rottweil
Natascha Plietsch, Zimmerergasse 18, 78628 Rottweil-Neufra
Telefon (0)741 6611 mobil 0171 8765911 - info(at)yoga-rottweil.de

Schöneck-Nidderau*
Angela Shivaprya Große-Lohmann, Niederbergring 4, 61137 Schöneck
Tel.: (0)6187 - 935014 - mobil: 0176 - 50257994 - nidderau@yoga-vidya.de

Schwäbisch Gmünd*
Sabine Schwirz, Türlensteg 9, 73525 Schwäbisch Gmünd - Tel.: (0)7171 - 877595
Fax: (0)7171 - 877596 - mobil: 0173 - 2164190 - schwaebischgmuend@yoga-vidya.de

Schwabmünchen
Radha Birgit Boros, Frauenstr. 1, 86830 Schwabmünchen - Tel.: (0)8232 - 96 720
(0)8232 - 95 67 647 - Handy: 0163 - 9828697 - schwabmuenchen@yoga-vidya.de

Schwerte*
Gisela Herzog, Buntspechtweg 19, 58239 Schwerte
Tel.: (0)2304 - 750666 - Fax: (0)2304 - 750667 - schwerte@yoga-vidya.de

Siegen
Angelika Lehmkühler, Marktstraße 1, 57078 Siegen-Geisweid
Tel.: (0)271 - 2385159 - siegen@yoga-vidya.de

Speyer*
Simone Shakti u. Manfred Maheshwara Lehner - Allerheiligenstr. 14, 67346 Speyer
Tel.: (0)6232 - 6705 57 - Fax: (0)6232 - 6705 58 - speyer@yoga-vidya.de

Stuttgart*
Anandaprema Corinne Trotzkowski , Schloßstrasse 66, 70176 Stuttgart
Tel.: (0)711 - 34228773 - stuttgart@yoga-vidya.de

Trier
Stefan Jyoti Wild, Zuckerbergstr. 21, 54290 Trier
Tel.: (0)651 - 1459313 - mobil: 0151 - 51724414 - trier@yoga-vidya.de

Tuebingen*
Sarada Sonja Serra & Marion Azima Wiesner, Saarstr. 21, 72070 Tübingen - Unterjesingen - Tel.: (0)7073 - 3004222 - tuebingen@yoga-vidya.de

Überlingen*
Yvonne Modrow, Askaniaweg 6, 88662 Überlingen
Tel.: (0) 77 71 - 920 178 - ueberlingen@yoga-vidya.de

Villingen-Schwenningen*
Nilakantha Christian Enz, Sebastian-Kneipp-Str. 34, 78048 Villingen-Schwenningen - Tel.: (0)7721 - 9982877 - villingen-schwenningen@yoga-vidya.de

Waghäusel*
Volker u. Birgit Kirrmaier, Blumenstr. 29, 68753 Waghäusel-Kirrlach
Tel.: (0)7254 - 70642 - mobil: 0160 - 7818097 - waghaeusel@yoga-vidya.de

In Europäischer Umgebung

Mödling*
Anningerstraße 6/5/2, 2351 Wr. Neudorf, Österreich
Tel.: 0043 (0) 676 708 47 30 - moedling@yoga-vidya.de

Rotterdam
Rmahashakti Janin Brall, Vijverhofstraat 47, 3032 SB Rotterdam, Niederlande
Tel.: 0031 (0)6 251 004 20 - rotterdam@yoga-vidya.de

Bhagavad Gita

Zwiesprache mit der Ewigkeit

Erläuterungen
von Swami Sivananda

Text in Devanagari,
Umschrift & Deutsch
448 Seiten, gebunden

ISBN 978 - 3 - 922 477 - 06 - 8

Shrimad Bhagavad Gita - die erhabene, zeitlos gültige Unterweisung Lord Krishnas über die Kunst des richtigen Lebens und Handelns in der Welt, der wahren Natur des Menschen und seiner Beziehung zu Gott. Shri Krishna zeigt den Pfad, der zur Höchsten Wirklichkeit führt, durch die Wege des selbstlosen Handelns (Karma Yoga), der Liebe und Hingabe an das Göttliche (Bhakti Yoga) und dem Weg der Erkenntnis (Jñana Yoga). Die Bhagavad Gita gilt als die Essenz der Vedischen Weisheit Indiens. Sie ist als eine der bedeutendsten klassischen Werke der religiösen Weltliteratur als authentische Quelle der ewigen Wahrheit geschätzt und anerkannt.

Er ist einer der großen Kenner der Philosophie, Religion und Technik der Bhagavad Gita. Seine Erläuterung wird als eine der maßgeblichsten Darstellungen zur Gita angesehen.

»Die Gita bringt die ermutigende Botschaft, dass vom Menschen nicht verlangt wird, dass er sich zurückzieht und von Familie und Freunden abwendet oder sich weit von der Gesellschaft entfernt, um seine unsterbliche Natur zu verwirklichen; dass Einheit mit dem Göttlichen Selbst auch inmitten weltlicher Arbeit und Aktivität erhalten und bewahrt werden kann. Die Hindernisse, die dieser wonnevollen Vereinigung entgegenstehen, liegen in uns und nicht in unserer äußeren Umgebung«

Swami Sivananda

Göttliche Erkenntnis

**Spirituelle Essays
und praktische Anleitungen
zu allen Aspekten des Lebens von**

Swami Sivananda

416 Seiten, mit 30 Photos, gebunden
ISBN 978 - 3 - 922 477 - 00 - 6

Dieses Buch, Göttliche Erkenntnis, ist in seiner englischen Ausgabe Bliss Divine eine der populärsten Schriften Swami Sivanandas. Er war kein Freund ›intellektueller Gymnastik‹, wie er es nannte. In seinen Büchern erläutert er die komplexesten spirituellen Zusammenhänge auf einfache Weise.

Sein integraler Yoga, eine Synthese der verschiedenen Yoga-Wege, inspirierte Tausende von Schülern und wird in Ashrams auf der ganzen Welt gelebt und gelehrt.

Göttliche Erkenntnis ist eine Sammlung von alphabetisch geordneten Auszügen aus seinen zahlreichen Büchern. Sie sind in vorzüglicher Weise geeignet, dem Suchenden Hilfe auf seinem Weg zu geben.

Sowohl Anfänger als auch Fortgeschrittene finden Inspiration und wertvolle Anleitung.

Viele Menschen benutzen sie auch als tägliche Inspiration, um einen Leitgedanken für den Tag zu bekommen.

Es ist möglich, dieses Buch wie ein Lexikon zu benutzen und so über alle wichtigen Aspekte des spirituellen Lebens hilfreiche Informationen und Ratschläge zu bekommen.

Sadhana

Ein Lehrbuch mit Techniken zur spirituellen Vollkommenheit

von Swami Sivananda

520 Seiten, gebunden
ISBN 978 - 3 - 922 477 - 07 - 5

»**Sadhana**« ist das Sanskritwort für spirituelle Übungen mit dem Ziel des Bewusstseins der allumfassenden Einheit, der Verwirklichung des Selbst.

Dieses umfassende Werk des großen Heiligen und Meisters Swami Sivananda ist ein bedeutendes Buch sowohl über die Philosophie des Yoga-Weges als auch über die zu praktizierenden Techniken aus allen Bereichen des Yoga.

Der Leser erhält wertvolle Erklärungen und Informationen über den Weg zur Selbst verwirklichung und eben so praktische und effektive Übungsanleitungen.

Swami Sivanandas Worte sind direkt, einfach und klar; sie zeugen von hohem Wissen und wahrhaftiger innerer Erfahrung; sie berühren tief das aufrichtige Herz und geben uns die innere Kraft und Inspiration für die Umsetzung in unserem Leben.

Aus dem Inhalt: Voraussetzungen und Grundlagen für spirituelles Sadhana - Wesentliche Prozesse im Sadhana - Arten von Sadhana - Sadhana in den Vedischen Schriften (Shruti) - Sadhana in den Smritis, Epen und Puranas - Sadhana in den einzelnen Schulen: Shaiva, Shakti Yoga u.a. - Sadhana in den Shivananda Sutras - Sadhana: Swara, Laya Yoga, Pranava, Soham, Vichara, Dhyana, Japa Yoga, Gayatri, Mantra Yoga, Sankirtan, Tantra Yoga, Shava, Kriya Yoga, Sangita, Gebet,Yoga der Synthese. - Die Bedeutung von Sadhana: Spiritualisieren der menschlichen Natur - Sadhana zur Beherrschung des Geistes Sadhana zur Beherrschung niederer Eigenschaften - Siddhis, Entwicklung von Willenskraft, Kundalini Erweckung, Gottverwirklichung - Hindernisse und Schwierigkeiten im Sadhana - Sadhana im: Karma Yoga, Bhakti Yoga, Raja Yoga, Vedanta - Wege praktischen Sadhanas - Fragen und Antworten über Sadhana - Persönlicher Rat an Suchende - Sadhanalieder - Erfahrungen Suchender»Sadhana ist die bewußte Anstrengung, die unternommen wird, um ein Ziel oder eine Absicht zu erlangen. Spirituelles Sadhana ist eine bewußte geistige Anstrengung, die auf Verwirklichung und Erfahrung der absoluten Wirklichkeit gerichtet ist. Eine derartige spirituelle Anstrengung heißt im Sanskrit ›Yoga‹.«

Die Kraft der Gedanken
von Swami Sivananda

192 Seiten, Pb.
ISBN 978 - 3 - 922 477 - 94 - 5

Der Wert dieses großartigen Buches erscheint einem bereits beim Lesen des Inhaltsverzeichnisses offensichtlich.
Es ist ein Werk immerwährenden Interesses und von vielseitiger Nützlichkeit für die Selbsterforschung, Selbsterkenntnis, Aneignung von Charakterstärke und Erfolg im Leben.
Hier wird nicht nur die Intelligenz gefördert, sondern darüber hinaus eine tiefgreifende Erkenntnis verliehen, die es uns ermöglicht, den menschlichen Willen für Erhebendes und Aufbauendes einzusetzen.

Ob Mann oder Frau, Student, Arzt, Anwalt, Geschäftsmensch, Wahrheitssucher und Gottliebender - alle werden in diesem Buch gleichermaßen ganz sicher eine ausreichende und genaue Anleitung zur Gedankenpflege- und kraft finden, die ein positives, dynamisches, reiches, siegreiches und glückliches Leben ermöglichen.

Yoga Sutren des Patañjali
Swami Durgananda

192 Seiten, Pb.
ISBN 978 - 3 - 922 477 - 79 - 2

Die Raja Yoga Sutras von Patañjali Maharishi sind ein vollkommenes Handbuch für die Erforschung und Beherrschung der eigenen Gedanken. In der noch jungen Geschichte des Yoga im Westen ist diese klassische Yogaschrift ein ganzheitlicher Leitfaden für die physischen, geistigen und spirituellen Ebenen der Meditationspraxis.
Vertrauen in die eigene Selbstdisziplin ist die wichtigste Grundvoraussetzung auf dem spirituellen Weg. Ohne Selbstdisziplin werden auch hochgebildete Menschen nicht wirklich profitieren.
Dieses Buch ist eine kostbare Quelle für den Yogapraktizierenden im Westen, insbesondere zum Studium der spirituellen Psychologie des Yoga, der ältesten Psychologie der Menschheit.

YOGA - Sivananda Yoga Zentrum

Für Anfänger bis Fortgeschrittene

4 . Auflage - 192 Seiten - Pb. geb.
ISBN 978 - 3 - 922 477 - 40 - 2

Aktualisierte Neuausgabe des anerkannten Klassikers:

Alles Wissenswerte über Yoga klar und leicht verständlich, mit zahlreichen anschaulichen Abbildungen und vielen Anregungen für Anfänger, Mittelstufe und Fortgeschrittene.

Der Klassiker und Bestseller unter den Yoga-Lehrbüchern.

Zahlreiche aufwendige Illustrationen. Alle Yoga-Abbildungen werden in großformatigen Photos in meisterhafter Vollendung von Männern und Frauen dargestellt. Hinzu kommen Zeichnungen kleineren Maßstabes, die Varianten der Yoga-Abbildungen zeigen.

Der Lotus beispielsweise wird in seiner Endstellung, aber auch mit Aufwärmübungen (Schmetterling) sowie Vorübungen (halber Lotus) dargestellt. Auch die Übungen für Kinder, ältere Menschen und schwangere Frauen laden durch eine Vielzahl von Photographien und Skizzen zur Nachahmung ein. Die gymnastischen Übungen werden beim Yoga immer in Zyklen der Versenkung eingebettet.

Deshalb beginnt die vertiefte Lektüre mit einer Einführung in die Entspannung, mit der jede Yoga-Einheit zum großen Vergnügen der Teilnehmer startet und endet. Erst dann kommen die Grundübungen, von denen viele den Lesern in ähnlicher Form schon aus dem Sportunterricht bekannt sind (Brücke, Bogen etc).

Die traditionellen Namen der jeweiligen Asanas erhöhen die Merkfähigkeit, allerdings werden viele uns bekannte Übungen im Yoga anders praktiziert als im Breitensport. Yoga beruht auf Gegensätze.

Die Yoga Teilnehmer praktizieren, im Gegensatz zum Sport, der maximale Leistung fordert, eher den maximalen Wechsel von An- und Entspannung, bei ständiger Kontrolle des inneren Energieflusses durch die Atmung.

Das neue Yoga-Buch entstand unter Anleitung von Swami Vishnu-devananda, dem Begründer der internationalen Sivananda Yoga Zentren. Er hat Yoga in der westlichen Welt bekannt gemacht, ist heute Bestseller-Autor und erreicht in seinen Yoga-Zentren über eine Millionen Menschen weltweit.

Einführung in YOGA

Sivananda Yoga Zentrum

Kompletter Basiskurs

Deutschsprachige Erstausgabe -
160 Seiten - Pb. geb.
ISBN 978 - 3 - 922 477 -10 - 5

Die Sivananda Yoga Zentren haben in über 30-jähriger Erfahrung im Yoga-Einführungsunterricht ein umfassendes Basisprogramm entwickelt. Es enthält sämtliche Aspekte, die für Anfänger wichtig sind. Aber auch erfahrenere Yogis werden hier viele inspirierende und wissenswerte Aspekte für sich entdecken.

In 8 Lektionen praktizieren Sie Schritt für Schritt die 12 Grundstellungen. Jede Lektion enthält eine in sich ausgewogene Yogastunde, in der Sie mit tiefer Entspannung neue Energien schöpfen können. Neben detaillierten Praxis-Anweisungen finden Sie eine ganze Palette zusätzlicher Informationen zu Aufwärmübungen, Atemübungen, Variationen der Grundstellungen sowie vereinfachte Übungsansätze bei Bewegungseinschränkungen.

Nicht zuletzt sind es auch die vielen Lifestyle-Tipps zu hochaktuellen Themen wie der Überwindung von Stress, nachhaltiger Entspannung und Regeneration, bewusster Ernährung und optimaler Verdauung, die das Buch zu einem so wertvollen Begleiter machen. Auch philosophische Aspekte des Yoga – der Geist und seine Arbeitsweise, die Bedeutung positiven Denkens sowie Techniken zu Konzentration und Meditation – werden anschaulich und leicht verständlich behandelt. Das Buch ist damit eine wichtige Grund-lage für Newcomer wie auch geübtere Yogis und bietet beste Voraussetzungen für die erfolgreiche Yogapraxis zu Hause. Jeder kann Yoga praktizieren, unabhängig von Alter oder Religion. Probieren Sie es aus und genießen Sie schon bald die wohltuenden Wirkungen.

Matri Darshan

Ein Photo-Album über Shri Anandamayi Ma

Text dreisprachig (englisch/deutsch/französisch)
7. völlig neu überarbeitete Auflage - 176 Seiten im Großformat
mit ca. 80 ganzseitigen, teils farbigen Photos, Pb. geb.
ISBN 978 - 3 - 922 477 - 87 - 7

Anandamayi Ma war weithin bekannt durch die unwiderstehliche Anziehungskraft Ihres stets strahlenden Wesens und Ihre außergewöhnliche Universalität. Durch Ihr Dasein und Ihre Worte richtete Sie die Aufmerksamkeit der Suchenden stets auf DAS, was allein IST. »Bhagavat Smaran« - vergegenwärtige dir IHN bei jedem Atemzug, werde dir bewusst, was du in Wirklichkeit bist.«

Selten schöne Photos der Heiligen wirkungsvoll ergänzt durch Ihre tiefgehenden und dennoch kurzgefassten Aussagen fügen sich hier zu einem bewegenden Gesamteindruck zusammen. Bilder und Worte vermitteln dem Betrachter den faszinierenden Eindruck einer Verwirklichung, die nur ein Mensch leben kann, der völlig im göttlichen Bewusstsein gegründet ist.

Die Photos und Aussagen führen uns biographisch durch mehr als 50 Lebensjahre Anandamayi Ma's und vermitteln uns einen Eindruck Ihrer Schönheit, Anmut und Lieblichkeit, die Ihre göttliche Gegenwart in jeder Lebensstufe ausdrückte.

»Sie ist die vollkommenste Blume, die der indische Boden jemals hervorbrachte.«
Swami Sivananda

Matri Satsang - Band 1

» Erkenne Dein Selbst «

276 Seiten mit über 60 Photos/ Gebunden
ISBN 978 - 3 - 922 477 - 82 - 2

Matri Satsang - Band 2

» Glückseligkeit und Erleuchtung «

276 Seiten mit über 60 Photos/ Gebunden
ISBN 978 - 3 - 922 477 - 83 - 9

»Matri Satsang« ist eine umfassende, anspruchsvolle Zusammenstellung von Begebenheiten aus dem Leben Shri Anandamayi Ma's und Ihren Äußerungen zu vielen verschiedenen Fragen des spirituellen Lebens.

Neben einem ausführlichen Lebenslauf finden wir eine Fülle von Gesprächen mit der Heiligen, in denen Sie das geistige Wissen mit einer treffenden Einfachheit und gleichzeitig einer Brillianz offenbart, die unseren Geist und inneres Empfinden fasziniert!

Aus dem Inhalt Bd 1: Shri Anandamayi Ma/ Das ›ungeborene‹ Sichtbarwerden des Göttlichen/ Vorzeichen der Göttlichen Manifestationen/ Göttliche Kindheitsspiele/ Das ›Spiel‹ des Sadhana/ Das alldurchdringende, zweitlose Wesen Ma's/ »Vater, hier ist alles offen und ungeprägt« oder ›Über Lachen und Weinen des Erleuchteten‹/ »Auch die Krankheitsformen lieben diesen Körper«/ »Dieser Körper kennt nur einen Ashram, der sich über das ganze Universum erstreckt.«/ »Ich bin immer bei Euch, durch diesen Körper geschieht spontan, was für euch alle notwendig ist.«/ Steine, Pflanzen und Tiere - Ma ist mit allem im Selbst verbunden/ Devotees und Besucher beschreiben ihre Begegnung mit Ma/ Ma's Art und Weise des Lehrens/ Ma's Mahasamadhi/ Sadhana - Das spirituelle Leben/ Der Sucher zwischen Welt und Gott/ Die Begrenzungen des Denkens/ Gefahren auf dem spirituellen Weg/ Das Ziel/ Japa und Gebet/ Meditation - Methoden, Hindernisse und Ziel.

Aus dem Inhalt Bd.2: Bhakti - Liebende Hingabe zu Gott/ Mauna (Schweigen)/ Reinheit/ Samyam (Selbstdisziplin)/ Ratschläge zum Verhalten des Suchers/ Seva (Dienen) und Dharma (Pflichterfüllung)/ Selbstloses Handeln/ Gnade und Bemühung/ Satsang - die Göttliche Gemeinschaft/ Guru - die Führung durch einen spirituellen Meister/ Diksha (Initiation)/ Leben im Ashram und Entsagung/ Karma - unser Schicksal aufgrund früherer Handlungen/ Shanti (Frieden)/ Geschichten: Wo wohnt Gott, was isst Er, wann lacht Er und was tut Er?/ Maya/ Die angebundene Katze/ Wir vergessen das wirkliche Ziel/ Die Wirksamkeit von Prasadam (geweihte Nahrung)/ Gott lenkt, sieht und durchdringt alles/ Die Einheit der spirituellen Wege/ Die Ganzheit jenseits von Dualität und Nichtdualität.

Matri Vani - Bd 1

» *Worte von Shri Anandamayi Ma* «

120 Seiten mit 3 Photos/ Geb.

ISBN 978 - 3 - 922 477 - 04 - 4

»Dein Charakter, Deine Worte und Verhaltensweisen sollten Ausdruck des in Dir wohnenden Göttlichen sein. Dein Leben sollte in jedem Augenblick wie ein makellos reiner Strom sein. Wenn Du die in den Heiligen Schriften angegebenen Regeln genau befolgst, wird Shakti, die spirituelle Kraft, erweckt. Ein Mensch wird nur dann wahrhaft Mensch, wenn er den Zweck seiner Geburt erfüllt. Die wirkliche Natur des Selbst (Atma Tattva) zu offenbaren, sollte fürwahr immer Dein Ziel sein. «

Shri Anandamayi Ma

Das vorliegende Büchlein beinhaltet Aussagen der Glückseligen Mutter Shri Anandamayi Ma. Es sind persönliche Ratschläge und Empfehlungen, die Shri Ma Ihren Devotees zu unterschiedlichen Zeiten erteilt hat.

Die ursprüngliche Einfachheit und Klarheit dieser Botschaften schwingen in Ihrer Sprache. Diese Frische Ihrer Sprache, schwingt auch in diesem Büchlein, ohne dass durch die Weitergabe der Botschaften ein Qualitätsverlust entstanden ist.

Die Themen befassen sich mit den verschiedensten Situationen eines Menschenlebens. Hoffnungslosigkeit, Todesfälle, Enttäuschungen und ein Gefühl von Frustration im Leben, Angriffe von feindlichen Kräften im Innern, nachlassender Glaube, Verwirrungen eines ungezügelten und sprunghaften Geistes, langwierige körperliche Leiden – diese sind nur einige der unumgänglichen Übel, die im normalen menschlichen Dasein auf Erden auftreten.

Ma's Worte weisen uns den Weg zur inneren Quelle unserer Kraft, die das Selbst ist, und schenken uns Inspiration, Freude und Leichtigkeit.

Dieses Büchlein ist tatsächlich ein strahlendes Band kostbarer Perlen, das ein jeder immer bei sich tragen sollte.

Worte der Glückseligen Mutter Shri Anandamayi Ma

6. verbesserte Auflage/ 312 Seiten
mit Photos/ gebunden
ISBN 978 - 3 - 922 477 - 84 - 6

Dieses Buch über die Glückselige Mutter enthält eine ausführliche Lebensbeschreibung sowie eine sorgfältige Auswahl von Anandamayi Ma's einfachen und treffenden Ratschlägen und Antworten auf Fragen nach dem Sinn des Lebens, richtigem Verhalten und dem Weg zur Gottverwirklichung.

Aus dem Inhalt: Über Anandamayi Ma/ Der Pfad zur Vollendung/ Guru und Initiation/ Über wirkliche Liebe und bloße Anziehung - Prema und Moha/ Hingabe/ Gebet/ Japa - Die Wiederholung von Gottes Namen/ Über Pranam - Die Verneigung vor dem Göttlichen/ Meditation und Ebenen des sich öffnenden Bewusstseins/ Über Gebrauch und Mißbrauch psychischer Kräfte/ Schweigen/ Verwirklichung/ Leben in der Welt als Dienen/ Kinder und Erziehung/ Über Almosen und Gas freundschaft/ Ernährung/ Kleidung/ Schlaf/ Heirat und die Rolle von Mann und Frau/ Über Tod und die richtige Einstellung zu unseren Verstorbenen/ Gleichnisse/ Verschiedene Fragen, Antworten und Gespräche/ Entsagung - Vairagya/ Gnade/ Gott und Sein Spiel der Schöpfung.

Anandamayi Ma Wie Sie Sich Mir Offenbarte - Bhaiji

2. völlig neu überarbeitete Auflage 128 Seiten
mit ca. 80 Photos - Gebunden
ISBN 978 - 3 - 922 477 - 90 - 7

Jyotish Candra Ray, den die Anhänger Anandamayi Ma's liebevoll ›Bhaiji‹ (Bruder) nannten, war einer Ihrer frühsten und ergebensten Devotees und wurde oft als Ihr »Dharma-putra«, Ihr geistiger Sohn, bezeichnet. Er traf Ma 1914 in Dhaka und fühlte schon beim ersten Anblick, dass Sie die Göttliche Mutter war, nach der er sich jahrelang gesehnt hatte. Er erkannte, dass seine Suche zu Ende war.

Sein faszinierender Bericht »Anandamayi Ma - Wie Sie Sich Mir Offenbarte« war das erste Buch über die Glückselige Mutter und er schien bereits 1937 in Bengali unter dem Titel »Matri Darshan«. Auf beeindruckende und sehr persönliche Weise lässt es den Leser an Ma's Leben und Lehren der frühen Jahre bis 1932 teilnehmen. Gleichzeitig ist es die Geschichte der Hingabe eines echten spirituellen Suchers und seiner vertraulichen Führung durch die Göttliche Mutter, die uns allen Inspiration und Beispiel sein kann.

Matri Lila

Shri Anandamayi Ma - Ihr Leben - Ihre Lehre

368 Seiten - mit über 140 Photos/ Pb.
ISBN 978 - 3 - 922 477 - 05 - 1

»**Matri Lila**« ist das transzendentale Spiel (Lila) der Göttlichen Mutter hier auf der Erde. In der Ihr von Natur aus innewohnenden Anmut betrat Anandamayi Ma für mehr als 80 Jahre den spirituellen Horizont Indiens. Für Anandamayi Ma existierte niemand, der ein ›anderer‹ war. Ihr Leben und Sein, Ihre Worte und Handlungen waren ein vollkommener Ausdruck der einen absoluten Wahrheit, des reinen Seins.

Sie kam in Indien zur Welt - in Ihr selbst gehörte Sie jedoch der ganzen Menschheit. Ihre Aussagen und Ihr Wesen berührten direkt das Herz der Menschen; durch Sie berührte man eine Dimension der Einheit, die die Grenzen aller Religionen und Nationalitäten transzendierte. Die großen traditionellen Ordensgemeinschaften Indiens erkannten Anandamayi Ma geschlossen als Ausdruck der Quintessenz der Upanishaden an. Dieses neue Buch über Shri Anandamayi Ma gibt bisher teilweise unbekannte und faszinierend nahe Einblicke in das Leben und die Weisheit der Glückseligen Mutter.

Swami Sivananda sagte von Ihr, Sie sei die vollkommenste Blume, die der indische Boden jemals hervorbrachte... Man bezeichnete Sie als Inkarnation der Göttlichen Mutter, als Siddha Yogini oder als ›adya shakti‹ (ursprünglich spirituelle Energie) - all diese Unterschiede verschwanden von allein und waren völlig irrelevant in Ihrer Gegenwart. Sie selbst sagte ein mal: »*Ich bin, was ich von Ewigkeit her war und immer sein werde, ich bin all das, was Du Dir vorstellst, denkst oder sagst. Doch steht ganz fest, dass dieser Körper nicht entstanden ist, um die Früchte vergangenen Karmas zu ernten. Warum fasst ihr es nicht so auf, dass dieser Körper die materielle Verkörperung all eures Sehnens und all eurer Vorstellungen ist? Ihr habt ihn alle gewünscht und nun habt ihr ihn.*«

Die Autorin Dr. Bithika Mukerji verbrachte mehr als 45 Jahre mit Shri Anandamayi Ma und hat in Indien bereits mehrere Bücher über Ma veröffentlicht. Ihre persönliche Kenntnis der Geschehnisse um Shri Anandamayi Ma und ihre tiefe Verpflichtung und genaue Nachforschungsarbeit verbinden sich zu einer authentischen Erzählung über die Kindheit und die frühen Jahre der Heiligen bis hin zu Ihrem Mahasamadhi 1982 in Dehra Dun, Nord-Indien.

Sankirtan

Der Nektar des Göttlichen Namens

Liederbuch mit deutscher Übersetzung der Sanskrit-Lieder

140 Seiten, mit vielen Bildern
ISBN 978 - 3 - 922 477 - 89 - 1

Eine umfassende Sammlung in Form eines Ringbuch mit Liedern von Shri Anandamayi Ma, die Sie spontan aus bestimmten Bhavas, d.h. Zuständen tiefer göttlicher Versenkung heraus gesungen hat, so wie Stotras (Hymnen), Rezitationen und Gesängen aus indischen Ashrams und aus den traditionellen Heiligen Schriften.

Kirtan ist die Sanskritbezeichnung für die freudige Lobpreisung des Göttlichen durch das Singen Seiner verschiedenen Namen und wird häufig von erleuchteten Meistern als »Yuga Dharma« bezeichnet, als der empfohlene spirituelle Weg in diesem Zeitalter, um unseren Geist zu läutern und Glückseligkeit zu erfahren. Das Hören und Durchführen der Arati (Lichtzeremonie) und der gemeinsame Kirtan (Sankirtan) bewirken eine innige Verbindung mit der göttlichen Energie und liebevolle Hingabe, die für jeden Menschen, der sich öffnet, spürbar ist. Zum Anhören oder Erlernen der Kirtan-Lieder mit 4 Begleitkassetten: Arati * Bhajans * Kirtan * Rezitation

Hari Nam - Songs of the Blissful Mother Shri Anandamayi Ma

CD - Laufzeit ca. 60 min.
ISBN 978 - 3 - 922 477 - 52 - 5

Die erste CD mit Liedern gesungen von Shri Anandamayi Ma.

Shri Anandamayi Ma sprach und handelte immer aus Ihrem Kheyal heraus, das ist eine Art überbewußte Intuition oder höherer Willens impuls, welcher absolut unvorhersehbar und absichtslos war. Auch Ihre Lieder entstanden spontan aus Zuständen Göttlicher Versenkung.

Die Intensität und Zartheit Ihres Gesangs vermag den sensiblen Zuhörer tief im Innern zu berühren. Mit der Stimme der Heiligen offenbaren sich die Kirtan - Lieder (Lobgesänge an Gott) in ihrer ganzen Kraft und erzeugen dadurch das langersehnte Feuer des allumfassenden Gottesbewußtseins.

Historische Aufnahmen in CD-Qualität.

*Ram Ram Ram * He Bhagavan * Gaur Nitai * Hari Bol * Sita Ram * Krishna Chaliya * Jai Shiva Shankara * Amar Krishna Gopal * Krishna Kanhaiya * Ananda Mangala Gao Re * Laughing of the Blissful Mother*

Shri Krishna-Chaitanya

Der verborgene goldene Avatar reiner Gottesliebe

Sein Leben und Seine Lehre

Walther Eidlitz

2. Auflage - ca. 468 Seiten mit Photos - Geb.

ISBN 978 - 3 - 922 477 - 86 - 0

Dieses Werk von Walther Eidlitz ist eine hervorragend einfühlsame Studie über das Wesen der indischen Gottesoffenbarung und enthält eine ausgezeichnete Biographie von Shri Krishna-Chaitanya, die er aus authentischen Quellen zusammengestellt hat.

Die Neuauflage dieses Buches kommt einem wachsenden Interesse spiritueller Sucher der Bhakti-Tradition entgegen.

Mit dem Erscheinen von Krishna-Chaitanya (1486-1533) breitete sich eine machtvolle neue Welle der Bhaktitradition über ganz Indien aus. Bhakti im Sinne der Bhakti-Shastras ist Gottes eigene Erkenntniskraft und Kraft Seines Glücks, die von Maya (Illusion) ganz unabhängig ist. Im Bhakta wirkt sie als dienende erkennende Liebe, welche die volle Erkenntnis Gottes, der Welt, des Atma, als eines Funkens göttlicher Kraft und des Wesens der Bhakti als Glück des Dienens gibt.

Das Verborgene Feuer

Die erstaunliche Lebensgeschichte des Shriman Tapasviji Maharaj, einem Asketen, der 185 Jahre lebte (1770-1955)

Berichtet von T.S. Anantha Murthy

4. Auflage - 294 Seiten mit Photos - Pb.

ISBN 978 - 3 - 922 477 - 01 - 3

Dieses Buch schildert uns einen Weisen, dessen glühende Askese (Tapas) in der heutigen Zeit kaum ihresgleichen findet und uns gleichsam in die Zeit der alten Rishis versetzt.

›*Tapas*‹ bedeutet ›*Askese*‹, wörtlich ›*Hitze*‹ oder ›*Glut*‹ und bezeichnet ein ganz besonderes ›*Feuer*‹, eine mächtige läuternde Kraft, die alle körperlichen und seelischen Bereiche des Menschen durchglüht und verwandelt. Im höchsten spirituellen Sinn geübt, kann es den Menschen zur Erleuchtung führen; doch nicht jeder, der Tapas übt, ist auch ein Heiliger - und umgekehrt muß nicht jeder Erleuchtete auch ein ausgesprochener Asket sein. Im Laufe seiner langen Wanderschaften durch Indien erlebt Tapasviji außerordentliche Ereignisse und Begegnungen mit Gottheiten, Geistwesen und historischen Persönlichkeiten, die wir für gewöhnlich als eine von uns getrennte, schwer zugängliche oder gar mythologische Wirklichkeit auffassen und der das moderne Denken allzugern nur ›*innerseelischen symbolischen*‹ Realitätsgehalt zugesteht, um dem ›*sichtlich Unmöglichen*‹ nicht allzu frontal gegenübertreten zu müssen. Es zeigt sich, wie sehr unser Lebensraum umgeben und durchdrungen ist von höheren und niedrigeren Welten und von Bewohnern und Wesenheiten derselben.

Mitteilungen eines Eremiten

Geheimnisse aus einer Schule der Meister im Hoch-Himalaya

6. Auflage - 161 Seiten - Pb.
ISBN 978 - 3- 922 477 - 80 - 8

Ende des letzten Jahrhunderts reist ein junger Deutscher nach Indien und Kaschmir. Er kommt in Kontakt mit Heiligen und zieht sich daraufhin in ein Kloster im hohen Himalaya zurück, um als Schüler den Weg der Initiierten zu beschreiten. Dort wird ihm ein jahrelanger, intensiver Unterricht zuteil. Bruder Amo lernt, Körper und Geist im Wachen, Schlafen und Träumen zu kontrollieren, bewusst den Körper zu verlassen und mit ›Akasha‹, dem Ätherstoff, umzugehen, mittels dessen Vorgänge aus der ältesten Vergangenheit der Menschheit und Tendenzen der Zukunft erkannt werden können. Das geospirituelle Forschen enthüllt ihm die Prinzipien, nach denen der Schöpfer arbeitet. Unterbrochen wird sein Unterricht von Zeit zu Zeit durch Fußmärsche nach Tibet und angrenzende Gebiete, wo er und seine Gefährten bestimmte Aufträge auszuführen haben.

Der Leser nimmt teil an dem grandiosen Naturgeschehen auf den schneebedeckten Gipfeln des ›Dachs der Welt‹ und wird Zeuge, wie Bruder Amo schließlich die Meisterschaft erlangt. Nachdem Bruder Amo die völlige Loslösung von der Welt erreicht hat, kehrt er in die Vereinigten Staaten zurück, wo er Anfang der 40er Jahre anonym diese Mitteilungen einer deutschen Zeitschrift übersendet. Eine überaus spannend erzählte, authentische Geschichte, die interessante Einblicke gewährt in die geistigen Gesetze und die feinstofflichen Ebenen.

Die Geheimlehre des Eremiten

Offenbarungen des Meisters aus dem Hoch-Himalaya

161 Seiten - Pb. - ISBN 978 - 3- 922 477 - 81 - 5

Mit dem 2. Band gibt uns Bruder Amo umfassende Einblicke ins Große Jenseits, Himmel unbegrenzter Freude, Medialität, den Gesetzmäßigkeiten der Naturkräfte und Zusammengehörigkeit aller Nationen dieses Planeten. Globaler Frieden wird nur durch individuellen Frieden möglich.

Narada's Bhakti Sutras

3. verbesserte Neuauflage
22 Seiten - geheftet
ISBN 978 - 3 - 922 477 - 48 - 8

Dieses klassische Werk enthält die 84 Aphorismen des altindischen Weisen Narada über den Pfad der Hingabe an Gott und ist eine der wichtigsten Schriften des Bhakti Yoga.

Liebende Hingabe, die neben den Disziplinen der intellektuellen Unterscheidung, der Meditation und selbstloser Handlung eine vierte Möglichkeit zur Befreiung aufzeigt, wird von vielen Lehrern als der für die heutige Zeit leichteste und geeignetste Weg zur Verwirklichung erklärt.

»Hari Om Namah Shivaya«

Die Kraft der Heilenden Klangschwingung

6. Auflage
CD - Laufzeit ca. 60 min.
ISBN 978 - 3 - 922 477 - 53 - 2

Sehr kraftvoller und inspirierender Mantra-Gesang (Kirtan), begleitet mit traditionellen indischen Instrumenten wie Harmonium, Zimbeln und Mridanga.

Die Mantren haben eine reinigende und harmonisierende Wirkung, und verfeinern die Schwingungen des physischen sowie feinstofflichen Körpers. Der Geist wird schon allein durch das Hören in höhere Bewusstseinsschwingungen versetzt.

Dieser Kirtan, gesungen von Babaji's Devotees, wurde 1983 auf Wunsch Shri Babaji's live in Bombay bei Seinem Darshan aufgenommen.

Die Wiederholung des kraftvollen Mantras ›*om namah shivaya*‹ stellt eine direkte Verbindung zum Göttlichen dar und erweckt Intensität und Zielstrebigkeit in uns.

Weitere CD's/ Tonkassetten

Weitere Kassetten mit zahlreichen hingebungsvollen Liedern gesungen von Anandamayi Ma. Es handelt sich um historische Mitschnitte, die bereits vor Jahrzehnten und oft mit einfachen Geräten und Kassetten spontan aufgenommen wurden. Ma ließ es so gut wie nie zu, dass absichtliche Arrangierungen für deutliche Aufnahmen getroffen werden konnten - manchmal verstummte Sie sogar völlig, wenn nur ein Recorder eingeschaltet wurde. Die Lieder und die Stimme der Glückseligen Mutter drücken auf unbeschreibliche Weise sowohl Sehnsucht nach Gott als auch die Einheit mit Gott, in der Shri Ma lebt, aus.

Shri Anandamayi Ma singt Kirtana: *Ram Ram Ram - He Bhagavan - Sita Ram - Krishna Keshava - Namo Narayan - Jai Shiva Shankara - Ma Durga - Radha*

Kirtan auf Kassetten aus dem Shri Anandamayi Ma Ashram: *Hari Bol - Bhajo Ma Anandamayi - Samyam Saptah - Waves of Bhakti - Jai Guru Dev - Shri Hari Nam - Om Shakti - Jai Jagadisha Hare - Vishnu Sahasranama - Ananda Mangala*

Hare Krishna Ashram und andere Tempel: *Hare Krishna - Bhaja Govindam - Samyam Ramayana*

Haidakhan Babaji Ashram: *Jaya Arati - Amba Bhavani - Om namah Shivaya*

Swami Ganapathi Saccidananda Ashram: *Shivaratri - Navaratri - Maha Ganapathi - Annapurne*

Vedische Mantra Rezitation: *Musik der Rishis - Vedische Rezitation - Shri Durga Saptashathi - Shri Godaveri Ma & Kanya Kumaris*

Yajna und Puja: *zur Reinigung von Körper, Geist, Seele und unserer Umwelt*

Indiens Meister

Das geistige Geschenk
einer uralten Kultur

DVD/ VIDEO Nr. S 100 - VHS/PAL
deutsch- ca. 180 Min.
ISBN 978 - 3 - 922 477 -77 - 8

Diese 3 - stündige Film - Dokumentation über verschiedene Meister und spirituelle Lehrer Indiens ist einzigartig. Ein filmisches Essay, in dem versucht wurde, das Wesen verschiedener geistiger Strömungen und Meister der Vergangenheit und Gegenwart mit ihrem Beitrag zur Bewusstseinsgeschichte positiv darzustellen, ohne dabei irgendeiner Richtung den Vorrang zu geben. »Indiens Meister« gibt eine Fülle von Informationen und Impressionen; dennoch ist der Film ruhig und meditativ gehalten.

Die Darstellung umfaßt 13 verschiedene Meister und spirituelle Lehrer Indiens aus dem 19. und 20. Jahrhundert:

- ***Shri Ramakrishna***
- ***Swami Vivekananda***
- ***Shri Ramana Maharshi***
- ***Shri Anandamayi Ma***
- ***Shri Aurobindo & Mira Alfassa***
- Bewegung für ***Krishna***-Bewußtsein
- ***Swami Brahmananda Sarasvati***
- ***Maharishi Mahesh Yogi***
- ***Paramahamsa Yogananda***
- ***Swami Ganapathi Saccidananda***
- ***Haidakhan Babaji***
- ***Shri Chinmoy***

Im Hinblick auf die Tatsache, dass es natürlich noch zahlreiche weitere bekannte oder unbekannte Meister gibt, die in diese Darstellung einbezogen werden könnten, verweisen wir Sie auf nachfolgende Erweiterungen unserer Reihe, die in Bearbeitung sind.

Von den Meistern, von denen wir kein Filmmaterial erhalten konnten, wurde Bildmaterial verarbeitet, sodass Bilder und Film einander abwechseln.

Der Film soll die Möglichkeit geben, sich mehr über den Sinn und Zweck des eigenen Lebens bewusst zu werden, und kann dazu inspirieren, die eigene ›Reise‹ zur Selbstfindung zu beginnen.

Aber auch diejenigen, die bereits einen spirituellen Meister oder Weg gewählt haben, finden durch solch einen Film die Gelegenheit, geistige Meister und ihre Lehren einmal in einem größeren Zusammenhang zu betrachten, der die momentane Sichtweise erweitert bzw. zu noch größerer Zielgerichtetheit anspornt.

Shri Anandamayi Ma - Darshan auf DVD/ Video

Dieser Film erzählt den Lebenslauf von Anandamayi Ma und enthält wunderschöne und kostbare Filmaufnahmen von Ihr in Ihren Ashrams und beim Satsang.

Die Aufnahmen entstanden zwischen 1959 - 1982 und zeigen uns, wie ein Mensch lebt, der ständig im höchsten Bewusstsein des ewigen unveränderlichen Selbst (Brahman) gegründet ist. In der Zusammenstellung von Bild und Wort eine sehr tiefgehende Erfahrung Ihres Darshans.

Satsang mit der Glückseligen Mutter
Shri Anandamayi Ma

DVD/ Video Nr. S 110 - VHS/PAL
Lebensbeschreibung - deutsch ca. 60 min. -
ISBN 978 - 3 - 922 477 - 70 - 9

Satsang with the Blissful Mother
Shri Anandamayi Ma

DVD/ Video Nr. S 111 - VHS/PAL
Biography & Teaching - english ca. 60 min. -
ISBN 978 - 3 - 922 477 - 88 - 4

Shri Anandamayi Ma
Wie Sie Sich Offenbart

DVD/ Video Nr. S 113 - VHS/PAL -
deutsch - ca. 20 Minuten
ISBN 978 - 3 - 922 477 - 96 - 9

Shri Anandamayi Ma
How She Reveals Herself

DVD / Video Nr. S 114 - VHS/PAL
english version - ca. 20 min.
ISBN 978 - 3 - 922 477 - 97 - 6

Dieser 20-min. Film ›*Wie Sie Sich Offenbart*‹ und ›*How She Reveals Herself*‹ über Shri Anandamayi Ma vermitteln uns einen nachhaltigen Eindruck Ihrer wahrhaft Glückseligen Wesenheit und der Intensität Ihres Daseins. Es wurde bewußt auf erläuternde Erklärungen verzichtet, sodass einzig Ma's Stimme und Ihr Gesang bzw. Sankirtan und Ihre Aussagen zu hören sind. Der Film enthält sowohl jüngere Aufnahmen als auch solche der späteren Jahre Shri Anandamayi Ma's.

Shri Ramana Maharshi

»Der Heilige von Arunachala«

DVD/ Video Nr. S 160 - VHS/PAL
deutsch - Lebensbeschreibung - ca. 73 Min.
ISBN 978 - 3 - 922 477 - 73 - 0

Shri Ramana Maharshi (1879-1950) ist einer der wahrhaftig erleuchteten Weisen, die Indien hervorbrachte. Er war ein großer Jnana Yogi und bedeutender Lehrer des Advaita - Vedanta.

Sehr anschaulich in Form einer Reise wird hier die Lebensgeschichte des Shri Ramana Maharshi erzählt, beginnend mit Seinem Geburtsort, dem Haus, in dem sich Sein Leben innerhalb weniger, intensiver Momente transformierte und Seinem stillen Aufbruch nach Tiruvannamalai zu dem Heiligen Berg Arunachala in Südindien. Dort sehen wir seltene und kostbare Filmaufnahmen von Ihm in Seinem Ashram am Fuße des Arunachala und zusammen mit Seinen Schülern. Die Aufnahmen entstanden zwischen 1935 - 1950. Eine umfassende Dokumentation über Leben und Lehre Shri Ramana Maharshi's und eine Quelle der Inspiration für alle, die eine Bedeutung und einen tieferen Sinn im Leben suchen! Deutsche Fassung des englischen Films »*The Sage of Arunachala*«.

Shri Ramana Maharshi

Die Archiv - Filme 1935 - 1950

DVD/ Video Nr. S 161 - VHS/PAL
überwiegend ohne Kommentar/ still
ca. 65 Min. - ISBN 978 - 3 - 922 477 - 74 - 7

Diese wertvollen Aufnahmen zeigen Sri Ramana Maharshi in den Jahren 1935-1950 im Sri Ramanasramam in Tiruvannamalai. Sie wurden 1995 vom Arunachala Ashrama (New York) aufbereitet und zu dieser Archivfilm-Sammlung zusammengestellt.

Wir sehen u.a. den Maharshi zusammen mit Yogananda und Paul Brunton, eine dokumentierte indische Wochenschau (engl.) über Ihn und mehrere sehr eindrucksvolle, stille Aufnahmen verschiedener Besucher. Ein historisches Dokument eines großen Erleuchteten von zeitübergreifender Bedeutung!

Haidakhan Babaji
Om Namah Shivaya

DVD/ Video Nr. S 130 - VHS/PAL
Deutsch/Lebensbeschreibung
- ca. 60 Minuten -
ISBN 978 - 3 - 922 477 - 54 - 9

Haidakhan ist einkleines Dorf am Fuße des Himalaya-Gebirge. Reißende Flüsse, besonders in der Schneeschmelze, erschweren den Zugang zu dieser Ortschaft. Im Jahre 1970 - 1984 hat sich der legendäre Babaji dort aufgehalten. Jeder, der einmal dort war, wird diese Begegnung noch lange in Erinnerung behalten.

Haidakhan Babaji wird von seinen Anhängern als Verkörperung Shiva Mahadevas verehrt. Er lehrte insbesondere die Prinzipien von Wahrheit, Einfachheit und Liebe, das ständige Wiederholen von Gottes Namen, und vor allem das Mantra *om namah shivaya*, um sich ständig an Gottes Gegenwart zu erinnern. Beginnend 1970 mit Seiner Erscheinung in einer Höhle im Himalaya, beschreibt dieser Film sein Leben und zeigt u.a. Aufnahmen von Babaji in Seinem Ashram (1979) und bei vedischen Feuerzeremonien.

Eine umfassende Dokumentation und ein sehr schöner Darshan-Film!

Haidakhan Babaji
Botschaft aus dem Himalaya

DVD/ Video Nr. S 131 - VHS/PAL
Deutsch/Lebensbeschreibung
- ca. 45 Minuten -
ISBN 978 - 3 - 922 477 - 93 - 8

Babaji, der seinen Körper willentlich manifestieren und wieder auflösen kann, offenbarte sich von 1970-1984 erneut in physischer Gestalt, nachdem er in den vergangenen Jahrhunderten bereits häufig in Tibet, Nepal, China, Japan und im Himalaya erschien. Man sagt, er wäre auch auf den Kumbha Melas in Indien häufiger anzutreffen.

Dieser zweite Film über Ihn zeigt Babaji im Haidakhan-Ashram sowie Aufnahmen von Ihm beim jährlichen traditionellen Holi-Fest (ein Fest zu Ehren Sri Krishnas) und beim Besuch eines Devotees. Der Schwerpunkt dieses Filmes liegt jedoch mehr auf Seiner Lehre und Botschaft und geht tiefer in die Philosophie hinein.

Swami Chidananda

Liebe, Diene & Verwirkliche

- Über Yoga -

Video Nr. S 170 - VHS/PAL
Englisch mit deutscher Übersetzung
Vortrag - ca. 120 Minuten
ISBN 978 - 3 - 922 477 - 92 - 1

Swami Chidananda ist einer der Hauptschüler Swami Sivanandas und leitet als dessen Nachfolger die Organisation der Divine Life Society in Rishikesh. Seit 1949 von Swami Sivananda zum Mönch geweiht, widmet sich Swami Chidananda in unermüdlicher Selbstlosigkeit der Führung der Divine Life Society, deren Hauptzentrum der Sivananda Ashram im Rishikesh ist. Er hilft zahllosen ratsuchenden Menschen auf ihrem geistigen Weg und bereist die verschiedenen Zentren rund um die Welt, um die Botschaft seines Meisters Swami Sivananda zu verbreiten. Swami Chidananda ist Autor einer Reihe von Büchern über das spirituelle Leben.

DVD/ Videos von Mangalam Books

Indiens Meister - *Das geistige Geschenk einer uralten Kultur* - **S 100**
Shri Anandamayi Ma - *Satsang mit der Glückseligen Mutter* - **S 110**
Shri Anandamayi Ma - *Satsang with the Blissful Mother* - **S 111**
Shri Anandamayi Ma - *Wie Sie Sich offenbart* - **S 113**
Shri Anandamayi Ma - *How She reveals Herself* - **S 114**
Shri Ramana Maharshi - *Der Heilige von Arunachala* - **S 160**
Shri Ramana Maharshi - *Die Archiv-Filme, (1935 - 1950)* - **S 161**
Swami Chidananda - *Liebe, Diene und Verwirkliche, Über Yoga* - **S 170**
Swami Chidananda - *Yoga Sadhana - Das spirituelle Leben* - **S 171**
Haidakhan Babaji - *Om namah Shivaya* - **S 130**
Haidakhan Babaji - *Botschaft aus dem Himalaya* - **S 131**
Swami Brahmananda Sarasvati - *Das Licht, das uns leuchtet* - **S 141**
Maharishi Mahesh Yogi - *30 Jahre rund um die Welt* - **S 142**
Maharishi Mahesh Yogi - *Heaven on Earth* - **S 143**
Shri Chinmoy - *Der Weg des Friedens* - **S 120**
Shri Chinmoy - *Live in Concert* - **S 121**
Swami Ganapathi Saccidananda - *Das spirituelle Feuer* - **S 150**
Swami Ganapathi Saccidananda - *Live in Concert* - **S 151**
Baba Nityananda - *Eigene Intuition und Kreativität* - **S 180**
Meister Mantak Chia - *Das Heilende Tao - 16 Videos* **(T1 - T16)**

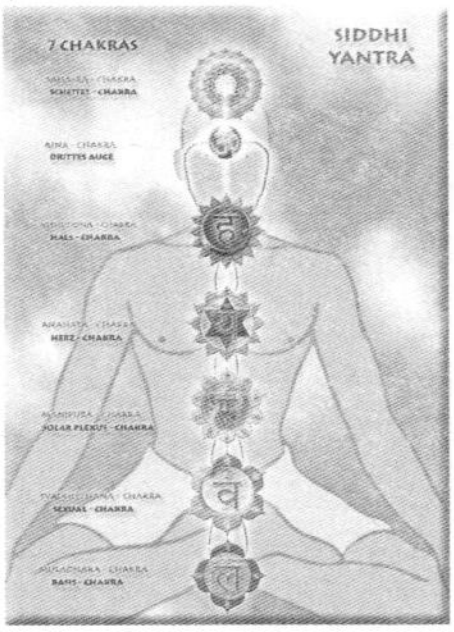

SIDDHI - YANTRAS

**Energetisch aufgeladene Kraftfelder
zur Reinigung, Stärkung & Harmonisierung
von Körper, Geist, Seele & Umgebung**

Visuelle Meditation mit den 7 Chakras

Entwicklung guter Eigenschaften

Visuelle Meditation auf positive und stärkende Energien

**Aktivierung der Urkräfte unterschiedlicher Eigenschaften
mit energetischen Kraftfeldern**

**Verschiedene Formate in Farbe.
Ausführlicher Prospekt ist bei Mangalam Books erhältlich.**

*Alle aufgeführten Artikel sowie einen ausführlichen, kostenlosen
Gesamtprospekt können Sie direkt bei Mangalam Books anfordern:*

MANGALAM BOOKS
Huang-Schang
Wällenweg 46 - 32805 Bad Meinberg
Telefon 05234/204795 - Fax 05234/2061890
Internet: www.mangalam.de - E-Mail: mail@mangalam.de